CB017124

O ESPIRITISMO,

—— a magia e ——

as Sete Linhas de

UMBANDA

O ESPIRITISMO,

a magia e

as Sete Linhas de

UMBANDA

Leal de Souza

3ª edição

Revista e ampliada

Prefácio de *Nikolas Peripolli*

Posfácio de *Diamantino Fernandes Trindade*

Textos adicionais de *Leonardo Cunha,*

Mauricio Ribeiro da Silva e *Nathália Fernandes*

Rio de Janeiro

2019

Copyright © Leal de Souza (1880?-1948), 1932-33
Direitos de publicação © Editora Aruanda, 2019

Direitos reservados e protegidos pela lei 9.610/1998.

Todos os direitos desta edição reservados à
Fundamentos de Axé Editora
um selo da EDITORA ARUANDA EIRELI.

3ª reimpressão, 2024

Coordenação Editorial Aline Martins
Marketing Camila de Paula | Odara Digital
Pesquisadora assistente Nathália Fernandes
Preparação Iuri Pavan
Revisão Andréa Vidal
Design editorial Sem Serifa
Fotografia Igor Ribeiro
Fac-símiles Hemeroteca da Biblioteca Nacional
Impressão Trio Studio e Gráfica

Texto de acordo com as normas do Novo
Acordo Ortográfico da Língua Portuguesa
(Decreto Legislativo nº 54, de 1995)

Dados Internacionais de Catalogação na Publicação (CIP)
Agência Brasileira do ISBN
Bibliotecária Priscila Pena Machado CRB-7/6971

S729   Souza, Leal.
       O espiritismo, a magia e as sete linhas
de umbanda / Leal de Souza. – 3. ed. – Rio
de Janeiro: Fundamentos de Axé, 2019.
       320 p.; 23 cm.

       ISBN 978-65-80506-00-2

       1. Umbanda. 2. Religião afro-brasileira.
3. Espiritismo. 4. Espiritualidade. I. Título.

                      CDD 299.6305

[2024]
IMPRESSO NO BRASIL
https://editoraaruanda.com.br
contato@editoraaruanda.com.br

—— Sumário ——

UMBANDA

RIO DE JANEIRO
1933

— Silêncio... —

Nikolas Peripolli[1]

Essa foi a sensação que tive ao terminar de reler o primeiro livro de Umbanda. Um livro que representa nossa ancestralidade espiritual e a luta de pessoas que, em uma época difícil para o florescimento da espiritualidade, lutaram em nome da Umbanda por amor e fé. Repito: apenas por amor e fé. Uma luta que nos beneficiou e que nos beneficia todos os dias.

Silenciei meus pensamentos para tentar compreender a imensa importância que esta reedição do primeiro livro de Umbanda significava para todos nós da religião. Um resgate de nossa história e, principalmente, da "Primeira Umbanda". Uma reedição completa contendo informações inéditas para quem já leu diversas vezes, como eu, algumas versões em formato digital disponíveis na internet. Para quem nunca chegou a ler, esta é uma oportunidade única de se conectar às nossas raízes.

Assim que terminei minha releitura, compreendi, e senti, a real importância deste livro para a Umbanda: liberdade, resgate e conexão.

[1] Nikolas Peripolli é médium umbandista há mais de 20 anos. Criador do projeto Umbandas, atualmente é dirigente espiritual da Casa das Almas Santas e Benditas (www.casadasalmas.com.br), além de ser palestrante e ministrar diversos cursos na área. [Nota da Editora, daqui em diante NE]

A história da religião nos mostra que seu maior significado é a liberdade, que também é seu símbolo principal. Amor, humildade e caridade são consequências da liberdade que a Umbanda proporciona a todos, seja ela física, psicológica ou espiritual. A Umbanda nasceu de uma miscigenação entre povos escravizados e culturas elitistas, mostrando claramente que podemos — e devemos — viver para sermos livres.

O livro mais importante da Umbanda, em minha opinião, nasce das mãos de Leal de Souza, que foi o primeiro autor a esclarecer a religião a partir de diversos artigos que viriam a se tornar o primeiro livro sobre o assunto. Na época, a Umbanda começava a se estabelecer na casa de Zélio Fernandino de Moraes e nos quatro quantos do Brasil, de forma silenciosa, mas intensa. O Primeiro Congresso de Umbanda ainda não havia sido realizado e poucos movimentos de outras vertentes da Umbanda haviam se manifestado no Rio de Janeiro.

Antes de iniciar sua série de artigos, Leal de Souza já havia montado uma enorme investigação sobre as diversas práticas espirituais existentes no Rio de Janeiro, veiculadas no jornal *A Noite*, que originou o livro *No mundo dos espíritos* (1925), no qual a Umbanda é retratada, pela primeira vez, em um capítulo intitulado "O centro espírita Nossa Senhora da Piedade".

Após alguns anos, em 1932, no *Diário de Notícias* da capital federal, com o objetivo de elucidar alguns pontos do Espiritismo de Linha, Leal de Souza volta a escrever sobre a religião e determinadas práticas que não eram vistas com bons olhos pela sociedade. Dessa vez, sua real intenção era distinguir a Umbanda de qualquer outro culto ou prática — do falso Espiritismo, do baixo Espiritismo, da magia negra, da feitiçaria e da macumba.

Nota-se que Leal de Souza escreve com muitos detalhes sobre todos os tipos de práticas espirituais realizadas do Rio de Janeiro, explicando cada uma delas até chegar na de Zélio. Na época, o jornalista catalogou 99 subdivisões do Espiritismo, mostrando que essa religião poderia ser praticada de diversas formas. Com esse pensamento, Leal começa a construir um caminho de aceitação para a Umbanda — que até então era considerada uma vertente do Espiritismo — inicialmente no Rio de Janeiro, que era o berço pulsante de diversos cultos.

Em 27 de novembro de 1932, Leal de Souza escreve o artigo que daria início a uma série de outros dedicados apenas à Linha Branca de Umbanda e Demanda. Nesse conjunto de textos, o autor discorre sobre tudo o que aprendeu na Tenda Espírita Nossa Senhora da Piedade, com Zélio de Moraes, com o Caboclo das Sete Encruzilhadas e com Pai Antônio.

Aquele que ler este livro com os olhos atentos e com o coração aberto, certamente, ganhará um grande tesouro: o retrato inicial da Umbanda, nossa tradição. Esteja liberto de seus conhecimentos atuais sobre a religião e mergulhe neste livro, que nos conta um pouco sobre o cenário daquela época. Não faça uma leitura aplicando o contexto atual, mas permita que sua mente entenda o momento político e social no qual o Brasil, e principalmente o Rio de Janeiro, se encontrava.

Antes de terminar, deixo aqui minha emoção por poder reler mais uma vez o capítulo que fala sobre o Caboclo das Sete Encruzilhadas, no qual Leal de Souza aborda como a entidade recebeu a missão de anunciar a Umbanda:

Estava esse espírito no espaço, no ponto de interseção de sete caminhos, chorando sem saber que rumo tomar, quando lhe apareceu, na sua inefável doçura, Jesus, e, mostrando-lhe, em uma região da Terra, as tragédias da dor e os dramas da paixão humana, indicou-lhe o caminho a seguir, como missionário do consolo e da redenção. Em lembrança desse incomparável minuto de sua eternidade, e para se colocar ao nível dos trabalhadores mais humildes, o mensageiro do Cristo tirou o seu nome do número dos caminhos que o desorientavam e ficou sendo o Caboclo das Sete Encruzilhadas.

Desejo a você, meu irmão em Deus e Oxalá, que aprecie com entusiasmo cada parte deste livro e sinta toda a importância que ele teve, e tem, para nossa Umbanda.

Que Deus, Oxalá, Zélio, Caboclo das Sete Encruzilhadas, Pai Antônio, Orixá Malet e Leal de Souza nos abençoem e nos permitam ter forças para continuar a fazer a Umbanda florescer.

Salve a Umbanda!

...eal de Souz...

ESPIRITISMO,

A MAGIA E AS SETE

LINHAS DE UMBANDA

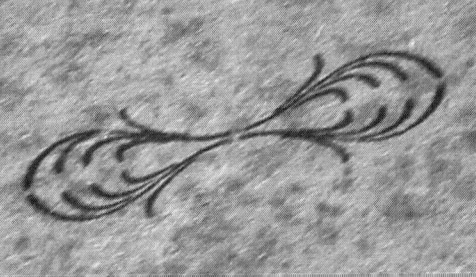

RIO DE JANEIRO

1933

1ª EDIÇÃO 2 HORAS · Reportagens · **Diário de Notícias** · Noticiario · 2ª SECÇÃO PAGS

Redacção e Officinas — Rua Buenos Aires, 101 · Rio de Janeiro, Terça-feira, 2 de Novembro de 1933

O Mexico nacionalizou todas as jazidas de ouro, cobre, antimonio, mercurio, aluminio, phosphatos, nitratos, carvão, platina, ferro e bismutho, existentes no paiz, considerando-os reservas nacionaes

ESPIRITISMO,
Magia e as Sete Linhas de Umbanda

O SR. LEAL DE SOUZA VAE SE OCCUPAR DO ASSUMPTO, NO SENTIDO EXPLICATIVO, PELAS COLUMNAS DO *DIARIO DE NOTICIAS*

UM "DESPACHO"

SOCIALIZAÇÃO DO MEXICO

Nacionalizadas todas as jazidas minerams do paiz MEXICO, 7 (A. B.) — Foi promulgado um decreto presidencial, nacionalizando todas as jazidas de ouro, cobre, antimonio, phosphatos, nitratos, carvão, platina, ferro e bismutho, existentes no paiz, que é considerado reservas nacionaes.

QUER CASAR !

CAIU DA PONTE E FRACTUROU OS OSSOS DO PESCOÇO

NÃO ACATOU COMO DEVIA A OBSERVAÇÃO DO PATRÃO

O PREDIO ESTEVE NA IMMINENCIA DE SER DESTRUIDO PELO FOGO

FERIDA A BALA

BRINCAVA COM O "TROLY" E TEVE PÉ E PERNA ESMAGADOS

PRESENTEIDOS QUANDO O ASSALTAVAM, REAGIRAM A BALA

AGGRESSÃO A NAVALHA

UMA BALA PERDIDA ATTINGIU O MILITAR

MAIS UMA VICTIMA DOS TIROTEIOS NO MANGUE

DESAPPARECEU COM A MACHINA DE COSTURA

O PAGAMENTO DE JUROS DE APOLICES MUNICIPAES

Uma nota do gabinete do interventor

LADRÃO PERIGOSO

QUERIA MORRER E JOGOU-SE DEBAIXO DE UM AUTOMOVEL

COM ARMAS DE FOGO NÃO SE BRINCA

QUEIXAS E RECLAMAÇÕES

FOTOGRAFOS E AMADORES

RONDAM
a sua casa!

CASA FORTE DA
Sul America
COMPANHIA NACIONAL DE SEGUROS DE VIDA
CAIXA POSTAL 971 — RIO DE JANEIRO

FIRME

De Norte A Sul

PARÁ · GOYAZ · PERNAMBUCO · RIO DO SUL

Dr. Duarte Nunes

— **Prólogo** —

Espiritismo, magia e as Sete Linhas de Umbanda

Rio de Janeiro, terça-feira, 8 de novembro de 1932

Por Redação do Diário de Notícias

Em sua edição matutina de 8 de novembro de 1932, o *Diário de Notícias*, da capital federal, anunciou:

O sr. Leal de Souza vai se ocupar do assunto, no sentido explicativo, pelas colunas do *Diário de Notícias*.

A larga difusão do Espiritismo no Brasil é um dos fenômenos mais interessantes do reflorescimento da fé. O homem sente, cada vez mais, a necessidade de amparo divino e vai para onde o arrastam os seus impulsos, conforme a sua cultura e a sua educação, ou para onde o conduzem as sugestões de seu meio. E o que se observa em nosso país assinala-se, igualmente, nos Estados Unidos e na Europa, atacada, nestes tempos, de uma curiosidade delirante pela magia.

Mas, em nenhuma região, o Espiritismo alcança a ascendência que o caracteriza em nossa capital.[1] É preciso, pois, encará-lo com a seriedade que a sua difusão exige.

No intuito de esclarecer ao povo e às próprias autoridades sobre culto e práticas amplamente realizados nesta cidade, o *Diário de Notícias* convidou um especialista nesses estudos, o sr. Leal de Souza, para explaná-los, no sentido explicativo, em suas colunas.

Esses mistérios, se assim podemos chamá-los, só podem ser aprofundados por quem os conhece, e só os espíritas os conhecem. Convidamos o sr. Leal de Souza por ser ele um espírito tão sereno e imparcial que, exercendo até setembro do ano passado o cargo de redator-chefe de *A Noite*, nunca se valeu daquele vespertino para propagar a sua doutrina e sempre apoiou com entusiasmo as iniciativas católicas.

O sr. Leal de Souza já era conhecido pelos seus livros quando realizou o seu famoso inquérito sobre o Espiritismo, *No mundo dos espíritos*, alcançando grande êxito pela imparcialidade e indiscrição com que descrevia as cerimônias e fenômenos então quase desconhecidos de quem não frequentava os centros.

Depois de convertido ao Espiritismo, o sr. Leal de Souza fez durante seis anos, com auxílio de cinco médicos, experiências de caráter científico sobre essas práticas, e principalmente sobre os trabalhos dos chamados caboclos e pretos.

O sr. Leal de Souza, nos seus artigos sobre "O Espiritismo e as Sete Linhas de Umbanda", não vai fazer propaganda, mas elucidação, mostrando-nos as diferenciações do Espiritismo no Rio de Janeiro, as causas e os efeitos que atribui às suas práticas, dizendo-nos o que é e como se pratica a feitiçaria, tratando não só dos aspectos científicos, como ainda da Linha de Santo, dos pais de mesa, do uso do defumador, da água, da cachaça, dos pontos, em suma, da magia negra e da branca.

Esperamos que as autoridades incumbidas da fiscalização do Espiritismo e muitas vezes desaparelhadas de recursos para diferenciar o joio do

---

1   À época, a cidade do Rio de Janeiro era a capital federal brasileira. [NE]

trigo, e o povo, sempre ávido de sensações e conhecimentos, compreendam, em sua elevação, os intuitos do *Diário de Notícias*.

A partir do dia 10 de novembro, iniciaremos a publicação dos artigos do sr. Leal de Souza sobre "O Espiritismo, a magia, e as Sete Linhas de Umbanda".

É a primeira série desses artigos, escritos diariamente ao correr da pena, que constitui este livro.

1ª EDIÇÃO 8 HORAS — Reportagens — **Diario de Noticias** — Noticiario — 2ª SECÇÃO 6 PAGS.

Redacção e Officinas — Rua Buenos Aires, 155 — Rio de Janeiro, Quinta-feira, 10 de Novembro de 1932

O ESPIRITISMO,
A Magia e as Sete Linhas de Umbanda

EXPLICAÇÃO INICIAL
LEAL DE SOUZA

(Especial para o DIARIO DE NOTICIAS)

[texto ilegível]

Uma interpellação do governo inglez sobre o desarmamento

[texto ilegível]

Escola Militar Provisoria

[texto ilegível]

E. F. CENTRAL DO BRASIL

[texto ilegível]

Pagamentos de hoje no Thesouro do E. do Rio

[texto ilegível]

De Norte a Sul

MARANHÃO
[texto ilegível]

RIO G. DO SUL
[texto ilegível]

MINAS
[texto ilegível]

Encerramento dos festejos da Penha

O ultimo domingo dedicado á festa dos barytqueiros — As homenagens á Imprensa e á Policia

[texto ilegível]

MINISTERIO DO TRABALHO

[texto ilegível]

Na Instrucção Publica do Estado do Rio

[texto ilegível]

PREFEITURA MUNICIPAL

[texto ilegível]

Reopens-e hoje o Conselho da Educação do Estado do Rio

[texto ilegível]

Assumiu o commando da 8ª Região Militar

[texto ilegível]

Ultima Hora
:: Sportiva ::

Em sua sessão semanal, hontem realizada, a directoria do C. R. Vasco da Gama, recentemente eleita, resolveu renunciar collectivamente.

Ao que estamos informados, os resignatarios vão explicar a attitude tomada numa nota official que terá ampla divulgação pela imprensa.

Os que viajam pelo Condor

[texto ilegível]

Esteve hontem no Quartel General o coronel Leitão de Carvalho

[texto ilegível]

Vão ser integrados nos postos em que se acham commissionados

[texto ilegível]

Associação dos Artistas Brasileiros

[texto ilegível]

Vae representar a avia Instituto Pan-Americano

[texto ilegível]

As leis das férias e das 8 horas de trabalho

O Ministerio do Trabalho notifica varios estabelecimentos industriaes de S. Paulo

[texto ilegível]

Classificação de 2º tenentes commissionados

[texto ilegível]

ACNE — Espinhas rebeldes no rosto
Tratamento moderno, rapido e infallivel
DR. MIGUEL NOTTA
Avenida Rio Branco, 131, 1º andar. Das 14 ás 18 horas.

Vae assumir o cargo de secretario da Segurança de Pernambuco

[texto ilegível]

O Primeiro Vôo de Auto-gyro no Brasil
COMO DECORREU A ESPLENDIDA PROVA AVIATORIA DE HONTEM, NO CAMPO DOS AFFONSOS

O Auto-gyro em pleno vôo

[texto ilegível]

EM NICTHEROY
FALLECEU APÓS BEBER UMA SOLUÇÃO ANTI-SEPTICA

[texto ilegível]

SUICIDOU-SE COM UMA DOSE FORTE DE IODO

[texto ilegível]

QUEIXAS E RECLAMAÇÕES

[texto ilegível]

I

Explicação inicial

Rio de Janeiro, quinta-feira, 10 de novembro de 1932

O Espiritismo não é clava para demolir, é uma torre em construção e, quanto mais se levanta, tanto mais alarga os horizontes e a visão de seus operários, inclinando-os à tolerância, pela melhor compreensão dos fenômenos da vida.

Como nos ensina o seu codificador, o Espiritismo não veio destruir a religião, mas sim consolidá-la e revigorar a fé, trazendo-lhes novas e mais positivas demonstrações da imortalidade da alma e da existência de Deus.

As religiões, sabem-no todos, são caminhos diversos e às vezes divergentes, conduzindo ao mesmo destino terminal. O indivíduo que abraça com sinceridade uma crença e cumpre, de consciência reta, os seus preceitos está sob a assistência de Deus, pois mesmo as regras que aos seus contrários parecem absurdas ou degradantes — como a confissão, no Catolicismo, ou a benção solicitada aos pais de terreiro, no Espiritismo de Linha — revelam um grau de humildade significativo de radiosa elevação espiritual.

Seria negar a Deus os atributos humanos da inteligência e da justiça admitirmos que o Criador fosse capaz de desprezar ou punir as Suas criaturas, porque não O amam do mesmo modo, orando com as mesmas palavras, segundo os mesmos ritos.

Deus não tem partido e atende a todos os Seus filhos, de onde quer que O chamem com amor e fé, de onde quer que parta a prece do coração de um cardeal, ajoelhado na glória suntuosa de um altar, ou saia a oração do peito de um sertanejo, caído no silêncio pesado da selva. Os homens é que escolhem, por sua cultura ou pelas tendências de cada alma, em seu núcleo de evolução, a maneira mais propícia de cultuar e servir a Divindade.

Com estas ideias, é claro que não venho provocar polêmicas, e seria desconhecer os intuitos do *Diário de Notícias* aventurar-me à propaganda agressiva dos meus princípios. Pretendo, nestes artigos, esclarecer, quanto o permitam os meus conhecimentos, práticas amplamente celebradas nesta capital, estabelecendo diferenciações, para orientação popular, e mostrando a importância de coisas que, parecendo burlescas, são, com frequência, sérias e até graves.

E pois que tratarei também, e principalmente, do Espiritismo de Linha, na fórmula da Linha Branca de Umbanda: salve a quem tem fé; salve a quem não tem fé.

Stockholmo, 10 - (AB.) - A Academia Sueca decidiu conceder o «premio Nobel» para litteratura, do corrente anno, ao escriptor britannico John Galsworthy

O ESPIRITISMO,

A Magia e as Sete Linhas de Umbanda

OS PERIGOS DO ESPIRITISMO

LEAL DE SOUZA

Especial para o DIARIO DE NOTICIAS

NOVAS CONCESSÕES DO GOVERNO FLUMINENSE

A COMPANHIA NACIONAL DE CIMENTO PORTLAND

Reinicia-se o serviço "Condor" na linha de M. Grosso

O "Zeelandia", o "Monte Oliva" e o "Pan America" estiveram na Guanabara

Uma Data Universal, de Grata Expressão Para o Brasil

A VICTORIA DE SANTOS DUMONT

COM O MAIS PESADO QUE O AR

A photographia historica do primeiro vôo de Santos Dumont em vôlta da Torre Eiffel e a ultima retrato do pae da aviação, tirada a bordo da "Lеutetia".

DUAS CRIANÇAS ATROPELADAS POR AUTOMOVEL

COLHIDO PELO AUTO QUANDO BRINCAVA

GUERRA AO JOGO

LIMPANDO A CIDADE

Ultima Hora Sportiva

O nosso Flamengo derrotou o Botafogo, de São Salvador, por 4 x 1

S. SALVADOR, 10 (DIARIO DE NOTICIAS) — No jogo realizado hoje nesta capital, entre os clubs Flamengo, do Rio, e Botafogo, da Bahia, o resultado foi o seguinte: Cariocas 4 e bahianos 1

EM NICTHEROY

TOMOU VENENO NA RUA EM QUE MORA A NAMORADA

O ALCOOL-MOTOR APPLICADO AOS SUICIDIOS

TENTOU SUICIDAR-SE, DESGOSTOSO DA VIDA

A SERRA-CIRCULAR ARRANCOU A MÃO DO OPERARIO, ATIRANDO-A SOBRE O SEU MESTRE

EMPENHARAM-SE EM VIOLENTA LUTA CORPORAL NA VIA PUBLICA

Para clarear os dentes e desinfectar a bocca

Odol

Pasta **Odol**

Uma combinação cuja fama corre de bocca em bocca!

De Norte a Sul

PERNAMBUCO

S. PAULO

ESTADO DO RIO

RIO. DO SUL

II

Os perigos do Espiritismo

Rio de Janeiro, sexta-feira, 11 de novembro de 1932

Os perigos atribuídos ao Espiritismo são mais aparentes do que reais.

A perturbação ou desequilíbrio nervoso causado pelo receio de ver fantasmas desaparece com a frequência às sessões, nas quais o trato com os desencarnados habitua as manifestações de sobrevivência da alma, repondo-as na ordem das coisas naturais. Mas as sessões nem sempre despertam aquele receio, e, conforme a natureza da reunião, algumas, empolgando pela beleza ou surpreendendo pelo exotismo das cerimônias, não inspiram, mesmo a quem a elas assiste pela primeira vez, ideia de morte ou cemitério, pensamento em duende ou defunto.

Em relação à loucura, não conheço um só caso determinado pela frequência de centros espíritas. Conheço, é exato, numerosos casos de loucos que, tendo sido levados às sessões, não ficaram curados e foram internados nos hospícios como sendo vítimas do Espiritismo. Desprezaram-se, para isso, todos os antecedentes, para dar realce, com ânimo combativo, ao efêmero contato desses doentes com os médiuns.

Não se deve confundir a loucura com a obsessão. A loucura é consequência de uma lesão, ou a resultante do desequilíbrio de funções orgânicas. A obsessão é, por diversas fases, a ação de uma entidade espiritual sobre um indivíduo carnado,[2] visando prejudicá-lo. Essa influência começa por uma simples aproximação, que se torna lesiva pela qualidade dos fluidos lançados pelo agente sobre o paciente; passa, depois, à atuação, e a inteligência deste se ressente das sugestões daquele; atinge, com frequência, a posse, em que o obsedado se submete a um domínio estranho, e não raro a sua personalidade se afunda e desaparece, sendo substituído no corpo, sem ruptura dos elos essenciais à existência material, o seu espírito por outro espírito.

A obsessão que se confunde com a loucura não é determinada pelo Espiritismo, e só o Espiritismo pode curá-la. É fora dos recintos espíritas, no ambiente livre à ação de todas as entidades, que as pessoas possuidoras de predicados mediúnicos, e também as que não os possuem, são dominadas pelos obsessores, que as levam para os hospícios, se não as socorrer a caridade dos espíritas.

Essas pessoas fazem leituras espíritas no isolamento e, sofrendo abalo que lhes desperta forças psíquicas adormecidas, sentem angústias, anseios, perturbações aflitivas, mas para esse estado há recursos de eficácia quase imediata.

Em algumas sessões, quando se intensifica o trabalho de natureza fluídica, os indivíduos que se iniciaram nelas experimentam, segundo a própria constituição, uma sensação esquisita de mal-estar, porém os trabalhadores do espaço, e mesmo os da Terra, facilmente os acalmam, harmonizando-lhes os fluidos com os do ambiente.

Alarmam-se as famílias, observando a agitação dos doentes espirituais, nos dias em que devem comparecer às sessões, mesmo quando ignoram que vão assisti-las. Isso representa e exprime a reação das entidades que os molestam, empenhando-se em impedir-lhes o acesso a um lugar onde elas serão reprimidas e afastadas.

2   No artigo original, foi publicado, equivocadamente, o termo "cansado", sendo retificado em artigo posterior. [NE]

Também depois do tratamento, já liberto dos obsessores, o reintegrado em si mesmo cai em mole prostração e necessita, muitas vezes, de revigorar-se com tônicos, porque o seu organismo se ressente da ausência dos fluidos alheios, do mesmo modo que se perturba com a supressão do álcool o organismo de um ébrio.

Perigos reais no Espiritismo só os há para os médiuns que se desviam na vida social e cometem erros conscientes. Esses, perdendo a assistência dos espíritos protetores, ficam sendo espelhos em que se refletem todos os transeuntes.

1ª EDIÇÃO

Reportagens **Diario de Noticias** Noticiario

2ª SECÇÃO

Redação e Officinas — Rua Buenos Aires, 154 — Rio de Janeiro, Sabbado, 12 de Novembro de 1932

LA PAZ, 11 (A. B.) – A luta entre tropas paraguayas e bolivianas, no Chaco, desenvolve-se em uma linha de 65 milhas de extensão, estando empenhados em combates cerca de 16.000 homens

O ESPIRITISMO,

A Magia e as Sete Linhas de Umbanda

AS SUBDIVISÕES DO ESPIRITISMO

LEIA DE SOUZA

(Especial para o DIARIO DE NOTICIAS)

III

DIREITO, JUSTIÇA E FÔRO

Fôro Criminal

Resolvida a questão das promoções e aposentadoria dos funccionarios municipaes

Um official fallecido em combate

O CASO DA AUXILIAR MUTUO

De juizes em Conselho Superior tomaram posse, hontem

NO ITAMARATY

Foram postos em liberdade

PREFEITURA MUNICIPAL

DECRETOS ASSIGNADOS PELO INTERVENTOR

A RENDA DAS MERCADOS

NÃO TENHA DUVIDA!...

ASSOCIAÇÃO COMMERCIAL SUBURBANA DO RIO DE JANEIRO

Homenagem prestada a um alto funccionario da Limpeza Publica

Justa nomeação
DR. VICENTE OLIVEIRA HOLTHAUS

Os impostos municipaes renderam mais de 160 mil contos

Para regulamentar a situação do tenentes commissionados

Associação dos Empregados no Commercio

Entrega do livro symbolico na Escola Normal de Nictheroy

O general Rodrigues Barbosa esteve no Arsenal de Guerra

Encerramento das aulas da Escola Normal de Nictheroy

O "Sierra Salvada" chegou de Bremen

VIOLENTA EXPLOSÃO DE UM FOGAREIRO A ALCOOL

COLHIDO POR UMA CARROÇA, FRACTUROU A PERNA

O MENOR FOI COLHIDO PELO BONDE

A LEI DAS 8 HORAS

Avenida Mem de Sá, 26

O EMPREGADO DA FABRICA ROUBAVA CANIVETES PARA MANDAR VENDER

De Norte a Sul

PARAHYBA

PERNAMBUCO

PALHA DE SELLOS POSTAES

ESTADO DO RIO

RIO G. DO SUL

— III —

As subdivisões do Espiritismo

O Espiritismo, no Rio de Janeiro, como em toda parte, varia em modalidades, dividindo-se em ramificações.

Possuímos, nesta capital, centros ligados, pela orientação e pelos ritos, à tradição dos velhos tempos egípcios; temos a diversidade das lojas teosóficas, a que faço, com simpatia, esta referência receosa, pelo dever de constatar-lhes a existência, pois muitos teosofistas não gostam de ser confundidos com os espíritas. Contam-se também institutos moldados com adaptações locais sobre antigos modelos indianos.

O Espiritismo científico, com o rigor integral de suas pesquisas, é o menos cultivado na capital do Brasil, certamente pelos pendores religiosos de nosso povo.

O Kardecismo, que reputa os seus aderentes os únicos praticantes da doutrina, como a pregava Allan Kardec, igualmente varia, onímodo, em seus processos e práticas. Há centros representativos da intransigente pureza do espiritualismo sem liga e há os revestidos de altiva nobreza intelectual, a par dos humílimos, constituídos dos chamados pobres de espírito.

Aprecia-se, em alguns, o brilho das assistências elegantes; contentam-se muito com a desataviada modéstia dos pobres; mesclam-se, na maioria, fraternalmente e sem preconceitos, as diferentes classes sociais; em numerosos desses centros, conservam-se reminiscências do Catolicismo; avultam os contaminados pela Linha Branca de Umbanda; não faltam núcleos de fanáticos, atirando pedras para todos os lados, e sobram irmandades tolerantes, lançando flores em todas as direções, mas a elevação dos princípios pregados é uniforme nos centros do Kardecismo.

À margem dos kardecistas, florescem os centros de transição, fundados sem o objetivo real de sua finalidade, e que servem para facilitar aos egressos de outras religiões a passagem para o Espiritismo.

Aparecem depois, no espaço em que as autoridades localizam o que chamam "falso Espiritismo" e o que consideram "baixo Espiritismo", a macumba, com os seus trabalhos compassados ao ritmo de batuques, tambores e rústicos instrumentos africanos; a feitiçaria, com suas variantes, inclusive a magia negra. Não temos, porém, o Candomblé, talvez originário do Congo e praticado na Bahia, em Alagoas e, possivelmente, em regiões do Norte.

O Espiritismo de Linha compreende, pelo menos, 99 subdivisões, ou linhas, que são as de que eu tenho conhecimento; nem todas, porém, praticadas à beira da Guanabara.

Conta-se, finalmente, a Linha Branca de Umbanda, com as suas sete seções, tornada poderosa, no sentido numérico, pelas necessidades de defesa da gente ameaçada pelos excessos das linhas da cor oposta à de sua designação.

Em todos os agrupamentos espíritas do Rio de Janeiro, excetuados parcialmente os das linhas ditas negras, a finalidade é a mesma: o aperfeiçoamento da individualidade humana pela prática das leis divinas, mediante a cultura dos sentimentos superiores e o domínio do instinto animal, expressos tais esforços em atos de piedosa solidariedade fraternal.

1ª EDIÇÃO 4 HORAS · Reportagens · **Diario de Noticias** · Noticiario · **2ª SECÇÃO 6 PAGS**

Redacção e Officinas — Rua Buenos Aires, 114 · Rio de Janeiro, Domingo, 13 de Novembro de 1932

Assumpção, 12 (U.P.)—Noticia-se officialmente que tropas paraguayas occuparam hontem o forte Samaklay, reducto boliviano no extremo oriente. A luta pela posse desse forte durou 3 semanas

O ESPIRITISMO,
A Magia e as Sete Linhas de Umbanda
— IV —
A TRANSFUSÃO DO PENSAMENTO
LEAL DE SOUZA

(Especial para o DIARIO DE NOTICIAS)

Para a execução e divulgação do serviço da commissão e sub-commissão do ante-projecto constitucional

"Conte Blancmano" e "Western World" em trânsito pela Guanabara

EM NICTHEROY o Chefe do Governo Provisorio assistiu hontem a segunda sessão da "Marqueza de Santos"

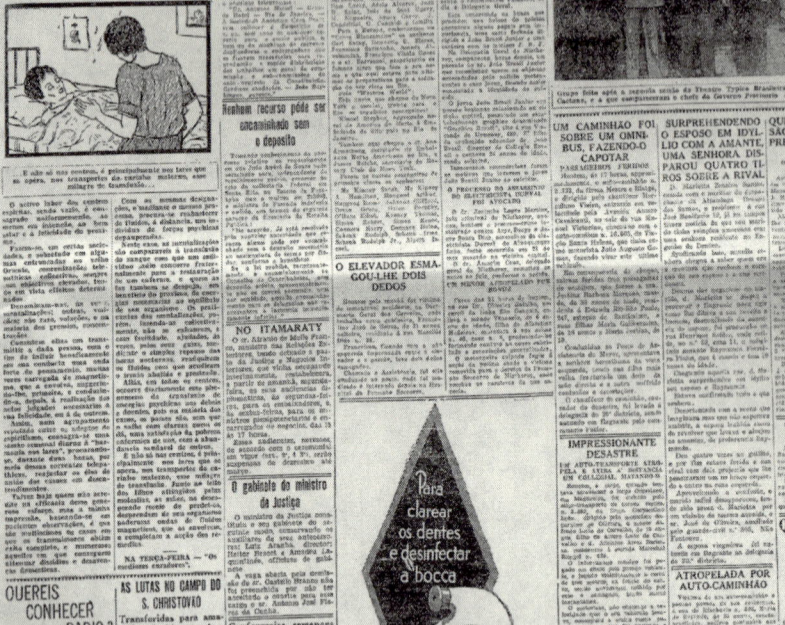

Para clarear os dentes e desinfectar a bocca — **Odol** — Uma combinação cuja fama corre de bocca em bocca!

Nenhum recurso póde ser encaminhado sem o deposito

NO ITAMARATY

O ELEVADOR ESMAGOU-LHE DOIS DEDOS

O gabinete do ministro de Justiça

UM CAMINHÃO FOI SOBRE UM OMNIBUS, FAZENDO-O CAPOTAR

O PRECURSO DO ELECTRICISTA DUPPAL FOI AVOCADO

IMPRESSIONANTE DESASTRE

ATROPELADA POR AUTO-CAMINHÃO

TRAIU A CONFIANÇA DA NOIVA

SURPREHENDENDO O ESPOSO EM IDYLIO COM A AMANTE, UMA SENHORA DISPAROU QUATRO TIROS SOBRE A RIVAL

QUERIA A COMMISSÃO SOBRE UM EMPRESTIMO QUE NÃO OBTEVE

QUEBRARAM-LHE A CABEÇA

QUEIXAS E RECLAMAÇÕES

—— IV ——

A transfusão do pensamento

O ativo labor dos centros espíritas, sendo vário, é consagrado uniformemente, ao menos em intenção, ao bem-estar e à felicidade do próximo.

Fazem-se, em certas sociedades, sobretudo em algumas entroncadas no velho Oriente, concentrações telepáticas coletivas, sempre com objetivos elevados, tendo-se em vista efeitos determinados. Denominam-nas, às vezes, mentalizações; outras, volições; não raro, volações; e, na maioria dos grêmios, concentrações.

Consistem elas em transmitir a dada pessoa, com o fim de influir beneficamente em sua conduta, uma onda forte de pensamento, muitas vezes carregada de magnetismo, que a envolva, sugerindo-lhe primeiro e conduzindo-a depois à realização dos atos julgados necessários à sua felicidade ou à de outrem.

Assim, em um agrupamento reputado entre os adeptos do Espiritismo, consagra-se uma sessão semanal diurna à "harmonia nos lares", procurando-se, durante duas horas, por meio dessas correntes telepáticas, reajustar os elos de união dos casais em desentendimentos. Talvez haja quem não acredite na eficácia desse generoso esforço, mas a minha impressão, baseada em pacientes observações, é que são muitíssimos os casos em que os transmissores obtêm êxito completo e numerosos aqueles em que conseguem atenuar dissídios e desavenças domésticas.

Com as mesmas designações e mediante o mesmo processo, procura-se reabastecer de fluidos, à distância, um indivíduo de forças psíquicas depauperadas. Nesse caso, as mentalizações são comparáveis à transfusão do sangue com que um indivíduo sadio concorre fraternalmente para a restauração de um enfermo, e quem as faz também se despoja, em benefício do próximo, de energias necessárias ao equilíbrio do próprio organismo. Os praticantes das mentalizações, porém, fazendo-as coletivamente, não se exaurem, e, com facilidade, ajudados às vezes por seus guias, mediante o simples repouso das horas noturnas, readquirem os fluidos com que acudiram o irmão abatido e prostrado.

Aliás, em todos os centros, ocorre diariamente esse fenômeno da transfusão de energias psíquicas aos débeis e doentes, pois, na maioria dos casos, os passes são, sem que o saiba com clareza quem os dá, uma satisfação da pobreza enfermiça de uns com a abundância saudável de outros.

E não só nos centros, é principalmente nos lares que se opera, nos transportes do carinho materno, esse milagre de transfusão. Junto ao leito dos filhos atingidos pelas moléstias, as mães, no desesperado receio de perdê-los, desprendem de seu organismo poderosas ondas de fluidos magnéticos, que os envolvem e completam a ação dos remédios.

— V —

Os médiuns curadores

A quase totalidade das crianças revela portentosos predicados mediúnicos, porém só uma pequena minoria de adultos é constituída de médiuns. Assim, na quase totalidade dos indivíduos, a mediunidade se
embota precocemente. Devemos, porém, considerá-las uma faculdade
concedida à generalidade das criaturas humanas, em grau diferente,
dependendo o seu aproveitamento das circunstâncias adversas ou favoráveis de cada existência.

Parece, à primeira vista, que, para defender e conservar a mediunidade, deveríamos desenvolvê-la na meninice. A experiência e os guias
ensinam o contrário, pois o desenvolvimento em tenra idade perturba
e compromete o organismo em constituição. As crianças, antes dos 12
anos, não devem ser admitidas nas sessões que não sejam de preces ou
doutrinação, pois, nas outras, basta o reflexo dos trabalhos para lhes
abrir a mediunidade e, portanto, prejudicá-las.

Entre os médiuns, os mais conhecidos e procurados são, naturalmente,
os curadores e os receitistas. A medicina os combate, e a justiça os perse-

gue. Sem examinar, nesses escritos, os direitos daquela e as razões desta, direi apenas que a mediunidade curativa se exerce em nome da caridade e não pode ter por objetivo negá-la aos médicos, tirando-lhes, como concorrente gratuita, os recursos de subsistência.

Logicamente, dentro da doutrina, deveriam recorrer aos médiuns curadores, em primeiro lugar, os pobres destituídos de meios para remunerar o clínico profissional; depois, os enfermos julgados incuráveis; e, por fim, os crentes cuja fé exigisse o tratamento espiritual. Sob esse critério, a caridade continuaria a ser feita, conforme as necessidades reais dos doentes; não seria o médico atingido nos seus privilégios, nem a ciência perderia o estímulo peculiar ao progresso.

Os médiuns curadores receitam por intuição, audição, incorporação ou mecanicamente. Os intuitivos, em face do doente ou de seu nome, recebem do espírito que o examina a indicação telepática do medicamento a ser aplicado; os outros, ouvem-na. Nos médiuns de incorporação, é o próprio espírito que diretamente escreve ou dita a receita ao consulente. Nos mecânicos, é ainda o espírito que os toma e domina o braço para escrever.

Aqueles que muitas vezes se enganaram em diagnósticos e tratamentos não admitem equívocos em receitas mediúnicas, e geralmente não os há nessas prescrições, pois só alcançam permissão para o exercício da medicina os espíritos em condições de não prejudicar os enfermos com erros e deficiências. Os receitistas do espaço, muitas vezes, são médicos que, na vida terrena, restringiram a clínica e, por consequência, os benefícios provenientes dela.

A perseguição oficial contra o receituário mediúnico produziu um efeito imprevisto: o desenvolvimento, sem possibilidade de repressão, da terapêutica fluídica, ministrada, se assim se pode dizer, pela ação direta das entidades espirituais sobre os organismos enfermos.

É grande, elevadíssimo, o número de médicos que professam o Espiritismo. Muitos são médiuns e receitistas; outros muita vez recorrem àqueles medianeiros, considerando-os consultores. Entre os médicos não espíritas, muitos admitem e até constatam as curas operadas mediunicamente. Alguns frequentam os centros espíritas no desejo de estudar os processos com que se restauram pessoas por eles reputadas incuráveis.

A um desses clínicos acompanhei, por algum tempo. Curioso, avidamente observando os trabalhos, dizia, em face dos resultados obtidos:

— Eu acho isso tudo absurdo, mas devo estar em erro, porque no fim sai certo.

No terceiro mês de suas investigações, descobriu que tinha qualidades de médium e quis aproveitá-las, na esperança de facilitar as suas pesquisas. Começou a receber espíritos. Eu marcava, no relógio, a hora de sua incorporação e a da desincorporação. O maior período daquela foi de uma hora e vinte minutos. Ao reintegrar-se em sua personalidade, perguntou-me:

— Que fiz nessa hora? Não me lembro. Parece-me que estive dormindo, mas estou cansado. O meu protetor trabalhou?

— Trabalhou, e brilhantemente.

Sério, o médico considerou:

— Pode ser que ele faça maravilhas, mas, desde que as faz com o meu corpo e sem o meu conhecimento, não me serve a companhia.

Acrescentou:

— Os espíritos são egoístas, não revelam o que sabem. Aqui não se aprende nada. Deixo a tenda e deixo o Espiritismo.

E confessou em um sorriso:

— Estou quase arrependido de ter emprestado o meu corpo. Receio que esse ilustre defunto possa encarapitar-se no meu lombo (sem o meu consentimento) e faça brilharetos que me comprometam.

Foi dissipado esse receio.

Reportagens | **Diario de Noticias** | **Noticiario**

1ª EDIÇÃO — 4 HORAS | 2ª SECÇÃO — 6 PAGS.

Redacção e Officinas — Rua Buenos Aires, 258 — Rio de Janeiro, Quarta-feira, 16 de Novembro de 193...

ATHENAS, 15 (U. P.) - Informações colhidas em boa fonte annunciam que o governo grego está contemplando com bastante interesse a permuta de vinho, fumo e passa por café do Brasil!

O ESPIRITISMO,

A Magia e as Sete Linhas de Umbanda

VI

MATERIALIZAÇÃO

LEAL DE SOUZA

Especial para o DIARIO DE NOTICIAS

Photographia do espirito materializado de Iole, tirada ás 3 horas da manhã

Photographia da mão de Iole produzida em chapa pelo espirito materialisado

O regresso, hontem, do presidente do Banco do Brasil

FOI MUITO CONCORRIDO O DESEMBARQUE DO SR. ARTHUR COSTA

Grupo feito a bordo do "Itagá", vendo-se o sr. Arthur de Souza Costa entre os que foram recebel-o

FOI O APANHAR A ARMA E FERIL-SE

José Ribeiro, de 20 annos, ...

USAVA DO TELEPHONE PARA ALARMAR E DIZER GROSSERIAS

ENTRE OFFICIAES DO MESMO OFFICIO

QUEM TERIA COMMETTIDO TAMANHA PERVERSIDADE!

BALEADO, NA RUA JULIO DO CARMO

UM DRAMA SEM TESTEMUNHAS, NO RIO TIETÊ

O INCIDENTE DE LETICIA

ATROPELADOS POR AUTO

CHOQUE ENTRE VEHICULOS

De Norte a Sul

ESTADO DO RIO

S. PAULO

MINAS

RIO G. DO SUL

— VI —

Materialização

O estudo científico do Espiritismo com objetivo experimental não deve ser feito em locais onde se realizem trabalhos espíritas de outra natureza. Sei, por experiência própria, que nos centros de caridade os resultados dessas tentativas são mais ou menos precários, pois os espíritos chamados sofredores invadem o recinto e perturbam as observações, sem que a finalidade dos centros permita afastá-los. Todos os pesquisadores que, no Brasil, chegaram à constatação positiva dos fenômenos de materialização efetuaram as suas experiências em instalações especiais.

O ilustre médico dr. Oliveira Botelho, ministro da Fazenda, no último governo constitucional, viu operar-se diante de seus olhos a ressurreição transitória de uma de suas filhas, por ele conduzida ao cemitério, sendo também consagradas pelo êxito pleno outras experiências realizadas, sob fiscalização rigorosa pelo sábio engenheiro dr. Americo Werneck, a algumas das quais assisti.

O dr. Werneck mandara preparar instalações adequadas à fiscalização, gradeando-as a ferro. Coube-me, de uma feita, a incumbência de exercê-la.

Abri e fechei a única porta de acesso ao recinto, conservando comigo a chave; introduzi na sala as outras pessoas convidadas para a reunião; examinei o camarim destinado à retenção do médium, a mesa e as seis cadeiras existentes na sala.

Para não dar caráter religioso à reunião, o dr. Werneck não fez a prece inicial das sessões espíritas, limitando-se a pedir aos crentes que fizessem breve oração mental. Entramos no recinto, sob a minha fiscalização, seis pessoas além do médium; meia hora depois éramos doze, e as seis que eu não introduzi moveram-se à maneira de sombras hercúleas, falando entre si. Duas delas, em seguida, assumiram proporções normais de estatura. Perguntou-lhes o diretor dos trabalhos se lhes seria possível fazer ressoar o teto da sala, e imediatamente, por cima de nossas cabeças, estrondearam golpes fortes, repetindo-se por muitas vezes. Aproximando-se do lugar onde eu me achava, observou uma das sombras de contornos humanos:

— Está com medo que lhe roube a chave.

Eu apertava, de fato, por dentro do bolso, a chave da porta da sala de experiências.

Dissipados esses fantasmas, ocorreu o fenômeno principal da noite. Uma pulverização lactescente de luar cintilou na escuridão da sala, traçando, à medida que se condensava, em desenho nítido, uma figura humana, até que se transformou, aos nossos olhos, em uma linda mulher moça, de longos cabelos soltos, vestindo um roupão branco rendado. Era, disseram-nos, a esposa do dr. Werneck falecida aos 25 anos, e não deixava de ser emocionante a sua aparição, na plenitude da mocidade, ao lado do esposo septuagenário.

— A Judith tinha um caminhar embalado — disse um dos assistentes, habituado às materializações desse espírito.

— Judith, ande um pouco — pediu o engenheiro.

Em um círculo de luz espiritual que a tornava plenamente visível, a ressurreta percorreu a ampla extensão do recinto, agitando em ondulação a brancura de suas vestes, e, como eu era um dos presentes que não assistira às suas materializações anteriores, acercou-se de mim.

— Veja. Será a mão de uma morta? — e tocou-me na mão.

Era tépida. Louvei as rendas de seu vestuário, e ela, erguendo o braço em curva graciosa, estendeu-as, as da manga, sobre as minhas mãos:

— Pode ver. São antigas.

Ousei insinuar:

— Como seriam as sandálias no seu tempo...

— No meu tempo eram chinelas — respondeu e, caminhando até a mesa existente no fundo da sala, voltou com uma pequena bilha e um copo.

Ofereceu e serviu água a todos os assistentes, trocando frases com eles; depois de cumprimentar-nos, avisando que se retirava, repôs a bilha e o copo na mesa e começou a esbater-se, desfazendo-se, até desaparecer.

Também no estado do Pará, em Belém, antes das desta capital, foram verificadas e até oficialmente constadas em atas assinadas pelo presidente e pelo chefe de polícia do estado admiráveis materializações alcançadas com a médium Anna Prado. Testemunhou-as também e descreveu-as o sr. M. Quintão, que fez uma viagem ao Norte para observá-las e viu um espírito materializado modelar a mão em cera de carnaúba quente.

Os guias que trabalhavam com o dr. Werneck, disse-me este, eram enviados de João, o espírito que trabalhava com d. Anna Prado. Deve, pois, haver analogia entre as materializações desta capital e as de Belém, que o sr. M. Quintão assim descreve:

"A ansiedade do auditório era grande, profundo silêncio, quando alguém exclamou: — Ei-lo, o fantasma, a desenhar-se no canto da câmara escura, à direita. Não o vê? Não víamos... Olhe agora, ali, no outro canto, junto à parede.

"De fato, no ponto indicado, à nossa frente, oscilava como que um lençol, uma massa branca, que se foi condensando, e resvalando, cosida à parede — não havia três metros da câmara ao lugar em que me encontrava — chegando ao ponto em que estavam os dois baldes já de nós conhecidos e mais uma garrafa com aguarrás, destinada a temperar a cera para a confecção dos moldes e flores.

"O fantasma, sempre mais nítido, insinua-se bem perto, estaca defronte do balde. Fixamo-lo à vontade: era um homem moreno, orçando pelos seus 40 anos, trazendo à cabeça um capacete branco. Pelas mangas largas de amplo roupão, também branco, saíam-lhe as mãos trigueiras e grandes. Os pés, não lho divisamos.

"Chegou, cortejou, palpou os baldes, ergueu com a mão direita o que continha a cera quente, e com a esquerda, elevando a garrafa de aguarrás à altura do rosto, como que dosou o ingrediente. Depois, arriando o balde, como para confirmar o seu feito, arrastou-o no chão, produzindo o ruído característico, natural. Os seus gestos e movimentos eram perfeitos, naturais, humaníssimos, como se ali estivesse uma criatura humana. Isto posto, afastou-se e conservou-se a um canto da câmara escura, enquanto do outro canto surgia uma menina de seus 13 anos, que dá o nome de Annita.

"Assim, tivemos uma dupla manifestação. Visíveis ao mesmo tempo, João, um homem, e Annita, uma quase criança, enquanto ouvíamos iterativamente o médium suspirar na câmara escura".

E o sr. M. Quintão largamente descreve as atitudes e a ação dos fantasmas, nessa e em outras reuniões.

De algumas das materializações verificadas em Belém tiraram-se fotografias, mediante uma fórmula especial, constante do livro *O trabalho dos mortos*,[3] do sr. Nogueira de Faria.

Como se sabe, o espírito se materializa com os fluidos do médium. Entrando este em transe, começa a constituição do fantasma, e, ao passo que a sua forma se acentua, o médium como que deperece, às vezes respirando em haustos e não raro exalando suspiros quase angustiosos. Os guias desses trabalhos exigem que não se aperte a mão nem órgão algum do espírito materializado, porque imediatamente o médium se ressente e com frequência adoece.

3   FARIA, Nogueira de. *O trabalho dos mortos*. Brasília: Federação Espírita Brasileira, 1990. [NE]

Assumpção, 16 (A. B.) - Foi noticiado que o exercito paraguayo conta, presentemente, com um effectivo de 20.000 homens, dos quaes grande parte está empenhada em luta contra os bolivianos no Chaco Boreal

O ESPIRITISMO,

A Magia e as Sete Linhas de Umbanda

VII
O COPO, A PRANCHETA, A MESA

LEAL DE SOUZA

Especial para o DIARIO DE NOTICIAS

DIREITO, JUSTIÇA E FÔRO

Fôro Civel e Commercial

General Waldomiro Lima

HOMENAGEM AO COMMANDANTE DO EXERCITO DO SUL

GOLPEOU A AMANTE E CORREU DA POLICIA

FOI ATROPELLADO

POR CAUSA DE UMA CHICARA DE CAFÉ

A politica do café

Um importante relatorio do sr. Mauro Roquette Pinto

Enibaçoae de café em ascoas

De Norte a Sul

RIO G. DO SUL

ESTADO DO RIO

MINAS

S. PAULO

QUEIXAS E RECLAMAÇÕES

Fôro Criminal

A semana de hontem na Associação Commercial

O FISCAL DE VEHICULO

RESTAURANTE "PONTO CHIC" BAHIANO

—— VII ——

O copo, a prancheta, a mesa

Rio de Janeiro, quinta-feira, 17 de novembro de 1932

Os fenômenos de efeitos físicos são vulgares, sendo facilmente verificáveis em qualquer ambiente, porém, nos centros espíritas cariocas, são estudados apenas esporadicamente por um ou outro pesquisador ocasional.

Quase todas as famílias, ainda as que não são espíritas, conhecem e não raro efetuam as experiências do copo, da prancheta ou da mesa. As duas primeiras se assemelham. Escreve-se o alfabeto em círculo, destacando-se cada letra, e ao centro da roda se colocam o copo, dos de vidro ou cristal, sempre pequeno, ou a prancheta, e sobre aquele, em contato leve, um dedo, ou sobre esta, a mão. O espírito, por incorporação completa ou pela posse e domínio parciais dos órgãos necessários, impulsa o braço do médium, conduzindo o copo ou a prancheta às letras precisas para a formação das palavras tradutoras de seu pensamento. Mas o mais aconselhável, por dar menos motivos a dúvidas, é o espírito operar somente com os fluidos do médium, que pode ficar de olhos fechados, acompanhando, porém, com o braço, os movimentos do copo ou da prancheta, que lhe levam a mão, orientando-a.

Mas, em circunstâncias favoráveis, sendo homogênea a corrente de pensamento, a prancheta e o copo se movem e se deslocam, atingindo as letras, sem o contato da mão do médium.

Uma ocasião, em nossa casa, a conselho de um espírito, para atenuar a perturbação de uma pessoa de nossa família, fizemos uma experiência vulgar com uma pequena mesa de três pés e, como o exercício se tornasse monótono, enervando-nos, tentamos trabalho mais difícil, sem grande confiança em seu resultado. Adaptamos um lápis a uma caixa de fósforos, perfurando-a; pusemos esse engenho sobre uma folha de papel, e o médium abriu as mãos por cima do lápis encaixado, sem tocá-lo, a um palmo de altura. Em menos de cinco minutos, ouvimos a caixa estralar, como se a comprimissem, e vimo-la, em seguida, mexer-se e, fazendo pressão sobre o lápis, escrever: "Com Deus".

Nas experiências com a mesa, geralmente a evolução dos fluidos do médium se faz pela região do plexo solar e, sem perder a ligação com o aparelho humano, se condensa em uma coluna que se apoia no solo e sobe, levantando a mesa. A energia desses fluidos, conforme a constituição do médium, alcança a sua potencialidade máxima em um período que varia entre cinco e quinze minutos.

Quando fiz pesquisas dessa natureza para estudar os trabalhos fluídicos dos espíritos que se apresentam como sendo de caboclos e pretos, obtive demonstrações interessantes.

— Sabeis — perguntou-me uma vez o guia — que no corpo humano há um elemento, propriedade, essência, ou fluido, que desintegrado dele tem mais força do que o próprio organismo integrado?

— Teoricamente — respondi.

Chamou uma das médiuns, uma moça franzina de 21 anos, e mandou-a colocar as mãos sobre uma mesa para dezesseis pessoas, que em menos de dez minutos se elevou a altura tal que a médium, para não perder o contato, teve de erguer os braços e ficar quase em pontas de pés. Concluída essa fase da prova, mandou o guia que a mesma médium levantasse a mesa com os braços, naturalmente, e a senhorita, não obstante os seus esforços, só lograva alçar-lhe uma das cabeceiras ou um dos lados, mas nunca o todo.

Crawford,[4] na Irlanda, conseguiu que os espíritos extraíssem o fluido de um médium para pesá-lo. Postos este em uma balança e aquele em outra, a que recebia os fluidos acusou o peso de 28 quilos, e a do médium assinalou em seu peso uma diminuição correspondente, mas a experiência foi suspensa porque o paciente começou a sofrer angústias e aflições, com ameaças de vertigem.

O transporte de objetos de um para outro lugar, por distâncias várias, e que não tive oportunidade de estudar convenientemente, é feito, segundo os espíritos, mediante um processo de desmaterialização e rematerialização.

---

4   William Jackson Crawford foi professor de Engenharia Mecânica Aplicada na Queen's University of Belfast, Irlanda. Entre os anos de 1914 e 1920, dirigiu experiências de fenômenos espíritas, tais como levitações de mesas, materializações, *raps* e outros. Em português, seus estudos podem ser lidos no livro *Mecânica psíquica*, um compilado de seus três livros: *The Reality of Psychic Phenomena* (1916), *Experiments in Psychic Science* (1919) e *The Psychic Structures at the Goligher Circle* (1921). [NE]

Assumpção, 17 (A.B.) - Communicado official relata a tomada do fortim Lachina pelos paraguayos

O ESPIRITISMO,

A Magia e as Sete Linhas de Umbanda

VIII

PHENOMENOS DE MATERIALIZAÇÃO E EFFEITOS PHYSICOS ESPONTANEOS

LEAL DE SOUZA

Especial para o DIARIO DE NOTICIAS

Associação Brasileira de Pharmaceuticos

Recepção do Pharmaceutico Candido Fontoura - Sua conferencia sobre «A Pharmacia no Brasil»

A PHARMACIA NO BRASIL

O Collegio Militar vae festejar condignamente o "Dia da Bandeira"

ULTIMA HORA SPORTIVA

O Villa Nova venceu os academicos

Eleita a directoria do Vasco

Um novo bar

Club 3 de Outubro do Estado do Rio

Loteria da Bahia

EM NICTHEROY

FURTO DE MATERIAL DO LLOYD

ACCIDENTE A DONNA DO "ITAXARA"

FERIU O SOLDADO A PUNHAL

VICTIMA DE AUTO

O DONO DA CASA CHEGOU A TEMPO DE PRENDER OS LADRÕES

AGGREDIDO A NAVALHA PELO COLLEGA

QUEIXAS E RECLAMAÇÕES

De Norte a Sul

MARANHÃO

PERNAMBUCO

MINAS

RIO G. DO SUL

FOTOGRAFOS

— VIII —

Fenômenos de materialização e efeitos físicos espontâneos

Rio de Janeiro, sexta-feira, 18 de novembro de 1932

Os fenômenos chamados de efeitos físicos e os de materialização, que tantos cuidados e precauções exigem nos recintos especiais, ocorrem, muitas vezes espontaneamente, em sítios impróprios e ambiente desfavorável, sem corrente que os auxilie.

Já os verifiquei em circunstâncias várias. Uma noite, para citar um caso de minha observação pessoal, embora feita por acaso, achando-me a escrever em um quarto onde dormia um médium, ouvi um rumor e, olhando em torno, vi que se abriam as portas de um guarda-vestidos e que de dentro saía, sem que ninguém o movesse ou tocasse, um daqueles formidáveis volumes contendo fac-símiles dos documentos da Independência do Brasil e mandados públicos pela Prefeitura da Cidade do Rio de Janeiro. O livro, que estava encostado ao fundo do móvel, por detrás de duas caixas de chapéus, saiu sem as deslocar e foi recostar-se a uma parede, onde ficou até a manhã seguinte. Como e por que aconteceu isso?

Vai para alguns anos, o ilustre jornalista Horacio Cartier, que prefaciou as minhas reportagens sob o título *No mundo dos espíritos*, levou-me a um cavalheiro que testemunhava fenômenos impressionantes. Solteiro, o senhor em questão, morando com irmãs também solteiras na Rua Real Grandeza, perto do cemitério de São João Baptista, foi obrigado a mudar-se, porque em sua residência, a horas mortas e sem que as portas se abrissem, apareciam pessoas estranhas.

Transferindo-se para uma rua situada nas vizinhanças do túnel do Leme, foi também forçado a buscar outra morada, porque os mesmos fenômenos se repetiam na nova casa.

Vi-o com o meu amigo, em um prédio de sua propriedade, à Rua dos Andradas, onde funcionou por muitos anos — disse-nos ele — uma pensão alegre de mulheres. Contou-nos, então, que as coisas pouco haviam mudado com a última mudança. Frequentemente, à hora das refeições, um braço de mulher desnudo e alvo, com pulseira e os dedos cheios de anéis, aparecia na mesa e, suspenso no ar, como se fosse de uma pessoa que ali estivesse sentada, retirava uma flor de um vaso e se evaporava, deixando-a cair. Disse-nos que era vulgar o aparecimento de mãos delicadas segurando o reposteiro que separava a sala de jantar da de visitas e que, em uma ocasião, o sentiu correr por inteiro e viu uma formosa mulher, muito branca, em um luxuoso vestido de baile, emoldurada nos umbrais das portas.

O médium solitário constatava com serenidade os fenômenos e, ao verificá-los, assegurou, não sentia a mais leve sombra de medo, porém, naquele tempo, andava aborrecido e contrariado, porque debaixo de seu leito rangiam e se arrastavam correntes que ninguém conseguia ver, mas que não o deixavam dormir.

O depoente era um homem discreto e reservado, de alta responsabilidade no comércio, e não me permitia relatar o seu caso, tendo entrado em contato comigo na esperança de que eu lhe fornecesse elementos para encontrar a explicação dos fenômenos fora do Espiritismo. Não acreditava em espíritos.

Os fatos por ele narrados, iguais a centenas que enchem os livros, indicam que nem sempre é necessário produzir, no médium, o transe ou o sono hipnótico para que se realize a materialização.

1ª EDIÇÃO 4 HORAS — Reportagens — **Diario de Noticias** — Noticiario — 2ª SECÇÃO PAGS

Redacção e Officinas — Rua Buenos Aires, 151 — Rio de Janeiro, Sabbado, 17 de Novembro de 1932

PARIS, 18 — *(A.B.)- Inaugurou-se com grande brilho, nesta capital, a XIII Exposição Internacional de Aeronautica, da qual participam 150 expositores de muitos paizes do mundo.*

O ESPIRITISMO,

A Magia e as Sete Linhas de Umbanda

IX

A VIDENCIA

LEAL DE SOUZA

Especial para o DIARIO DE NOTICIAS

[column of body text, largely illegible]

O "WESTERN PRINCE" E O "GENERAL SAN MARTIN" EM TRANSITO PARA BUENOS AIRES

Seguiu, no primeiro, o delegado do Brasil no 25° Congresso Internacional de Americanistas, que vae celebrar-se em Buenos Aires

[body text]

O Desastre de Aviação de Hontem

O Aeroplano Bateu De Encontro á Armação De Annuncios De Uma Casa Da Praça Da Bandeira e Espatifou-se No Solo

MORREU O PILOTO E FICOU FERIDO SEU COMPANHEIRO

O avião quebrado, quando o ser levado para o pateo da Inspectoria de Saude Publica

O corpo do piloto debaixo na bocca da substancia

Flagrante dos destroços do apparelho sinistrado

EM NICTHEROY

[body text]

VICTIMA DE AUTO FOI PARA O H. P. S.

[body text]

O AUTO, DERRAPANDO, VIROU NO TUNEL JOÃO RICARDO

[body text]

ATROPELADO POR AUTO TEVE A PERNA FRACTURADA

[body text]

AGGREDIDO A FACA

[body text]

FOI COBRAR O ALUGUEL DA CASA E RECEBEU DUAS FACADAS

[body text]

— IX —

A vidência[5]

Rio de Janeiro, sábado, 19 de novembro de 1932

Os videntes se constituem em diversas categorias. Uns veem normal e naturalmente os espíritos e os quadros fluídicos como as pessoas e as cenas da vida material; outros os veem em um estado de semitranse consciente; muitos apenas os divisam refletidos na água e nos cristais; numerosos só à meia-luz ou no escuro; não poucos de olhos fechados, e alguns de todas essas maneiras.

Sobre a autenticidade dessas visões não pode haver dúvidas, pois, quanto a determinados espíritos, os diversos videntes, sem que uns tenham conhecimento da impressão dos outros, os descrevem, em ocasiões diferentes, com as mesmas características. E quanto aos quadros, no fim das sessões, confrontadas as observações silenciosas dos que os viram, as descrições coincidem.

---

5   Na primeira edição deste livro, de 1933, este capítulo não foi reproduzido. Contudo, fazendo parte da série de artigos publicados no *Diário de Notícias*, optamos por inseri-lo nesta obra. [NE]

Pensam alguns que os espíritos e os quadros fluídicos só são vistos com os sentidos psíquicos, mas eu tenho uma razão pessoal para não concordar totalmente com essa opinião. Vendo com frequência no ambiente comum, e sempre na água, às vezes para perceber detalhes de figuras ou de cenas, sou forçado a recorrer aos óculos de que uso para a leitura, e os sentidos puramente psíquicos não precisariam desse auxílio.

Opina-se também que os quadros fluídicos são apenas o reflexo do nosso próprio pensamento, mas as minhas experiências nunca confirmaram essa afirmação. Os quadros fluídicos representam cenas do passado, do presente e até do futuro, além de alegorias. Para estabelecer a diferença entre elas, bastam, em geral, os conhecimentos de cada qual, esclarecidos pelas circunstâncias momentâneas, relativas aos espíritos, em atuação, ou aos objetivos do grupo. Em certas épocas, quando os assinalam acontecimentos extraordinários, que sacodem as populações, trechos ou fases dessas ocorrências se retratam, com animação vigorosa, nos quadros projetados nas sessões e até fora desses recintos, pois os videntes os vislumbram em diferentes lugares.

Esses quadros variam de dimensões. Muitas vezes se assemelham a uma chapa de ouro mole, quase líquido, com os vultos, objetos e tudo em desenho bem definido, mas com frequência são uma tela viva de coloração, formas e movimentos nítidos.

A Igreja Católica ensina que a alma não tem volume nem dimensão. A vidência parece confirmá-la. Nas salas de sessões onde há imagens, logo que se iniciam os trabalhos, elas centralizam enormes quadros fluídicos, onde se agrupam figuras de todos os tamanhos — pequenas, muitíssimas; gigantescas, algumas.

Dir-se-á que essas figuras nem sempre serão de espíritos... Nos terreiros de Umbanda, quando se risca no chão um ponto — um desenho emblemático ou cabalístico —, logo o cercam e recobrem entidades espirituais das falanges a que ele se refere, e, para se conterem nesse limite, esses espíritos aparecem minúsculos, em teorias formidáveis.

Nos casos normais, os espíritos se apresentam com a estatura que tinham na vida material, às vezes esbatidos, como sombras resvalantes, e às vezes assemelhando-se aos carnados. Não é raro ver somente a cabeça ou as mãos de uma entidade. Os espíritos superiores, os de luz, ofuscam a vista, dificultando e até impedindo a visão, com o esplendor luminoso de sua irradiação.

A vidência é suscetível de um desenvolvimento assombroso, porém inconveniente, pois não só os quadros fluídicos nem sempre revelam aspectos agradáveis, como a constante confusão dos espíritos com as pessoas carnadas origina equívocos comentados maliciosamente.

Diário de Notícias

1ª EDIÇÃO — Reportagens — **Noticiario** — **2ª SECÇÃO 6 PAGS.**

Redacção e Officinas — Rua Buenos Aires, 154 — Rio de Janeiro, Domingo, 20 de Novembro de 1932

O escandalo da sonegação de impostos, verificado em Paris, acarretou a prisão do conde de Chabrignac, representante da casa bancaria Lombard Odier & Cia.

O ESPIRITISMO,

A Magia e as Sete Linhas de Umbanda

x

A CURA DA OBSESSÃO

LEAL DE SOUZA

Especial para o DIARIO DE NOTICIAS

Inaugurada a Primeira Exposição Pedagogica da

Escola 15 de Novembro

Está inaugurada e franqueada à visitação publica a primeira Exposição Pedagogica da Escola 15 de Novembro, que sob a direcção do commendador Perfydio Nogueira. Vêem-se, em cima, alguns trabalhos em madeira e, em baixo, outros, modelados no barro, do Curso Pre-Vocacional

DIREITO, JUSTIÇA E FÓRO

Fôro Civel e Commercial

O ESCANDALOSO CASO DA SONEGAÇÃO DE IMPOSTOS NA FRANÇA

PARIS, 19 (A. B.)

RECEBEU UMA PEDRADA NA CABEÇA

Fôro Criminal

Tribunal do Jury

COLHIDA POR AUTO NA PRAÇA 11

QUERIA MORRER

ATROPELOU UMA MENINA E FOI PRESO

FOI ATROPELADO EM FRENTE Á SUA RESIDENCIA

UM DESASTRE DE AUTO, DE FUNESTAS CONSEQUENCIAS

O LADRÃO TENTOU ASSALTAR A CASA, MAS, PRESENTIDO PELO VIGIA, FOI GRAVEMENTE BALEADO

ATROPELAMENTOS POR AUTO

EM NICTHEROY
ENVENENOU A FILHINHA INVOLUNTARIAMENTE

De Norte a Sul

PARÁ

PERNAMBUCO
SYNDICATO MEDICO

RECIFE, 19

EMPREZA DE MELLO DAMETRO

RIO G. DO SUL
PROCURADORIA GERAL DO ESTADO

RIO G. DO NORTE

AOS EXPORTADORES

PORTUGAL

LISBOA, 19

GRANDE DESFALQUE EM LISBOA NO VALOR DE 4.000 CONTOS

LISBOA, 19

QUEIXAS E RECLAMAÇÕES
COM A SAUDE PUBLICA

ULTIMA HORA SPORTIVA

TRANSFERIDO PARA HOJE O MATCH RODRIGUES I LEDOUX

ACCIDENTE NO TRABALHO

Linha aérea S. Paulo-Rio Grande

CAIU DO TREM, NA PAVUNA

José Feliciano dos Santos

INCENDIO NA RUA S. FRANCISCO XAVIER

DETALHES SOBRE O DESASTRE DE AVIAÇÃO NA PRAÇA DA BANDEIRA
É grave o estado do observador Herbert Gonçalves

— X —

A cura da obsessão

Rio de Janeiro, domingo, 20 de novembro de 1932

Cura-se a obsessão, nos centros kardecistas, branda e lentamente, mediante a doutrinação do obsessor, e, como este frequentemente tem numerosos companheiros, o doutrinador tem de multiplicar os seus esforços.

O obsessor, quando se atirou à prática do mal, usou do livre-arbítrio concedido por Deus a todas as criaturas, e o kardecista, no seu rigorismo doutrinário, procura demonstrar-lhe o erro, encaminhando-o para a felicidade. E, nesse elevado empenho, discute, ensina, pede, até convencê-lo.

O obsessor sempre resiste e cede demoradamente. Por isso, e para restaurar as forças físicas do obsedado, o kardecista, paralelamente à doutrinação, faz um tratamento de passes. Assim, cura o paciente e ao mesmo tempo regenera o agente do malefício.

Na Linha Branca de Umbanda, o processo é mais rápido. O kardecista é um mestre; o filho de Umbanda é um delegado judiciário. Entende que pode usar de seu livre-arbítrio para impedir a prática do mal.

O espírito, o protetor, é, na Linha Branca de Umbanda, quem se incumbe da cura. Inicialmente, verifica o estado fisiológico do enfermo, para regular o tratamento, dando-lhe maior ou menor intensidade. Em seguida, aconselha os banhos de descarga, para limpeza dos fluidos mais pesados, e o defumador, para afastar elementos de atividade menos apreciável. Investiga depois a causa da obsessão e, se a encontra na magia, realiza imediatamente o trabalho propiciatório — de anulação —, igual ao que determinou a moléstia. Frequentemente, basta esse trabalho para libertar o obsedado, que fica, por alguns dias, em estado de prostração.

Se a causa da doença (permitam-me o vocábulo) era antiga e o doente não se repôs logo — e nos casos que não são ligados à magia —, o protetor afasta o obsessor, manda doutriná-lo, e, se o rebelde não se submete, é levado para regiões ou estações do espaço de onde não pode continuar a sua atuação maléfica.

Não raro, quando o obsedado não assiste à sessão em seu benefício, o protetor, atraindo-o durante o sono por um processo magnético, traz o seu espírito à reunião e incita-o a reagir contra os estranhos que desejam dominá-lo, mostra-lhe que não está louco e que deve provar, com a sua conduta, a sua integridade mental.

À medida que os obsessores são afastados, para que o organismo do paciente não se ressinta da falta dos fluidos que lhe são retirados, fazem-se-lhe passes e, finda a sua incumbência, com a restituição daquele a si mesmo, pede-lhe o protetor que procure qualquer médico da Terra ou do espaço para seguir um tratamento reconstituinte, se a obsessão o depauperou.

— XI —

O falso Espiritismo

Consideram alguns falso Espiritismo o que se pratica fora de certas regras ou moldes, e, como os processos variam nos diferentes centros e cada grupo julga o seu método ótimo e legítimo, esse critério restritivo limitaria o Espiritismo verdadeiro a quatro ou cinco núcleos, que cada qual dos crentes diria ser o seu e os de sua predileção.

Em meu conceito, o falso Espiritismo tem duas faces: a deturpação da doutrina e o fingimento sistemático de manifestações de espíritos. Ajustam-se essas duas faces em um só rosto, constituindo a fisionomia dos exploradores que enganam e roubam os ingênuos ou ignorantes.

Há profissionais dessa exploração. Indivíduos audazes e quase sempre de uma ignorância rebarbativa, dizendo-se em comunicação com espíritos, tecem histórias em torno do que lhes contam os consulentes e, desorientando-os, inventam cerimônias complicadas a que atribuem efeitos mágicos correspondentes aos objetivos de quem as paga. Às vezes, os fatos, em desdobramento independente da influência do embusteiro, coincidem com as suas promessas, e logo a sua fama se alastra, consolidando-se a sua reputação.

Esses impostores podem chegar ao Espiritismo por duas vias: alguns possuem predicados mediúnicos e, desenvolvendo-os, sem que o sintam, no esforço enganador de suas práticas, acabam sob o domínio de espíritos que os conduzem ao resgate ou os convertem em instrumentos terríficos, conforme a categoria dessas entidades. Os outros, que não são médiuns, terminam encontrando-se com um desses aparelhos humanos e, por intermédio dele, entram em contato com espíritos que, elevados ou não, sempre conseguem submetê-los aos seus fins. Os exploradores vivem, pois, entre duas ameaças, a da Terra e a do espaço; a da polícia, que os encarcera, e a do espírito, que lhes quebra a vontade, escravizando-o. Tais criaturas raro chegam à regeneração em uma existência e desencarnam na situação de miséria moral proveniente de sua atividade.

Há médiuns que se equiparam àqueles negociantes de mistério, exercendo, por dinheiro, faculdades de que só se devem utilizar gratuitamente, em benefício do próximo. Porém, esses transviados, se persistem em seu comércio, são abandonados de seus protetores e caem sob o poder de espíritos capazes de invalidá-los na sociedade e que às vezes os obrigam a retornar aos centros, para lhes serem arrancados e afastados os novos atuantes de sua mediunidade.

Certos médiuns mistificam por fanatismo. Quando o espírito, por qualquer causa, não se aproxima ou não incorpora, receiam que os assistentes da cena percam a crença ou não se convertam ao Espiritismo e, para que isso não aconteça, comprometem, ao mesmo tempo, a sua doutrina, o espírito e o seu nome, com um ato lamentável de fingimento. Outros, por vaidade, cometem essas tristes mistificações, sendo sempre desmascarados, pois o médium não é capaz de produzir o que o seu protetor produz. Alguns erram, sem a intenção deliberada do embuste, por simples curiosidade — ouvem dizer que o seu guia fez este ou aquele trabalho de beleza ou resultado excepcional e, na primeira sessão, sob o desejo de ver o que os companheiros admiraram, não permitem ao trabalhador a incorporação completa e prejudicam o seu labor.

1ª EDIÇÃO 4 HORAS — Reportagens — **Diario de Noticias** — Noticiario — 2ª SECÇÃO 6 PAGS.

Redacção e Officinas — Rua Buenos Aires, 154 — Rio de Janeiro — Quarta-feira, 22 de Novembro de 1933

O Tribunal constituido por 21 membros da Camara de Madrid iniciou o processo de responsabilidades contra os antigos politicos e militares que auxiliaram a dictadura de Primo de Rivera

O ESPIRITISMO, A Magia e as Sete Linhas de Umbanda

XII

O BAIXO ESPIRITISMO

LEAL DE SOUZ

(Especial para o DIARIO DE NOTICIAS)

FOTOGRAFOS E AMADORES

RESTAURANTE "PONTO CHIC" BAHIANO

DIREITO, JUSTIÇA E FORO

Foro Civel e Commercial

FALLENCIAS

Foro Criminal

Os bondes da Companhia Ferro Carril Jardim Botanico perturbam o cinema

— fallado —

Uma representação da Associação Brasileira de Cinematographia

Officiaes transferidos pelo Departamento da Guerra

Nomeações para o Conselho Consultivo de Therezopolis

Exonerações e nomeações de prefeitos fluminenses

JULGAMENTO SENSACIONAL NA HESPANHA

MADRID, 22 (U. P.) —

As conferencias da Associação dos Empregados no Commercio

A questão do horario para o funccionamento do commercio

VIOLENTO INCENDIO NO ARMAZEM DA COMPANHIA USINAS NACIONAES

UM CAIXE MYSTERIOSO

EM NICTHEROY

MORREU ACERBADA PELA DISCUSSÃO!

DOIS ATROPELAMENTOS POR AUTOMOVEL

Para clarear os dentes e desinfectar a bocca

Odol

Pasta Odol

Uma combinação cuja fama corre de bocca em bocca!

De Norte a Sul

ESTADO DO RIO

S. PAULO

MINAS

Dr. Alvaro Moutinho

HOTEL PEDRO II
EDIFICIO PROPRIO, COM ELEVADOR

Rua Senador Pompeu, 224 e 226 — Tel. 4-5027
AO LADO DA ESTAÇÃO PEDRO II
RIO DE JANEIRO

XII

O baixo Espiritismo

Rio de Janeiro, quarta-feira, 23 de novembro de 1932

Enquanto os homens não atingirem um grau uniforme de cultura, não poderá haver uniformidade de processos e de objetivos nas assembleias espíritas constituídas por elementos da Terra e do espaço, segundo os princípios da lei das afinidades, visando às necessidades desiguais das criaturas humanas.

Uma sessão espírita de médicos não pode ser igual a uma de estivadores, mas porque os médicos pairam em esfera intelectual mais elevada, não seria justo privar os estivadores do consolo sentimental e das vantagens morais do Espiritismo. Meter os trabalhadores na reunião dos sábios seria deslocá-los de seu meio e até incompatibilizá-los com a doutrina, pois, nesse ambiente, o ensino e a explanação seriam feitos por meio de conhecimentos e vocábulos inacessíveis à inteligência dos operários.

É certo que as sessões espíritas não se organizam por classes sociais, porém, os indivíduos de diversas categorias que as constituem ligam-se entre si, mais ou menos, pelas afinidades.

É preciso, ainda, considerar que a cultura moral e a intelectual nem sempre andam juntas. Em geral, nas reuniões reputadas de baixo Espiritismo, pela humildade de seus componentes, bem como pela ingenuidade de seus processos, o ambiente moral é de pureza translúcida.

A inteligência e o saber dos espíritos incumbidos da assistência a uma comunidade são sempre infinitamente superiores à mentalidade do grupo, mas o guia, para eficiência e frutificação de seu apostolado, transige com os educandos.

Se os irmãos reunidos em nome de Deus, pela fraqueza da inteligência, por hábito mental e até por motivos metafísicos, não podem conceber o espírito puro e exigem o ponto de referência da imagem, o guia lhe faculta, mandando erguê-la e reverenciando, no local da reunião, o que ela representa. É assim no tocante à linguagem, adulterando-a para que a compreendam, e em tudo o mais.

O Estado não tem interesse em combater esses humildes centros, porque a doutrina que neles se prega, no relativo aos poderes materiais, é da obediência absoluta à lei e à autoridade, mandando dar a Cesar o que é de Cesar.

Acredito que o interesse dos espíritas que se reputam superiores também não esteja em agredir e desmoralizar essas modestas agremiações, mas em entrar em convívio amistoso com os seus membros, ensinando-lhes pela conversação o que eles ignoram e também aprendendo o que eles sabem.

Tenho encontrado, nesses pobres centros, almas iluminadas... Um dia, na estação do Méier, estava caído e ensanguentado na rua um pobre homem. Passaram, em multidão apressada, olhando-o e deixando-o em seu abandono, pessoas de todas as classes. E eu, que também passava, olhei-o e deixei-o como os outros. Mas chamaram, alto, o meu nome. Era um quarentão moreno, de bigodinho, a camisa aberta mostrando o peito suado, os instrumentos de trabalho enrolados no casaco, debaixo do braço. Eu não o conhecia.

— Vamos levar este irmão para a farmácia — disse-me com confiança e naturalidade.

Levamo-lo. A farmácia era perto, mas eu fiz um grande esforço: o ferido era pesado. Entregamo-lo ao farmacêutico. O trabalhador perguntou-lhe:

— Precisa de nós?

— Não. Vou socorrê-lo até que venha a assistência. Já telefonei para o posto.

— Então, vamos ganhar a vida.

Vendo realizar-se a parábola do Evangelho, perguntei ao desconhecido quem lhe ensinara o meu nome. Disse-me que me vira em um centro paupérrimo fazendo uma conferência.

E outra ocasião, em uma assembleia de humildes, quando terminei uma alocução sobre a ignorância de certos presidentes de núcleos espíritas, o guia dos meus ouvintes, tomando o seu aparelho, apenas disse:

— Quando Jesus escolheu os seus discípulos, não os procurou entre os doutores, mas entre os humildes.

O baixo Espiritismo não é o dos humildes, é o dos perversos, que o praticam por dinheiro, vendendo malefícios.

1ª EDIÇÃO 4 HORAS

Reportagens

Diario de Noticias

Noticiario

2ª SECÇÃO 8 PAGS

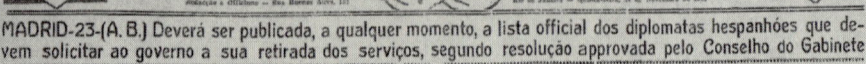

MADRID-23-(A. B.) Deverá ser publicada, a qualquer momento, a lista official dos diplomatas hespanhóes que devem solicitar ao governo a sua retirada dos serviços, segundo resolução approvada pelo Conselho do Gabinete

O ESPIRITISMO,
A Magia e as Sete Linhas de Umbanda
A FEITIÇARIA
LEAL DE SOUZA
Especial para o DIARIO DE NOTICIAS

O NOVO PARTIDO POLITICO DE MINAS
Um impasse na escolha de Commissão Directora

Uma dote da historia contemporanea de França
O terceiro anniversario da morte de Clemenceau vem provar que o culto popular á memoria do grande estadista cresce de anno para anno

Ainda o caso do director dos Correios e Telegraphos

DIREITO, JUSTIÇA E FORO
Fôro Civel e Commercial

FOI PRESO UM DOS IMPLICADOS NO DESFALQUE DA CAIXA ECONOMICA DA PAULICEA

APONTADO COMO AUTORES DE UM ESPANCAMENTO E OUTRAS IRREGULARIDADES

O SARGENTO CARLOS PINHEIRO, ENCONTRADO CAHIDO NA RUA, GRAVEMENTE FERIDO, FOI VICTIMA DE ESPANCAMENTO E NÃO COMO SE SUPPOZ DE — UM DESASTRE

COM O PÉ ESMAGADO PELO TREM

MORDIDO POR UM URSO

FALLECEU NO HOSPITAL P. SOCCORRO

Fóro Criminal

PRISÃO DE INDESEJAVEIS

A acção do Moto Club do Brasil
O REGIMEN DE LOCAÇÃO PARA MOTOCYCLETAS

AFOGOU-SE QUANDO SE BANHAVA NO PORTO DE MARIA ANGÓ

ATROPELADA POR UM AUTO OMNIBUS, UMA CRIANÇA

CONSEQUENCIAS DE UMA CORRIDA DE CARROÇAS DE LIXO

O AUTO OMNIBUS ESMAGOU A CABEÇA DO MENINO

TRES VADIAS E DOIS VADIOS ÁS VOLTAS COM A POLICIA

ATROPELADO POR UM AUTO TRANSPORTE

Reprodução. *Diário de Notícias*, edição nº 883.

— XIII —

A feitiçaria

Além de muitos outros cientistas, Crawford, professor de Mecânica Aplicada da Universidade de Belfast, em pacientíssimas experiências, provou que o corpo humano possui uma propriedade, ou fluido, que se exterioriza, e conseguiu fotografá-lo exteriorizado.

O coronel Rochas, conhecido sábio francês, em seu livro *Exteriorização da sensibilidade*[6] e em diversas obras, enumera experiências comprobatórias daquela propriedade. Conta ele que, exteriorizada a sensibilidade de uma senhora e transportada para uma cadeira, passando-se a mão sobre o assento desse móvel, a senhora enrubesceu, em um movimento de pudor. Acrescenta que, em prova semelhante, roçando-se com a ponta de um alfinete a sensibilidade exteriorizada, agitou-se o paciente em um gemido, ao mesmo tempo que em sua epiderme se assinalava o traço contundente do alfinete.

---

6   ROCHAS, Àlbert de. *Exteriorização da sensibilidade*. Tradução
     de Julio Abreu Filho. [S. l.]: Edicel, 1984. [NE]

É sobre essa propriedade, fluido ou sensibilidade suscetível de exteriorizar-se que o feiticeiro geralmente atua para atingir a personalidade humana, podendo influir sobre o pensamento, causar moléstias, provocar a morte e até beneficiar o organismo.

O feiticeiro trabalha sem ou com o auxílio de espíritos, de sua categoria, pelos princípios, mas dotados de formidável poder de atuação física, favorecidos pela invisibilidade, que os torna clandestinos.

Essas entidades são, frequentemente, colaboradoras espontâneas dessas práticas, e, por isso, muitas pessoas, sem que o pretendam, cometem atos análogos aos da feitiçaria, pois atraem, com pensamentos vigorosos, esses auxiliares intangíveis, que logo se transformam em agentes de vontades hostis ao próximo.

É por essa causa — e pela força ativa do pensamento — que a inveja, sobretudo comprimida, e o ódio, principalmente o calado, causam, não raro, danos reais, sem que os seus cultores os manifestem em ações materiais.

Assim, qualquer indivíduo pode descer a essas práticas, que não exigem, nos casos vulgares, conhecimentos especiais, bastando atenção, muita atenção para realizá-las. Quem as efetua, porém, se expõe a perigos, pois, se o dardo que lançou encontra resistência e é repulsado, retorna com redobrada violência contra quem o arremessou. Quando o praticante se aventura a cometimentos que se aproximam da magia, que é regulada por uma liturgia só conhecida de determinadas entidades imateriais, multiplica-se aquele perigo, pois às vezes um erro de insignificância aparente desencadeia, no espaço, forças que o punem com o esmagamento.

O feiticeiro é um trabalhador empírico. Desconhece as causas em seus fundamentos e conhece os efeitos em seus resultados.

1ª EDIÇÃO 4 HORAS

Reportagens **Diario de Noticias** Noticiario

2ª SECÇÃO 6 PAGS

Redacção e Officinas — Rua Buenos Aires, 154   Rio de Janeiro — Sexta-feira, 25 de Novembro de 1932

O sr. Goering, presidente do Reich, confirmou a impressão predominante de que é impossivel que o sr. Hitler forme o gabinete sob as condições impostas pelo presidente Hindenburg

O ESPIRITISMO,

A Magia e as Sete Linhas de Umbanda

XIV

A MACUMBA

LEAL DE SOUZA

(Especial para o DIARIO DE NOTICIAS)

A macumba se distingue e caracteriza pelo uso de baterques, o tambor e a agoga, instrumentos originarios da Africa.

ATROPELADO POR AUTO

Foi afastado do cargo o administrador do Hospital São João Baptista, de Nictheroy

INTERPELLADO SOBRE A SUA CONDUCTA FÓRA DO LAR

EM NICTHEROY

CHOQUE DE VEHICULOS NA RUA SÃO FRANCISCO XAVIER

AUTUADO POR DESORDENS E USO DE ARMA PROHIBIDA

ROUBADO POR CAUSA DO CALOR

A HESPANHOLA ERA PUNGUISTA

QUEIXAS E RECLAMAÇÕES

CAIU DO TREM E FRACTUROU A PERNA

O SR. HITLER NÃO QUERERA FORMAR O GABINETE, SOB AS CONDIÇÕES AVENTADAS PELO PRESIDENTE VON HINDENBURG

BERLIM, 24 (U. P.)

IMPRESSIONADO COM O DIAGNOSTICO DOS MEDICOS

O MENINO RECEBEU UM COICE NO ROSTO

O DESPEJO
dos Habitantes do Morro de S. Carlos

O QUE DISSE SOBRE O CASO UMA COMMISSÃO QUE VISITOU, HONTEM, O "DIARIO DE NOTICIAS"

Photographia tirada hontem, pela manhã, no morro de São Carlos

União Civica Brasileira

O TREM DOS SELECCIONADOS

Venceram os Azues por 2 x 0

— XIV —

A macumba

Rio de Janeiro, sexta-feira, 25 de novembro de 1932

A macumba se distingue e caracteriza pelo uso de batuques a tambores e alguns instrumentos originários da África. Essa música, bizarra em sua irregularidade soturna, não representa um acessório de barulho inútil, pois exerce positiva influência nos trabalhos, acelerando, com as suas vibrações, os lances fluídicos.

As reuniões não comportam limitações de hora, prolongando-se, na maioria das situações, até o alvorecer. São dirigidas sempre por um espírito, que é invariavelmente obedecido sem tergiversações, porque está habituado a punir os recalcitrantes com implacável rigor. É de ordinário o espírito de um africano, porém também os há de caboclos. Os métodos, seja qual for a entidade dirigente, são os mesmos, porque o caboclo aprendeu com o africano.

Os médiuns que ajudam o aparelho receptor do guia da reunião às vezes temem receber as entidades auxiliares. Aquele ordena-lhes que fiquem de joelhos, dá-lhes um copo de vinho, porém, com mais frequência, puxa-lhes, com uma palmatória de cinco buracos, dois alentados bolos. Depois da incorporação, manda queimar pólvora na palma das suas mãos, que se tornam incombustíveis quando o espírito toma posse integral do organismo do médium.

Conhecendo-se essa prova e seus resultados quando a incorporação é incompleta, apassivam-se os aparelhos humanos, entregando-se estes por inteiro àqueles que devem utilizá-los.

Os trabalhos que, segundo os objetivos, participam da magia, ora impressionam pela singularidade, ora assustam pela violência, ora surpreendem pela beleza. Obrigam à meditação, forçam ao estudo, e foi estudando-os que cheguei à outra margem do Espiritismo.

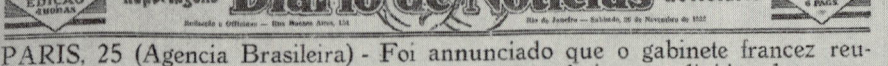

— XV —

A magia negra

Rio de Janeiro, sábado, 26 de novembro de 1932

Despindo-se, ao longo dos tempos, de sua imponente pompa litúrgica, a magia negra conserva, por toda parte, a quase totalidade de seu poder terrífico de outrora.

Como a branca, que lhe é adversa, a magia negra, para a consecução de seus objetivos, opera com as forças da natureza, propriedades de produtos da fauna e da flora do mar, de corpos minerais, de vegetais, de vísceras e órgãos animais, com elementos do organismo humano e com atributos ou meios só existentes nos planos extraterrestres. A sua influência atinge as pessoas, os animais e as coisas.

As entidades espirituais que realizam esses trabalhos possuem sinistra sabedoria, recursos verdadeiramente formidáveis e energia fluídica aterradora.

Um desses espíritos tem se prestado a experiências não só diante de conhecedores do Espiritismo, como perante pessoas de brilho social nos círculos da elegância. Assim, tomando o seu aparelho, isto é, incorporando-se ao seu médium, fá-lo triturar com os dentes, sem ferir-se, cacos de vidro. Caminha, de pés descalços, sobre um estendal de fundos de garrafas quebradas, sendo que, por duas vezes, convidados levaram as garrafas e as quebraram, aguçando lâminas pontudas para o passeio do médium.

Ele demonstrou de uma feita, a um grupo de curiosos da alta sociedade, a importância de coisas aparentemente insignificantes. Nos centros do Espiritismo de Linha, pede-se, durante as sessões, que ninguém encruze as pernas e os braços. Parece uma exigência ridícula, e não o é. Provou-o exu.

Quando incorporado, passeava descalço sobre os cacos de vidro. Para fazer compreender a transcendência daquela recomendação, mandou que uma senhora trançasse a perna, e logo os pedaços de vidro penetraram, ensanguentando-se os pés que os pisavam.

Para comprovar a força dos pontos da magia (desenhos emblemáticos, cabalísticos ou simbólicos), produziu uma demonstração sensacional. Escolheu sete pessoas, ordenou-lhes que se concentrassem sem quebra da corrente de pensamento, riscou no chão um ponto e decapitou um gato, cujo corpo mandou retirar, deixando a cabeça junto ao ponto.

— Enquanto não se apagar esse ponto, esse gato não morre, e essa cabeça não deixa de miar.

Durante dezessete minutos, a cabeça separada do corpo miava dolorosamente na sala, enquanto lá fora o corpo sem cabeça se debatia com vida. Os assistentes começavam a ficar aterrados. Ele apagou o ponto, e cessaram o miado gemente da cabeça sem corpo e as convulsões do corpo sem cabeça.

Tais entidades têm ufania de seu poder; são, com frequência, irritadiças e vingativas, mas, quando querem agradar a um amigo da Terra, não medem esforços para satisfazê-lo. As suas lutas no espaço, por questões da Terra, têm a grandeza terrível das batalhas e das tragédias.

Essa magia exerce diariamente a sua influência perturbadora sobre a existência no Rio de Janeiro. Centenas de pessoas de todas as classes, pobres e ricos, grandes e pequenos, por motivos de amor, por motivos de ódio, por motivos de interesse, recorrem aos seus sortilégios. A política foi e continua a ser dos seus melhores e mais assíduos clientes.

Durante a revolução de São Paulo,[7] essas hordas do espaço travaram pugnas furiosas, lançando-se umas contra as outras. As que se moveram pelos paulistas esbarraram com as que foram postas em ação em favor da ditadura, e esses choques invisíveis, nos planos que os nossos sentidos não devassam, decerto ultrapassaram, em ímpeto, as arremetidas do plano material. Sobre o enraivecido desentendimento das legiões ditas negras, pairavam as falanges da Linha Branca de Umbanda e os espíritos bons e superiores de todos os núcleos de nosso ciclo, levantando muralhas fluídicas de defesa para que os governantes de São Paulo e do Rio não fossem atingidos pela perturbação e, na plenitude de suas faculdades, medindo a extensão da desgraça, compreendessem a necessidade de negociar e concluir a paz.

Nesses dias da guerra civil, os terreiros da Linha Branca de Umbanda tinham um aspecto singular: estavam cheios de famílias aflitas e quase desertos de protetores, pois as falanges todas se achavam no campo das operações militares, esforçando-se para atenuar a brutalidade da discórdia armada...

A atividade da magia negra tem três modos de ser contrastada: a oposição de seus próprios elementos, a defesa a que se obriga a Linha Branca de Umbanda e a atuação dos guias superiores.

Creio que, perdendo a solene pompa do cerimonial antigo, a magia perdeu em eficiência, porque a colaboração do elemento humano pensante e sensível diminuiu. O homem que aspira ao domínio da magia necessita de aprofundar-se em estudos muito sérios, sobretudo os da ciência, para conhecer as propriedades dos corpos e suas afinidades, e

---

7   O autor se refere à Revolução Constitucionalista de 1932, um movimento armado ocorrido entre os meses de julho e outubro no estado de São Paulo que buscava derrubar o governo provisório de Getúlio Vargas e convocar uma nova Assembleia Nacional Constituinte. Também conhecido como Guerra Paulista, contou com o apoio das classes médias paulistas, da oligarquia cafeeira, de membros do Exército e dos estados de Minas Gerais e Rio Grande do Sul, igualmente insatisfeitos com o caráter autoritário do Governo Vargas. No entanto, os dois estados logo sucumbiram às atuações de Getúlio e retiraram o apoio ao estado de São Paulo, fazendo com que o movimento chegasse ao fim após quatro meses de conflitos. Ainda que não tenha sido vencedor, o estado de São Paulo, no fim das contas, conquistou o seu objetivo: em 15 de novembro de 1933, foi instalada a Assembleia Nacional Constituinte. [Nota da Historiadora, daqui em diante NH]

precisa, ainda, desenvolver e governar com intransigência de ferro as faculdades da alma, as forças psíquicas e as energias do instinto. Isso não é fácil, e o praticante da magia, em nosso tempo, tem de subordinar-se em absoluto à vontade de um espírito, que, em geral, só lhe permite um lucro mesquinho.

Nessas condições, o indivíduo que se poderia chamar o mago negro cada dia se tornará mais raro, desaparecendo a pouco e pouco o contato da humanidade com essa ordem de espíritos.

Nos centros dessa magia, conforme a finalidade das reuniões, os aparelhos humanos laboram vestidos desnudos da cinta para cima ou totalmente despidos. Trabalha-se com entusiasmo, até para o bem, quando lhos encomendam.

O «Floriano» chegou a Tabatinga, onde foi bem recebido pelas autoridades locaes

O ESPIRITISMO

A Magia e as Sete Linhas de Umbanda

XVI

A LINHA BRANCA DE UMBANDA E DEMANDA

LEAL DE SOUZA

(escripto para o DIARIO DE NOTICIAS)

A organização das linhas na magia corresponde á disciplina philosophica, isto é, cada espirito ás suas forças, cada tarefa ao seu executor...

Da Casa da Moeda

Foram desviados sete mil e quinhentos contos de estampilhas de cem mil réis

O inquerito administrativo e as medidas policiaes

Casa da Moeda

DEZEMBRO

A Grande Venda Annual Clark

INAUGURAR-SE-A NO DIA 1º 5ª FEIRA

Os 31 dias de DEZEMBRO marcarão o Maior acontecimento.

Grandes lotes de sapatos
de senhoras e creanças
para serem liquidados

Com Vantajosa Reducção

SAPATOS PARA HOMENS
Desde **30$**

VENHAM VER
NOSSAS EXPOSIÇÕES
QUALIDADE — PREÇOS

CASAS Clark

R. OUVIDOR, 105

O CRUZADOR "FLORIANO" CHEGOU A TABATINGA

(BELEM, 26 (U. P.) — O cruzador "Floriano" foi muito bem recebido pelas autoridades ao chegar em Tabatinga.

Hoje, á noite, haverá na Prefeitura offerecido ao commandante e officialidade da referida nau...

INGERIU CREOLINA E FOI PARA O H. P. S.

EMPENHAVAM-SE EM LUTA CORPORAL, NA VIA PUBLICA

A COMMISSÃO DE INQUERITO

QUATRO PARES DE NAMORADOS PRESOS PELA POLICIA

VICTIMA DE ATROPELAMENTO POR BONDE

Para clarear os dentes e desinfectar a bocca

Odol
Pasta **Odol**

Uma combinação cuja fama corre de bocca em bocca!

O SOLDADO FICOU FERIDO NO BRAÇO

LEVOU UM COICE

O TEMPO

Boletim diario da Directoria de Meteorologia

FOI COMPRAR CIGARROS E LEVOU UM TIRO

SABONETE DE TOILETTE
Eucalol
Á BASE DE EUCALYPTO
FITA VERMELHA

QUEDA DESASTRADA

UMA MENOR GRAVEMENTE QUEIMADA COM AGUA FERVENTE

XVI

A Linha Branca de Umbanda e Demanda

Rio de Janeiro, domingo, 27 de novembro de 1932

A organização das linhas no espaço corresponde a determinadas zonas na Terra, por largos ciclos no tempo.

Atendem-se, ao constituí-las, às variações de cultura moral e intelectual, aproveitando-se as entidades mais afins com as populações dessas paragens. Por isso, o Espiritismo de Linha se reveste, nos diversos países, de aspectos e características regionais.

Nas falanges da Linha Branca de Umbanda e Demanda, já se identificaram índios de quase todas as tribos brasileiras, sendo que numerosos destes foram europeus em encarnações anteriores; pretos da África e da Bahia, portugueses, espanhóis, muitos ilhéus malaios, muitíssimos hindus.

Pode-se, no terreiro de Umbanda, estudando-se as manifestações de caboclos e pretos, estabelecer as diferenças raciais, distinguir as tendências das mentalidades desses dois ramos da árvore humana, surpreender os costumes de seus povos e comparar as duas psicologias.

O caboclo autêntico, vindo da mata, mediante um aprendizado no espaço, para a Tenda, tem o entusiasmo intolerante do cristão novo, é intransigente como um frade, atira-nos à face os nossos defeitos e até com as nossas atitudes se mete. Ouvindo queixas dos que sofrem as agruras da vida, responde zangado que o Espiritismo não é para ajudar ninguém na vida material e atribui os nossos sofrimentos a erros e faltas que teremos de pagar. Mas, em dois ou três anos de contato com as misérias amargas de nossa existência, suaviza a sua intransigência e acaba ajudando materialmente os irmãos carnados, porque se condói de sua penúria e deseja vê-los contentes e felizes.

O preto, que gemeu no eito sob o bacalhau do feitor, esse não pode ver lágrima que não chore, e quase sempre sai a desbravar os caminhos dos necessitados antes que lhe peçam. O negro da África difere um pouco do da Bahia — aquele, na sua bondade, auxilia a quem pode, porém às vezes se irrita com os jactanciosos e com os ingratos, mas o da Bahia, em casos semelhantes, enche-se de piedade, pensando nas dificuldades que os maus sentimentos vão levantar na estrada de quem os cultiva.

A Linha Branca de Umbanda e Demanda tem o seu fundamento no exemplo de Jesus, expulsando a vergalho os vendilhões do templo. Às vezes, é necessário recorrer à energia para reprimir o sacrilégio, consistente na violação das leis de Deus em prejuízo das criaturas humanas.

O homem prejudica o seu semelhante por inconsciência, ignorância ou maldade. Nos dois primeiros casos, a Lei de Umbanda manda esclarecer quem está em erro até convencê-lo de sua falta, impedindo-o desde logo de continuar a sua ação maléfica. No terceiro[8] caso, reprime singelamente o perverso.

Para exemplificar: a polícia, com frequência, sitia e fecha centros espíritas ou aqueles que como tais se apresentam e prende os seus componentes. Quando o centro, como tantas vezes tem acontecido, é da Linha Branca, o seu guia considera: "A autoridade cometeu uma injustiça, sem a intenção de cometê-la. O seu desejo era cumprir o dever, defendendo a sociedade. Confundiu a nossa linha com a outra, tratando-nos como malfeitores sociais. Devemos procurar esclarecer os poderes públicos para evitar confusões semelhantes".

---

8   No texto original, o autor escreveu, equivocadamente, "segundo caso". [NE]

Se a casa atingida pela perseguição policial pertencia à magia negra, o que raríssimas vezes acontece, as entidades espirituais reagem e castigam até com brutalidade os repressores de sua atividade. Há muitos ex-delegados que conhecem a causa de desgraças que os feriram na situação social e na paz dos lares.

O objetivo da Linha Branca de Umbanda e Demanda é a prática da caridade, libertando de obsessões, curando as moléstias de origem ou ligação espiritual, desmanchando os trabalhos da magia negra e preparando um ambiente favorável à operosidade de seus adeptos.

Os sofrimentos que nos afligem são uma prova, ou provação, ou provêm dos nossos próprios erros ou da maldade dos outros. Em caso de prova, temos de suportá-la até o limite extremo, e os filhos de Umbanda procuram atenuá-la, ensinando-nos a resignação, mostrando-nos a bondade de Deus, que nos permite o resgate de nossas culpas sem puni-las com penalidades eternas, descrevendo-nos os quadros de nossa felicidade futura. Se as nossas dores e dificuldades significam consequências de nossas faltas, os protetores de Umbanda nos aconselham a repará-las, conduzindo-nos com amor e paciência ao arrependimento. Na terceira hipótese, reprimem energicamente os malvados que nos perseguem do espaço para cevar ódios da Terra. Nas angústias de nossa vida material, afastam de nosso ambiente, purificando-os, os fluidos da inveja, da cobiça, da antipatia e da inimizade.

O tratamento da obsessão, as curas das doenças de natureza espiritual, constituem os trabalhos de "caridade", e os outros, os de "demanda", porém os dois são absolutamente gratuitos. Se algum médium se esquece de seus deveres e recebe dinheiro ou coisa correspondente pela caridade feita por seu protetor, este se retira, abandonando-o a entidades que em geral o reduzem à miséria.

A hierarquia, na Linha Branca, é positiva, mantendo-se com severidade. Todos os seus dirigentes espirituais proclamam e reconhecem a autoridade de Ismael, guia do Espiritismo no Brasil.

A incorporação é sempre um fenômeno complexo, que se processa mediante acidentes psicológicos, psíquicos e espirituais, e tem na Linha Branca de Umbanda a expressão máxima de sua transcendência. Vulgarmente, basta que o espírito se assenhoreie dos órgãos cerebrais, vocais e manuais, ou de todos os chamados nobres, para fazer a comunicação verbal ou escrita e dar passes. Na Linha Branca, precisa apropriar-se de todo o organismo do médium, porque nesse corpo vai viver materialmente algumas horas, movendo-se, utilizando-se de objetos, às vezes suportando pesos. A incorporação, na Linha Branca, é quase uma reencarnação, no dizer de um espírito.

Dir-se-á que todos os socorros prestados pela Linha Branca poderiam ser prestados, sem os seus trabalhos, pelos altos guias, pelos espíritos superiores.

Os espíritos de luz que baixam à Terra e se conservam em nossa atmosfera orientam falanges ou desempenham outras missões e não contrariam, nem poderiam contrariar, desígnios em que se enquadram as funções de todos os servos da fé, grandes ou pequeninos. Se em algumas situações lhes é permitido exercer a sua ação instantânea em favor de quem soube merecê-la, na maioria das circunstâncias deixam o indivíduo, pelas faltas do passado ou pelas culpas do presente, submeter-se ao que lhe parece uma degradação.

Estamos em uma época amargurada de arrogante orgulho intelectual e insolente vaidade mundanária, e, para abater a prosápia desses orgulhosos, os episódios de suas existências se encadeiam de modo a arrastá-los a implorar e a receber a misericórdia de Deus, por intermédio dos espíritos mais atrasados ou que como tais se apresentam.

1ª EDIÇÃO 4 HORAS — Reportagens — **Diario de Noticias** — Noticiario — 2ª SECÇÃO 6 PAGS.

Redacção e Officinas — Rua Buenos Aires, 116 — Rio de Janeiro — Terça-feira, 19 de Novembro de 1935

No Congresso Americano foi proposta a rejeição do prohibicionismo, em breve emenda á Constituição, apresentada á Commissão de Justiça da Camara

O ESPIRITISMO

A Magia e as Sete Linhas de Umbanda

XVII

OS ATTRIBUTOS E PECULIARIDADES DA LINHA BRANCA

LEAL DE SOUZA

(especial para o DIARIO DE NOTICIAS)

Direito, Justiça e Fôro

Fôro Civel e Commercial

FALLENCIAS

Fôro Criminal

ABSOLVIÇÕES

TENTATIVA DE SUICIDIO

VICTIMAS DA EXPLOSÃO DE UM FOGAREIRO A ALCOOL

AGGREDIDO A PUNHAL

AGGRESSÃO A FACA

OS QUE VÃO SER SEMMARIADOS

LIVRAMENTO CONDICIONAL

PROCESSOS

De Norte a Sul

BAHIA

S. PAULO

RIO DO SUL

RIO DE JANEIRO

Desappareceram quatrocentos contos de réis do Banco do Commercio

As diligencias policiaes — Como se teria dado esse furto !

EM NICTHEROY

MORREU AFOGADO DENTRO DE UMA "TINA" COM AGUA

QUEIXAS E RECLAMAÇÕES

Os atributos e peculiaridades da Linha Branca

Rio de Janeiro, terça-feira, 29 de novembro de 1932

Os chamados atributos da Linha Branca de Umbanda e Demanda, em seu uso vulgar, causam viva impressão de extravagância ridícula às pessoas de hábitos sociais aprimorados, convencendo-as do atraso dos espíritos incumbidos de usá-los. Mas essas práticas assentam em fundamentos razoáveis. Procuremos esclarecê-las, dizendo, do pouco que sabemos, o que nos for permitido divulgar.

Antes, porém, é conveniente estabelecer e afirmar que as imagens muitas vezes existentes nos recintos das sessões da Linha Branca não representam um contingente obrigatório do culto, pois são apenas permitidas ou antes significam uma concessão dos guias, tornando-se, com frequência, necessárias para atender aos hábitos e predileções de muitíssimas pessoas e de muitíssimos espíritos.

Quando se coloca uma imagem em um recinto de trabalho, celebra-se o seu "cruzamento", cerimônia pela qual se estabelece a sua ligação fluídica com as entidades espirituais responsáveis pelas reuniões. Renova-se essa ligação automaticamente sempre que há sessão, durante a qual a imagem se transforma em centro de grandes e belos quadros fluídicos.

Encaremos, agora, o assunto principal deste escrito.

– **Linguagem:** A Linha Branca de Umbanda tem um idioma próprio para regular o seu trabalho, designar os seus atributos e cerimônias e evitar a divulgação de conhecimentos suscetíveis de uso contrário aos seus objetivos caridosos. Em suas manifestações, conversando entre si, os espíritos, para não serem entendidos pelos assistentes, empregam o linguajar de cabildas africanas,[9] de tribos brasileiras, ou das regiões onde encarnaram pela última vez. No trato com as pessoas, excetuados os grandes guias, usam a nossa língua comum, deturpando-a à maneira dos pretos ou dos caboclos. Esses trabalhadores do espaço desejam que os julguem atrasados, a fim de que os indivíduos que se reputam superiores e são obrigados a recorrer à humildade de espíritos inferiores percebam e compreendam a sua própria inferioridade.

– **Roupa:** Usam-se, em certos trabalhos, roupas brancas para evitar o amortecimento e a arritmia das vibrações, pela diversidade de coloração. Pode-se acrescentar que os filhos de Umbanda

---

9   "Cabildo: Espécie de sociedade de auxílio mútuo, recreio e diversão existente, na época colonial, em vários países hispano-americanos. Constituídos por negros de mesma origem étnica, os cabildos procuravam reconstruir antigas tradições africanas. Organizados em comparsas*, saíam às ruas cantando e dançando nas datas festivas. Em certos países, onde eram chamados também 'reinos' ou 'nações', alguns resistiram até os primeiros anos do século XX. Cabildos em Cuba: Em Cuba, já em 1796, havia na capital um 'Cabildo de Congos Reales'. Depois, surgiram outros, como os dos ararás, apapás, mandingas, lucumís, além dos denominados 'Mina Popó de la Costa de Oro', 'Carabalí', 'Ungrí' etc. Desses, os de origem bantu, localizados principalmente nas províncias de Las Villas e Matanzas, rejeitavam a denominação genérica de 'congos', adotando nomes mais definidores de sua origem étnica. Na primeira província destacaram-se os kunalungo ou kunalumbu e, em Matanzas, houve cabildos loango e musundi. Já em Havana, essa preocupação de certa forma se diluiu, tanto que, lá, o mais importante e famoso cabildo foi o dos 'Congos Reales', cuja presença, no Dia de Reis, constituía sempre uma marca de brilhantismo." (LOPES, Nei. *Enciclopédia brasileira de diáspora africana*. São Paulo: Selo Negro, 2005. p. 149) [NH]

aconselham o uso habitual dos tecidos claros, pelas mesmíssimas razões expressas no apelo dirigido há anos pelo clube médico desta capital, quando pediu à população carioca o abandono dos padrões escuros.

- Calçado: Em certas ocasiões, trabalha-se com os pés descalços, quando não é possível mudar o calçado na tenda, pois os sapatos com que andamos nas ruas pisam e afundam, principalmente nas esquinas, em fluidos pesados, que se agitam como gazes à flor do solo e que dificultam as incorporações ou se espalham pelo recinto da reunião, causando perturbações.

- Atitudes: Não se permite encruzar as pernas e os braços durante as sessões, porque, como vimos na magia negra, essas atitudes quebram ou ameaçam violentamente a cadeia de concentração, impedem a evolução do fluido com que cada assistente deve contribuir para o trabalho coletivo, determinam, com essa retenção, perturbações psíquicas e até fisiológicas e impossibilitam a incorporação, quando se trata de um médium. Ao descer de certas falanges, como em alguns atos de descarga, sacode-se o corpo em cadência de embalo — na primeira hipótese, para facilitar a incorporação; na segunda, para auxiliar o desprendimento de fluidos que não nos pertençam.

- Guia: É um colar de contas da cor simbólica de uma ou mais linhas. Fica, mediante o "cruzamento", em ligação fluídica com as entidades espirituais das linhas que representa. Desvia, neutraliza ou enfraquece os fluidos menos apreciáveis. Periodicamente, é lavado nas sessões, para limpar a gordura do corpo humano, bem como os fluidos que se lhe aderiram, e de novo cruzado.

- Banho de descarga: Cozimento de ervas para limpar o fluido pesado que adere ao corpo, como um suor invisível. O banho de mar, em alguns casos, produz o mesmo resultado.

– **Cachaça:** Pelas suas propriedades, é uma espécie de desinfetante para certos fluidos; estimula outros, os bons; atrai, pelas vibrações aromáticas, determinadas entidades, e outros bebem-na quando incorporados, em virtude de reminiscências da vida material.

– **Fumo:** Atua pelas vibrações do fogo e do aroma. A fumaça neutraliza os fluidos magnéticos adversos. É frequente ver uma pessoa curada de uma dor de cabeça ou aliviada do incômodo momentâneo de uma chaga por uma fumarada.

– **Defumador:** Atua pelas vibrações do fogo e do aroma, pela fumaça e pelo movimento. Atrai as entidades benéficas e afasta as indesejáveis, exercendo uma influência pacificadora sobre o organismo.

– **Ponto cantado:** É um hino muitas vezes incoerente, porque os espíritos, que no-lo ensinam, o compõem de modo a alcançar certos efeitos no plano material sem revelar aspectos do plano espiritual. Tem, pois, duplo sentido. Atua pelas vibrações, opera movimentos fluídicos e, harmonizando os fluidos, auxilia a incorporação. Chama algumas entidades e afasta outras.

– **Ponto riscado:** É um desenho emblemático e simbólico.[10] Atrai, com a concentração que determina para ser traçado, as entidades ou falanges a que se refere. Tem sempre uma significação e exprime, às vezes, muitas coisas em poucos traços.

– **Ponteiro:** É um punhal pequeno, de preferência com cruzeta na manga ou empunhadura. Serve para calcular o grau de eficiência dos trabalhos, pois as forças fluídicas contrárias, quando não foram quebradas, o impedem de cravar-se ou o derribam depois de firmado. Tem ainda a influência do aço, no tocante ao magnetismo e à eletricidade.

10 Segundo a edição de 1933. Contudo, no jornal, o termo utilizado foi "cabalístico". [NE]

- **Pólvora:** Produz, pelo deslocamento do ar, os grandes abalos fluídicos.

- **Pemba:** Bloco de giz. Usa-se para desenhar os pontos.

Esses recursos e meios não são usados arbitrariamente em qualquer ocasião, nem são necessários nas sessões comuns. A pólvora, por exemplo, só deve ser empregada em trabalhos externos, realizados fora da cidade, ao ar livre. Nos últimos anos, os guias não têm permitido que os centros ou tendas guardem ou possuam em suas sedes pemba, punhais ou pólvora, concorrendo, com as suas instruções, para que sejam obedecidas as ordens das autoridades públicas.

Os estudantes nacionalistas de Lemberg, na Polonia, promoveram tumultos e demonstrações anti-semitas, ficando feridas 200 pessoas

O ESPIRITISMO,

A Magia e as Sete Linhas de Umbanda

LVIII

O "Despacho"

LEAL DE SOUZA

Especial para o *DIARIO DE NOTICIAS*

MANIFESTAÇÕES ANTI-SEMITAS EM LEMBERG

LEMBERG, Polonia, 28 — (U. P.) — Os estudantes nacionalistas promoveram grandes tumultos e demonstrações anti-semitas, ficando feridas 200 pessoas.

João Scala

A SESSÃO "IN MEMORIAM" DE AMANHÃ

Homenagem ao Interventor de Goyaz

ACADEMIA DE ARTE NO BRASIL

COMO O *NEW YORK TIMES* COMMENTA UM ARTIGO PUBLICADO NO *DIARIO DE NOTICIAS*

BATEU VARIAS VEZES, COM A CABEÇA DO MENOR, DE ENCONTRO Á PAREDE

VICTIMA DE UM DESASTRE

UMA LUTA POR CAUSA DE 68$900

DOIS HOMENS FERIDOS

ENFERMEIRA DESHONESTA

FURTOU DE UMA DOENTE UMA PULSEIRA AVALIADA EM 2:500$000

ATEOU FOGO ÁS VESTES

CHOCARAM-SE UM AUTO-OMNIBUS E UMA AMBULANCIA DA ASSISTENCIA

A MORTE TRAGICA DE UM MECANICO DA "VIAÇÃO MODERNA"

IMPRESSIONOU ENTRE O POVO O ODIOSO E ESPANTOSO TRABALHO QUE TEVE AS CORES DO TENEBROSO DESACCORDO

EM NICTHEROY

QUEIXAS E RECLAMAÇÕES

De Norte a Sul

S. PAULO

PARANÁ

RIO DO SUL

—— **XVIII** ——

O "despacho"

O "despacho", nas Linhas Negras, é um presente ou uma paga para alcançar um favor, muitas vezes consistente no aniquilamento de uma pessoa.

Quando o feiticeiro trabalha sozinho, isto é, sem o auxílio de espíritos, o "despacho" representa uma concentração que se prolonga por diversas fases; se com esses auxiliares, visa atirá-los contra o indivíduo perseguido; se é da magia, contém ainda os corpos cujas propriedades devem ser volatilizadas.

Assim, o "despacho" varia nos elementos componentes e na preparação, conforme o seu objetivo e a natureza das entidades que o realizam, e, como as espirituais são materialíssimas e de gosto abaixo do vulgar, a oferta lhes revela essas qualidades. Pergunta-se, com espanto, se aqueles aos quais se destina a oferenda comem as comedorias que por vezes lhes são levadas. Certo, não as comem, mas extraem delas propriedades ou substâncias que lhes dão a sensação de que as comeram, satisfazendo apetites contraídos na vida terrena ou adquiridos no espaço, pelo exemplo de outros, a que se abandonaram.

O "despacho" exerce a sua influência de quatro maneiras: pela ação individual do feiticeiro, em contato fluídico com a vítima; pela ação das entidades propiciadas, causando-lhe exasperações, inquietando-a, atacando-lhe determinados órgãos, perturbando-lhe o raciocínio com sugestões telepáticas, dominando-lhe o cérebro, produzindo moléstias e até a morte; pelo reflexo das propriedades volatilizadas e corpos usados pela magia; e pela conjugação de todos esses meios.

A Linha Branca de Umbanda anula esses "despachos" por processos correlatos. Quando se trata da atuação individual do feiticeiro, desvia o seu pensamento, deixando-o perder-se no espaço para dar-lhe a impressão de sua impotência e evitar o "choque de retorno", que lhe demonstraria que o seu esforço foi contrariado, estimulando-o a recomeçá-lo. Propicia as entidades em atividade prejudicial, ofertando-lhes um "despacho" igual ao que as moveu ao malefício, a fim de que elas se afastem do enfeitiçado, e frequentemente faz outro "despacho" aos espíritos das falanges brancas, mais afins com a pessoa a quem se defende, com o objetivo, este segundo despacho, de atraí-las, por meio de uma concentração prolongada, para que auxiliem a restauração mental e psíquica de seu protegido. Volatiliza as propriedades de corpos suscetíveis de neutralizar os que foram empregados pela magia. Conjuga todos esses recursos e, quando as entidades propiciadas recusam os presentes e insistem na perseguição, submete-as com energia.

Os "despachos" aos elementos da Linha Negra, isto é, a Exu, ao Povo da Encruzilhada, são feitos nos lugares que lhes deram essa designação. Os destinados a atrair os socorros dos trabalhadores da Linha Branca, de ordinário simples e não raro de algum encanto poético, fazem-se nas matas, tais os de Oxóssi e Ogum; outros, como os de Xangô, nas pedreiras; muitos, entre esses os de Iemanjá, nas praias ou no oceano; e aqueles, a exemplo dos de Cosme e Damião, que se dirigem aos espíritos dos que desencarnaram ainda crianças, no macio gramado dos jardins e prados floridos.

Estranha-se que a Linha Branca de Umbanda, trabalhando exclusivamente em benefício do próximo, tenha alguma vez realizado "despachos" com terra de cemitério. Explica-se com facilidade a razão que a obriga, em certas circunstâncias, a esse recurso extremo.

Localiza-se nos cemitérios uma vasta massa de espíritos inconscientes, semi-inconscientes, ou tendo uma noção confusa da morte e fazendo um conceito errôneo de sua triste situação: é o chamado povo do cemitério. A magia negra e os feiticeiros os atraem e aproveitam para objetivos cruéis, de uma perversidade revoltante. Com frequência, quando um desses espíritos perde de todo a noção de sua individualidade, convencem-no de que ele é uma determinada pessoa ainda viva no mundo material e mandam-no procurá-la para tomar conta de seu corpo. Na sua perturbação, com os fluidos contaminados de propriedades cadavéricas, ele, na convicção de ser quem não é, encosta-se ao outro, em um esforço desesperado de reintegração, transmitindo-lhe moléstias terríveis, abalando-o mentalmente e até arrastando-o ao campo santo, à procura da tumba. Para desfazer esse sortilégio, com os cuidados devidos ao espírito infeliz e à pessoa a que ele se apegou, é necessário recorrer ao meio de que lançou mão para produzir o mal: a magia negra.

Na noite das grandes meditações piedosas, quando, por oceanos e continentes, a cristandade comemora, com sentimento uníssono, o martírio de Jesus, o Cristo, é que se fazem os mais funestos "despachos" macabros da "banda negra". Violam-se túmulos, roubam-se cadáveres, profana-se a maternidade, em operações de magia sobre o ventre de mulheres grávidas, e uma onda sombria de maldade se alastra, espalhando o sofrimento e o luto.

A Linha Branca de Umbanda não pode cometer, mesmo na defesa do próximo, sacrilégios e profanações, e conjuga a ação combinada de suas sete linhas para dominar essa torrente de treva nefasta. A linha de Xangô, sobretudo, se consagra à reparação do que foi destruído, a de Iemanjá lava e limpa o ambiente, as de Oxalá e Iansã amparam os combalidos, enquanto os sagitários de Oxóssi e a falange guerreira de Ogum dominam e castigam os criminosos do espaço.

E, no entanto, o pobre filho de Umbanda, templário da ordem branca, surpreendido pela polícia à hora de "arriar o despacho", sofre o vexame da prisão e o escândalo dos jornais porque sacrificou o seu repouso à defesa e ao bem-estar do próximo.

Reprodução. *Diário de Notícias*, edição nº 889.

— XIX —

As sete Linhas Brancas

Rio de Janeiro, quinta-feira, 1º de dezembro de 1932

A Linha Branca de Umbanda e Demanda compreende sete linhas: a primeira, de Oxalá; a segunda, de Ogum; a terceira, de Oxóssi; a quarta, de Xangô; a quinta, de Iansã; a sexta, de Iemanjá; e a sétima é a Linha de Santo, também chamada Linha das Almas.

Essas designações significam, na língua de Umbanda — a primeira, Jesus, em sua invocação de Nosso Senhor do Bonfim; a segunda, São Jorge; a terceira, São Sebastião; a quarta, São Jerônimo; a quinta, Santa Bárbara; e a sexta, a Virgem Maria, em sua invocação de Nossa Senhora da Conceição. A Linha de Santo é transversal e mantém a sua unidade através das outras.

Cada linha tem o seu ponto emblemático e a sua cor simbólica. A de Oxalá, a cor branca; a de Ogum, a encarnada; a de Oxóssi, verde; a de Xangô, roxa; a de Iansã, amarela; a de Iemanjá, azul.

– Oxalá é a linha dos trabalhadores humílimos; tem a devoção dos espíritos de pretos de todas as regiões, qualquer que seja a linha

99

de sua atividade, e é nas suas falanges, com Cosme e Damião, que em geral aparecem às entidades que se apresentam como crianças.

- A linha de Ogum, que se caracteriza pela energia fluídica de seus componentes, caboclos e pretos da África, em sua maioria, contém em seus quadros as falanges guerreiras de Demanda.
- A linha de Oxóssi, também de notável potência fluídica, com entidades frequentemente dotadas de brilhante saber, é, por excelência, a dos indígenas brasileiros.
- A linha de Xangô pratica a caridade sob um critério de implacável justiça: quem não merece, não tem; quem faz, paga.
- A linha de Iansã consta de desencarnados que, na existência terreal, eram devotados a Santa Bárbara.
- A linha de Iemanjá é constituída dos trabalhadores do mar, espíritos das tribos litorâneas, de marujos e de pessoas que pereceram afogadas no oceano.
- A Linha de Santo é formada de "pais de mesa", isto é, de médium "de cabeça cruzada", assim chamados porque se submeteram a uma cerimônia pela qual assumiram o compromisso vitalício de emprestar o seu corpo, sempre que seja preciso, para o trabalho de um espírito determinado e contraíram "obrigações", equivalentes a deveres rigorosos e realmente invioláveis, pois acarretam, quando esquecidos, penalidades aspérrimas e inevitáveis.

Os trabalhadores espirituais da Linha de Santo, caboclos ou negros, são egressos da Linha Negra e têm duas missões essenciais na Branca: preparam, em geral, os "despachos" propiciatórios ao Povo da Encruzilhada e procuram alcançar amigavelmente de seus antigos companheiros a suspensão de hostilidades contra os filhos e protegidos da Linha Branca. Por isso, nos trabalhos em que aparecem elementos da Linha de Santos disseminados pelas outras seis, estes ostentam, com as demais cores simbólicas, a preta, de Exu.

Na falange geral de cada linha figuram falanges especiais, como, na de Oxóssi, a de Urubatan e, na de Ogum, a de Tranca-Rua, que são comparáveis às brigadas dentro das divisões de um exército. Todas as falanges têm características próprias para que se reconheçam os seus trabalhadores quando incorporados. Não se confunde um caboclo da falange de Urubatan com outro da de Arariboia ou de qualquer legião.

As falanges de nossos indígenas, com os seus agregados, formam o povo das matas; as dos marujos e mais espíritos da linha de Iemanjá, o povo do mar; dos pretos africanos, o povo da costa; dos baianos e mais negros do Brasil, o povo da Bahia.

As diversas falanges e linhas agem em harmonia, combinando os seus recursos para eficácia da ação coletiva. Exemplificá-lo-ei.

Muita vez, uma questiúncula mínima produz uma grande desgraça... Uma mulatinha que era médium da magia negra, empregando-se em casa de gente opulenta, foi repreendida com severidade por ter reincidido na falta de abandonar o serviço para ir à esquina conversar com o namorado. Queixou-se ao dirigente de seu antro de magia, exagerando, sem dúvida, os agravos, ou supostos agravos recebidos, e arranjou, contra os seus patrões, um "despacho" de efeitos sinistros.

Em poucos meses, marido e mulher estavam desentendidos — um, com os negócios em descalabro; a outra, atacada de moléstia asquerosa da pele, que ninguém definia nem curava. Vencido pelo sofrimento, sem esperança, o casal, aconselhado pela experiência de um amigo, foi a um centro da Linha Branca de Umbanda, onde, como sempre acontece, o guia, em meia hora, o esclareceu sobre a origem de seus males, dizendo quem e onde fez o "despacho", quem e por que mandou fazê-lo.

E, por causa desse rápido namoro de esquina, uma família gemeu na miséria, e a Linha Branca de Umbanda fez, no espaço, um de seus maiores esforços.

Propiciaram-se as entidades causadoras de tantos danos com um "despacho" igual ao que as lançou ao malefício, e, como o presente não surtisse resultado, por não ter sido aceito, os trabalhadores espirituais da Linha de Santo agiram junto aos seus antigos companheiros de Encruzilhada para alcançar o abandono pacífico dos perseguidos, mas foram informados de que não se perdoava o agravo a médiuns da Linha Negra.

Elementos da falange de Oxóssi teceram as redes de captura, e os secundou, com o ímpeto costumeiro, a falange guerreira de Ogum, mas a resistência adversa, oposta por blocos fortíssimos, de espíritos adestrados nas lutas fluídicas, obrigou a Linha Branca a recursos extremos, trabalhando fora da cidade, à margem de um rio. Com a pólvora, sacudiu-se o ar, produzindo-se formidáveis deslocamentos de fluidos; apelou-se depois para os meios magnéticos, e, por fim, as descargas elétricas fagulharam na limpidez puríssima da tarde.

Os trabalhadores de Iemanjá, com a água volatilizada do oceano, auxiliados pelos de Iansã, lavaram os resíduos dos malefícios desfeitos e, enquanto os servos de Xangô encaminhavam os rebeldes submetidos, o casal se restaurava na saúde e na fortuna.

VARSOVIA, 1 (U.P.) - 195 individuos foram presos aqui quando a policia effectuou uma diligencia no ponto de reunião secreto de membros de uma organização comunista com ramificações em todo o territorio polonez

O ESPIRITISMO,

A Magia e as Sete Linhas de Umbanda

OS PROTECTORES DA LINHA BRANCA DE UMBANDA

LEAL DE SOUZA

(Especial para o DIARIO DE NOTICIAS)

TOURING CLUB DO BRASIL

QUEIXAS E RECLAMAÇÕES

Na Associação dos Academicos de Odontologia

A exportação do abacaxi fluminense

O «coiteiro» sangrou os dois bandidos, decapitando-os em seguida

UM EPISODIO TRAGICO DO CANGACEIRISMO QUE INFELICITA O NORDESTE

As cabeças dos bandidos nas mãos dos pela «coiteiro» (Photographia obtida em Simão Dias, Sergipe, distante 32 leguas do local do morticinio)

O "Sierra Nevada" e o "Campana" passaram em transito pela Guanabara

De Norte a Sul

S. PAULO

MINAS

DIREITO, JUSTIÇA E FORO

Fôro Civel e Comercial

ACAUTELEM-SE OS "NAMORADOS" COM A POLICIA DE COSTUMES!

SANEANDO A CIDADE

AGGRESSÃO A ARMA BRANCA

ATROPELADO POR AUTO NA RUA ESPIRITO SANTO

ATROPELADO POR UM AUTO

Fôro Criminal

A SCENA DE SANGUE, DE HONTEM, NA RUA DA CARIOCA

A "BARATINHA" FOI DE ENCONTRO AO POSTE

TENTOU SUICIDAR-SE INCENDIANDO AS VESTES

SUICIDOU-SE, INGERINDO 500 GRAMMAS DE LYSOL

A PRISÃO DE UM GATUNO E DESORDEIRO

— XX —

Os protetores da Linha Branca de Umbanda

Rio de Janeiro, sexta-feira, 2 de dezembro de 1932

Os protetores da Linha Branca de Umbanda e Demanda invariavelmente são, ou dizem que são, caboclos ou pretos.

Entre os caboclos, numerosos foram europeus em encarnações anteriores, e a sua reencarnação no seio dos silvícolas não representa um retrocesso, mas o início, pela identificação com o ambiente, da missão que, como espíritos, depois de aprendizado no espaço, teriam de desempenhar na Terra. Outros pertenceram, na última existência terrena, a povos brancos, do Ocidente, ou amarelos, da Ásia, e nunca passaram pelas nossas tribos. Os restantes, porém, com o círculo de sua evolução reduzido, até o presente, à zona psíquica do Brasil, têm encarnado e reencarnado, com alternativas, em nossas cidades ou matas, estando quase todos no espaço há mais de meio século. O mesmo quanto aos negros.

Esses protetores se graduam em uma escala que ascende dos mais atrasados, porém cheios de bondade, aos radiantes espíritos superiores.

O protetor, na Linha Branca, é sempre humilde e, com a sua língua atravessada, ou incorreta, causa uma impressão penosa de ignorância, mas frequentemente, pelos deveres de sua missão, surpreende os seus consulentes, revelando conhecimentos muito elevados.

Exemplo: uma ocasião, em uma pequena reunião de cinco pessoas, um protetor caboclo descarregava os maus fluidos de uma senhora, enquanto, também incorporado, um preto-velho, Pai Antônio, fumava um cachimbo, observando a descarga.

— Cuidado, caboclo — avisou o preto. — O coração dessa filha não está batendo de acordo com o pulso.

— Como é que o Pai Antônio viu isso? Deixe verificar — pediu um médico presente à sessão.

E, depois da verificação, confirmou o aviso do preto, que o surpreendeu de novo, emitindo um termo técnico da medicina e explicando que o fenômeno não provinha, como acreditava o clínico, de causas fisiológicas, porém de ação fluídica, tanto que, terminada a descarga, se restabelecia a circulação normal no organismo da dama. E assim aconteceu.

O doutor, então, quis conversar sobre a sua ciência com o espírito humilde do preto e, antes de meia hora, confessava, com um sorriso e sem despeito, que o negro abordara assuntos que ele ainda não tivera oportunidade de versar, e estranhava:

— Pai Antônio não pode ser o espírito de um preto da África, e não se compreende que baixe para fumar cachimbo e falar língua inferior ao cassange.[11]

— Eu sou preto, meu filho.

— Não, Pai Antônio. O senhor sabe mais medicina do que eu. Por que fala desse modo? Há de ser por alguma razão.

O preto-velho explicou:

— Eu não baixo em roda de doutores. Doutor aqui só há um, que és tu, e nem sempre vens cá. Depois, meu filho, se eu começo a falar língua de branco, posso ficar tão pretensioso como tu, que dizes saber

11 Caçanje [ou cassange] é um termo atribuído ao "português mal falado ou mal escrito. Do etnônimo 'Kisanji', denominação de um subgrupo dos ovimbundos. Consta que os antigos membros desse grupo étnico tinham dificuldade de ou se recusavam a aprender o português". (LOPES, Nei. *Enciclopédia brasileira de diáspora africana*. São Paulo: Selo Negro, 2005. p. 50-51) [NH]

menos medicina do que eu — disse, em uma linguagem arrevesada, que traduzimos.

Os protetores da Linha Branca em geral se especializaram, no espaço, em estudos ou trabalhos de sua predileção na Terra, e baixam aos centros e incorporam para um objetivo definido. Acontece, porém, que muitas vezes são induzidos a erros pelos consulentes, com a cumplicidade dos presidentes de sessões. Uma pessoa os interroga sobre assunto de que não têm conhecimento pleno.

— Não entendo disso, meu filho.

Na sessão imediata e nas outras, o curioso ou necessitado insiste no seu pedido interrogativo até que o trabalhador do espaço, receoso de inspirar a desconfiança com a confissão de sua ignorância, embarafusta pela seara alheia e comete erros, logo remediados pelo chefe do terreiro, que é um espírito conhecedor de todos os trabalhos e recursos da Linha.

Salvo em caso de necessidade absoluta, os protetores da Linha Branca de Umbanda incorporam sempre nos mesmos médiuns. As razões são simples e transparentes: habituaram-se a mover aqueles corpos, conhecem todos os recursos daqueles cérebros e, pela constância dos serviços, mantêm os seus fluidos harmonizados com os dos aparelhos, o que lhes facilita a incorporação, aliás sempre complexa e em geral custosa — quanto mais elevado é o espírito, tanto mais difícil é a sua incorporação.

1ª EDIÇÃO ANOAS — Reportagens — **Diário de Notícias** — Noticiario — 2ª SECÇÃO 6 PAGS.

Redacção e Officinas — Rua Buenos Aires, 154 — Rio de Janeiro — Sabbado, 3 de Dezembro de 1932

A lém do chanceller do Reich, o general Schleicher foi nomeado tambem commissario federal na Prussia

O ESPIRITISMO,
A Magia e as Sete Linhas de Umbanda
XXI
OS ORIXAS
LEAL DE SOUZA
(Especial para o DIARIO DE NOTICIAS)

[corpo do artigo ilegível]

AS NOVAS ATTRIBUIÇÕES DO GENERAL VON SCHLEICHER
BERLIM, 2 (U. P.) —

NA CURVA DA AMENDOEIRA
O AUTO CAPOTOU FAZENDO VARIOS FERIDOS

ARAMBAM — Os policiaes reportam da Linha Branca.

Inspectoria de Vehiculos
Exame de Motoristas

AGGRESSÃO À FACA

Um protesto do Paraguay

Novamente enlutada a Aviação Naval !
PROJECTOU-SE NO MAR, ESPATIFANDO-SE, O "AVIÃO 444"
Pereceram no desastre o commandante Alvaro Barcellos Sobral e o joven marujo José de Lima

Photographia tirada após o desastre do hydroplano

DIREITO, JUSTIÇA E FÓRO
Fôro Civel e Commercial

VICTIMA DE ATROPELAMENTO POR AUTO

AGGREDIDO À SARRAFO

Fôro Criminal
SUMMARIOS

Coma PÃO

A PRISÃO DE VARIOS COMPONENTES DE UMA ESQUADRILHA DE LADRÕES INTERNACIONAES

SUICIDOU-SE INGERINDO FORTE DOSE DE MERCURIO

UM DESASTRE DE AUTO DE GRAVES CONSEQUENCIAS, NA ESTRADA RIO-PETROPOLIS

O SCRIPTIO DA MARINHA ESTEVE NO LOCAL

QUEIXAS E RECLAMAÇÕES

FALTA DE ILLUMINAÇÃO NO BRAZINHO

— XXI —

Os orixás

Rio de Janeiro, sábado, 3 de dezembro de 1932

Cada uma das sete linhas que constituem a Linha Branca de Umbanda e Demanda tem 21 orixás.

O orixá é uma entidade de hierarquia superior e representa, em missões especiais, de prazo variável, o alto chefe de sua linha. É, pelos seus encargos, comparável a um general, ora incumbido da inspeção das falanges, ora encarregado de auxiliar a atividade de centros necessitados de amparo, e, nesta hipótese, fica subordinado ao guia geral do agrupamento a que pertencem tais centros.

Os orixás não baixam sempre, sendo poucos os núcleos espíritas que os conhecem. São espíritos dotados de faculdades e poderes que seriam terríficos, se não fossem usados exclusivamente em benefício do homem. Em oito anos de trabalhos e pesquisas, só tive ocasião de ver dois orixás, um de Oxóssi, o outro de Ogum, o Orixá Malet.[12]

---

12 O Orixá Malet [ou Mallet] foi a terceira entidade a se manifestar através do médium Zélio Fernandino de Moraes. Também conhecido como "capitão de demanda", esse

O Orixá Malet, de Ogum, baixou e permanece em nosso ambiente, em missão junto às tendas criadas e dirigidas pelo Caboclo das Sete Encruzilhadas. Trouxe do espaço dois auxiliares, que haviam sido malaios na última encarnação, e dispõe, dentre os elementos do Caboclos das Sete Encruzilhadas, de todas as falanges de Demanda, de cinco falanges selecionadas do Povo da Costa, semelhantes às tropas de choque dos exércitos de terra, além de arqueiros de Oxóssi, inclusive núcleos da falange fulgurante de Ubirajara.

Entende esse "capitão de Demanda" que as pessoas de responsabilidade nos serviços da Linha necessitam, a quando e quando, de provas singulares que lhes revigorem a fé e reacendam a confiança nos guias, e muitas vezes lhes dá, no decorrer dos trabalhos de sua direção.

Na vez primeira em que o vi, a sua grande bondade, para estimular a minha humilde boa vontade, produziu uma daquelas esplêndidas demonstrações. Estávamos cerca de 20 pessoas em uma sala completamente fechada. Ele, sob a curiosidade fiscalizadora de nossos olhos, traçou alguns pontos no chão e passou, em seguida, a mão sobre eles, como se apanhasse alguma coisa. Alçou a sinistra e, abrindo-a, largou no ar três lindas borboletas amarelas e, espalmando a destra na minha, passou-me a terceira.

— Hoje, quando chegares a casa, e amanhã, no trabalho, serás recebido por uma dessas borboletas.

E, realmente, tarde da noite, quando regressei ao lar e acendi a luz, uma borboleta amarela pousou no meu ombro, e na manhã seguinte, ao chegar ao trabalho, surpreenderam-se os meus companheiros vendo que outra borboleta, também amarela, como se descesse do teto, pousava-me na cabeça.

Tive ocasião de assistir a outra de suas demonstrações, fora desta capital, à margem do Rio Macacu. Leváramos dois pombos brancos, que eu tinha a certeza de não serem amestrados, porque foram adquiridos por

espírito malaio e muçulmano, de temperamento forte e intenso poder magístico, foi trazido pelo próprio Caboclo das Sete Encruzilhadas, em 1913, a fim de atuar no combate e desmanche da magia maléfica. O Orixá Malet pertence à linha de Ogum e foi o principal responsável pela introdução de rituais profundamente complexos que até hoje são praticados na Tenda Nossa Senhora da Piedade. [NH]

mim. Colocou-os o orixá, como se os prendesse, sobre um ponto traçado na areia, onde eles quedaram quietos, e começou a operar com fluidos elétricos, para fazer chover. Em meio à tarefa, disse:

— Os pombos não resistem a este trabalho. Vamos passá-los para a outra margem do rio.

Pegou-os, encostou-os às fontes do médium e, alçando-os depois, soltou-os. Os dois pássaros, em um voo alvacento, transpuseram a caudal e fecharam as asas na mesma árvore, ficando lado a lado no mesmo galho.

Passada a chuva que provocara, disse:

— Vamos buscar os pombos.

Chegamos à orla do rio. O orixá, com as mãos levantadas, bateu palmas, e os dois pombos, recruzando as águas, voltaram ao ponto traçado na areia.

Príncipe reinante, na última encarnação, em uma ilha formosa do Oriente, o delegado de Ogum é magnânimo, porém rigoroso, e não diverte curiosos — ensina e defende.

Exigem os seus trabalhos, tantas vezes, revestidos de transcendente beleza, a quietude plana dos campos, a oxigenada altura das montanhas, o retiro trescalante das florestas ou a largueza ondulosa do mar.

1ª EDIÇÃO 4 HORAS — Reportagens — **Diario de Noticias** — Noticiario — 2ª SECÇÃO 8 PAGS

Redacção e Officinas — Rua Buenos Aires, 154   Rio de Janeiro — Domingo, 6 de Dezembro de 1931

Roma, 3 (A. B.) - Serão amanhã concedidos pelo sr. Mussolini os premios dos vencedores da «batalha do trigo»

O ESPIRITISMO

A Magia e as Sete Linhas de Umbanda

XXII

OS GUIAS SUPERIORES DA LINHA BRANCA DE UMBANDA

LEAL DE SOUZA

(Especial para o DIARIO DE NOTICIAS)

A bella e original festa que se realizou no Instituto de Educação

As bailarinas que tomaram parte na festa de hontem

UM TRECHO DO SERTÃO BAHIANO ATRAVÉS DE UMA ENTREVISTA DO CORONEL FRANKLIN DE ALBUQUERQUE

Como se pronuncia o chefe sertanejo sobre a sua zona de influencia

A INDIA EM EBULIÇÃO

Uma séria ameaça para as forças britannicas

OS DEBATES EM TORNO DA LEI SECCA

WASHINGTON, 3 (U. P.)

Um aviador brasileiro offerece a lutar pela Bolivia

LA PAZ, 3 (A. B.)

O sr. Mussolini em acção

ROMA, 3 (A. B.)

Crime mysterioso na Italia

ROMA, 3 (A. B.)

A expansão da cultura italiana

ROMA, 3 (A. B.)

ATROPELAMENTO FATAL

HOSPITAL ALLEMÃO DE BENEFICENCIA

Lançamento da pedra fundamental

UM DETECTIVE BRASILEIRO DESVENDOU O CRIME DO TREM AZUL

O TEMPO

Boletim diario da Directoria de Meteorologia

PREVISÃO PARA O PERIODO DE 24 HORAS DE HONTEM ÁS 18 HORAS DE HOJE

VICTIMA DE UM ACCIDENTE

NO JARDIM ZOOLOGICO

EM NICTHEROY

ENVERGONHADA NO SEU ERRO, SUICIDOU-SE INGERINDO 250 GRAMMAS DE LYSOL

APANHADO POR UM TREM, NA ESTAÇÃO DE ENGENHO NOVO

— XXII —

Os guias superiores da Linha Branca de Umbanda

Rio de Janeiro, domingo, 4 de dezembro de 1932

Os centros espíritas são instituições da Terra com reflexo no espaço, ou criações do espaço com reflexo na Terra.

Um grupo de pessoas resolve fundar um centro espírita, localiza-o e começa a reunir-se em sessões. Os guias do espaço mandam-lhes, para auxiliá-las e dirigi-las, entidades espirituais de inteligência e saber superiores ao agrupamento, porém afins com os seus componentes. Esses enviados dominam, em geral, o novo centro, mas não o desviam dos objetivos humanos determinantes de sua fundação.

Os guias do espaço resolvem instituir na Terra, para a realização de seus desígnios, tendas que sejam correspondentes a núcleos do outro plano, e incumbem de sua fundação os espíritos que reúnem e selecionam os seus auxiliares humanos e os dirigem de conformidade com as finalidades espirituais.

Tanto os grupos de origem terrena como os originários do espaço ficam, em linhas paralelas, submetidos à direção de guias superiores, que se encarregam de ordená-los em quadros divididos entre eles. Esses guias são os chamados espíritos de luz, que já não se incluem, por sua condição, na atmosfera de nosso planeta, porém, deslocados para a Terra em missão tanto mais penosa quanto mais elevada é a natureza espiritual do missionário.

Desses missionários, alguns jamais têm a necessidade de recorrer a um médium e exercem a sua autoridade por meio de espíritos que também muitas vezes não incorporam e transmitem ordens e instruções às entidades em contato direto com os centros e grupos humanos.

Há, porém, espíritos de luz que, pelas exigências de sua missão, baixam aos recintos de nossas reuniões, se incorporam nos médiuns e dirigem efetiva e até materialmente os nossos trabalhos.

Frequentemente, no primeiro caso, há centros que não sabem que estão sob a jurisdição de determinado guia e que chegam a ignorar a sua permanência em nosso ambiente, sem que se lhes possa fazer, por isso, qualquer censura, pois os seus guias imediatos não julgaram necessário ou conveniente fazer essa revelação.

As criações originárias do espaço se caracterizam pela sistematizada solidez de sua organização, pelos métodos e concatenações de seus trabalhos e pelo inflexível rigor de sua disciplina. Dessas criações, a que melhor conheço é a fundada pelo Caboclo das Sete Encruzilhadas.

MADRID, 5 (U. P.)–Noticias recebidas nesta capital dizem que o governador da provincia de Badajoz suspendeu o prefeito municipal dessa cidade e fechou o Centro Operario que preparava um assalto a diversas propriedades

O ESPIRITISMO,

A Magia e as Sete Linhas de Umbanda

XXIII
O CABOCLO DAS SETE ENCRUZILHADAS

LEAL DE SOUZA

Especial para o DIARIO DE NOTICIAS

[texto do artigo em colunas]

O RUMOROSO CASO DAS ESTAMPILHAS ROUBADAS Á CASA DA MOEDA

DOIS CASOS DE TENTATIVA DE SUICIDIO

ATROPELADO POR UM AUTO

OURO
COMPRA-SE — Joias velhas Prata, Platina, Oxanos e quaesquer bens ao Instituto Nacional...

ATROPELADO POR UM AUTO

A partida do sr. Arthur Bernardes para o exilio

O ex presidente da Republica seguiu pelo "Asturias" para a Europa em companhia de sua familia

O sr. Arthur Bernardes, antes de seguir para bordo, conversando com a 4ª drogado, o espirito Deolindo Cardoso

De Norte a Sul

PARÁ'
UMA NOVA LINHA POSTAL AEREA

BAHIA
A QUESTÃO DE LIMITES COM SERGIPE

GUERRA AO JOGO
QUEDA DE BONDE
ESCRIPTAS COMMERCIAES
MAIS UM TIROTEIO NO MANGUE
HYDROCELE
TENTOU SUICI DAR-SE

AGGREDIDO VIOLENTAMENTE, A NAVALHA
BALEADO, MAS NÃO SABE POR QUEM

— XXIII —

O Caboclo das Sete Encruzilhadas

Rio de Janeiro, terça-feira, 6 de dezembro de 1932

Se alguma vez tenho estado em contato consciente com algum espírito de luz, esse espírito é, sem dúvida, aquele que se apresenta sob o aspecto agreste e o nome bárbaro de Caboclo das Sete Encruzilhadas.

Sentindo-o ao nosso lado, pelo bem-estar espiritual que nos envolve e sensibiliza, pressentimos a grandeza infinita de Deus e, guiados por Sua proteção, recebemos e suportamos os sofrimentos com uma serenidade quase ingênua, comparável ao enlevo das crianças, nas estampas sacras, contemplando, da beira do abismo, sob as asas de um anjo, as estrelas do céu.

O Caboclo das Sete Encruzilhadas pertence à falange de Ogum e, sob a irradiação da Virgem Maria, desempenha uma missão ordenada por Jesus. O seu ponto emblemático representa uma flecha atravessando um coração, de baixo para cima — a flecha significa direção; o coração, sentimento; e o conjunto, orientação dos sentimentos para o alto, para Deus.

Estava esse espírito no espaço, no ponto de interseção de sete caminhos, chorando sem saber que rumo tomar, quando lhe apareceu, na sua inefável doçura, Jesus, e, mostrando-lhe, em uma região da Terra, as tragédias da dor e os dramas da paixão humana, indicou-lhe o caminho a seguir, como missionário do consolo e da redenção. Em lembrança desse incomparável minuto de sua eternidade, e para se colocar ao nível dos trabalhadores mais humildes, o mensageiro do Cristo tirou o seu nome do número dos caminhos que o desorientavam e ficou sendo o Caboclo das Sete Encruzilhadas.

Há 23 anos, baixando a uma casa pobre de um bairro paupérrimo, iniciou a sua cruzada, vencendo, na ordem material, obstáculos que se renovam quando vencidos e derrubados, dos quais o maior é a qualidade das pedras com que deve construir o novo templo.

Entre a humildade e a doçura extremas, a sua piedade se derrama sobre quantos o procuram, e não poucas vezes, escorrendo pela face do médium, as suas lágrimas expressam a sua tristeza diante dessas provas inevitáveis de que as criaturas não podem fugir.

A sua sabedoria se avizinha de onisciência. O seu profundíssimo conhecimento da Bíblia e das obras dos doutores da Igreja autoriza a suposição de que ele, em alguma encarnação, tenha sido sacerdote, porém a medicina não lhe é mais estranha do que a teologia.

Acidentalmente, o seu saber se revela. Uma ocasião, para justificar uma falta, por esquecimento, de um de seus auxiliares humanos, explicou, minucioso, o processo de renovação das células cerebrais, descreveu os instrumentos que servem para observá-las e contou numerosos casos de ferimentos que as atingiram e como foram tratados na Grande Guerra deflagrada em 1914. Também, para fazer os seus discípulos compreenderem o mecanismo — se assim posso expressar-me — dos sentimentos, explicou a teoria das vibrações e a dos fluidos e, em uma ascensão gradativa, na mais singela das linguagens, ensinou a homens de cultura desigual as transcendentes leis astronômicas. De outra feita, respondendo à consulta de um espírita que é capitalista em São Paulo e representa interesses europeus, produziu um estudo admirável da situação financeira criada para a França pela quebra do padrão-ouro na Inglaterra.

A linguagem do Caboclo das Sete Encruzilhadas varia de acordo com a mentalidade de seus auditórios. Ora chã, ora simples, sem um atavio, ora fulgurante nos arrojos da alta eloquência, nunca desce tanto que se abastarde, nem se eleva demais que se torne inacessível.

A sua paciência de mestre é, como a sua tolerância de chefe, ilimitada. Leva anos a repetir, em todos os tons, através de parábolas, por meio de narrativas, o mesmo conselho, a mesma lição, até que o discípulo, depois de tê-la compreendido, comece a praticá-la.

A sua sensibilidade, ou perceptibilidade, é rápida, surpreendendo. Resolvi, certa vez, explicar os Dez Mandamentos da Lei de Deus aos meus companheiros e, à tarde, quando me lembrei da reunião da noite, procurei, concentrando-me, comunicar-me com o missionário de Jesus, pedindo-lhe uma sugestão, uma ideia, pois não sabia como discorrer sobre o mandamento primeiro. Ao chegar à Tenda, encontrei o seu médium, que viera apressadamente de Neves, no município de São Gonçalo, por uma ordem recebida à última hora; o Caboclo das Sete Encruzilhadas, baixando em nossa reunião, discorreu espontaneamente sobre aquele mandamento e, concluindo, disse-me: "Agora, nas outras reuniões, podeis explicar os outros, como é vosso desejo".

E esse caso se repetiu: havia necessidade de falar sobre as Sete Linhas de Umbanda e, incerto sobre a de Xangô, implorei mentalmente o auxílio desse espírito, e, de novo, o seu médium, por ordem de última hora, compareceu à nossa reunião, onde o grande guia esclareceu, em uma alocução transparente, as nossas dúvidas sobre a quarta linha.

A primeira vez em que os videntes o vislumbraram, no início de sua missão, o Caboclo das Sete Encruzilhadas se apresentou como um homem de meia-idade, a pele brônzea, vestindo uma túnica branca atravessada por uma faixa onde brilhava, em letras de luz, a palavra "Caritas". Depois, e por muito tempo, só se mostrava como caboclo, tanga de plumas e mais atributos dos pajés silvícolas. Passou, mais tarde, a ser visível na alvura de sua túnica primitiva, mas há anos acreditamos que só em algumas circunstâncias se reveste de forma corpórea, pois os videntes não o veem e, quando a nossa sensibilidade e os outros guias assinalam a sua presença, fulge no ar uma vibração azul e uma claridade dessa cor paira no ambiente.

Para dar desempenho à sua missão na Terra, o Caboclo das Sete Encruzilhadas fundou quatro tendas em Niterói e nesta cidade e outras fora das duas capitais[13] — todas da Linha Branca de Umbanda e Demanda.

---

13 Entre 1835 e 1975, o município de Niterói foi a capital do estado do Rio de Janeiro (antes da Constituição de 1891, considerado a província do Rio de Janeiro), enquanto, de 1891 a 1960, a cidade do Rio de Janeiro era a capital federal brasileira. A partir de 1960, com a transferência da capital federal para Brasília, a cidade do Rio de Janeiro passa a ser denominada estado da Guanabara, até que, em 1975, este é fundido ao estado do Rio de Janeiro e a capital do estado é transferida de Niterói para a cidade carioca. [NH]

LONDRES, 6 (U. P.) — SABE-SE QUE O GOVERNO BRITANNICO RECEBEU HOJE A RESPOSTA PERSA Á RECENTE NOTA DO GOVERNO DE LONDRES, PROTESTANDO CONTRA O CANCELLAMENTO DA CONCESSÃO DE PETROLEO Á ANGLO-PERSIAN

O ESPIRITISMO,

A Magia e as Sete Linhas de Umbanda
XXIV
AS TENDAS DO CABOCLO DAS SETE ENCRUZILHADAS
LEAL DE SOUZA
(Especial para o DIARIO DE NOTICIAS)

DIREITO, JUSTIÇA E FÔRO
Fôro Criminal

GRANDE FESTA HIPPICA NO CAMPO DO FLUMINENSE F. CLUB

As irregularidades e defeitos do transito
UM DESASTRE QUE FOI EVITADO

O trecho congestionado da rua Buenos Aires, esquina da Uruguayana

Congresso dos Americanistas

MELHORANDO A INDUSTRIA CAFEEIRA
O invento de um operario de Manhuassú, Minas

LIVROS NOVOS

EXCESSO DE LOTAÇÃO E EXCESSO DE VELOCIDADE

LEVOU UMA FACADA, MAS A POLICIA NÃO SOUBE DO CASO

QUERIA MORRER QUEIMADA

EM NICTHEROY

De Norte a Sul

MARANHÃO
PARAHYBA
O PROBLEMA HOSPITALAR DE RECIFE
BAHIA

AGGREDIDO A NAVALHA

VICTIMA DE ATROPELAMENTO POR AUTO

— XXIV —

As tendas do Caboclo das Sete Encruzilhadas

Rio de Janeiro, quarta-feira, 7 de dezembro de 1932

O Caboclo das Sete Encruzilhadas fundou e dirige quatro tendas: de Nossa Senhora da Piedade, a matriz, em Neves,[14] subúrbio de Niterói encravado no município de São Gonçalo, e as de Nossa Senhora da Conceição, São Pedro e Nossa Senhora da Guia, na capital federal, além de outras no interior do estado do Rio.

O processo de fundação dessas tendas foi o seguinte: o Caboclo das Sete Encruzilhadas, que é vulgarmente denominado o "Chefe", quer pelos seus auxiliares da Terra, quer pelos do espaço, escolheu, para seu médium, o filho de um espírita e, por intermédio dos dois, agremiou os elementos necessários à constituição da Tenda de Nossa Senhora da Piedade.

---

14 O bairro de Neves pertence ao município de São Gonçalo. Contudo, por estar na fronteira entre os dois municípios, é possível que o autor tenha se confundido com as divisas geopolíticas fluminenses. A Tenda de Nossa Senhora da Piedade, a matriz, localizava-se na Rua Marechal Floriano Peixoto, em Neves, São Gonçalo. [NH]

Dez ou doze anos depois, com um contingente dessa tenda, incumbiu a Sra. Gabriela Dionysio Soares de fundar, com o Caboclo Sapoéba, a de Nossa Senhora da Conceição e, quando a nova instituição começou a funcionar normalmente, encarregou o dr. José Meirelles, antigo agente da municipalidade carioca e deputado pelo Distrito Federal, e os espíritos Pai Francisco e Pai Jobá, com o auxílio das duas existentes, da criação da Tenda de São Pedro. [15] Mais tarde, ainda o dr. José Meirelles e o Caboclo Jaguaribe receberam a incumbência de organizar, com os egressos da tenda do pescador, a de Nossa Senhora da Guia.

Cada uma dessas tendas constitui uma sociedade civil, cabendo a sua responsabilidade legal e espiritual ao respectivo presidente, que é nomeado pelo Caboclo das Sete Encruzilhadas, independente de indicação ou sanção humana, e por ele transferido, suspenso ou demitido livremente, bem como os médiuns, que o "Chefe" designa e pode, se o entender, afastar de suas tendas.

A organização espiritual é a seguinte: cada tenda tem um chefe de terreiro — presidente espiritual —, um substituto imediato e vários eventuais, chamados, estes, pela ordem de antiguidade na tenda e todos designados pelo guia geral.

A hierarquia, na ordem material, como na espiritual, é mantida com severidade. Cercam o Caboclo das Sete Encruzilhadas muitos espíritos elevados, que ele distribui, conforme a circunstância, pelas diversas tendas, mas esses espíritos e mesmo os orixás não diminuem nem assumem a autoridade dos presidentes espiritual e material e trabalham de acordo com eles. Os próprios enviados especiais mandados, de longe em longe, com mensagens dos chefes e padroeiros das linhas, só as proferem depois do consentimento dos dois dirigentes. Até o "Chefe", quando baixa

---

15   O texto originalmente publicado no jornal divergia do que optamos por reproduzir nessa obra, por considerarmos a última edição em vida como a real vontade do autor. No *Diários do Notícias*, lia-se: "Dez ou doze anos depois, com um contingente dessa tenda, incumbiu o dr. José Meirelles, antigo agente da municipalidade carioca e deputado pelo Distrito Federal, de fundar, com o Caboclo Sapoeba, a de Nossa Senhora da Conceição e, quando a nova instituição começou a funcionar normalmente, deu-lhe outro presidente e encarregou o mesmo dr. José Meirelles e o Caboclo Jaguaribe, com o auxílio das duas existentes, da criação da de São Pedro." [NE]

e incorpora em qualquer das tendas, não se inverte na direção dos trabalhos, mantendo o prestígio de seus delegados.

Na primeira quinta-feira de cada mês, celebra-se, na tenda matriz, uma sessão privativa dos presidentes, seus auxiliares e médiuns dos chefes de terreiro, e nessa assembleia o Caboclo das Sete Encruzilhadas faz as observações necessárias, louvando ou admoestando sobre os serviços do mês anterior, e dá instruções para os trabalhos do mês corrente.

As tendas realizam, isoladamente, sessões públicas de caridade, sessões de experiência e as de descarga. As segundas se dividem em duas categorias: a que tem por objetivo a escolha e o desenvolvimento dos médiuns das diversas linhas, e a outra, facultativa, visando aos estudos de caráter científico. As sessões de descarga são consagradas à defesa dos médiuns.

Na segunda sexta-feira de cada mês, os presidentes, médiuns e auxiliares de cada tenda trabalham conjuntamente na matriz; no terceiro sábado, na de Nossa Senhora da Conceição; e, no quarto, na de Nossa Senhora da Guia.

Anualmente, essas três Tendas fazem um retiro de 21 dias fora da cidade, em cerimônias diárias em suas sedes e nas residências de seus componentes. Há, mensalmente, uma vigília de 24 horas, em que se revezam os filhos das Tendas de Maria. Efetuam-se, em certas circunstâncias, atos idênticos, às mesmas horas, nessas três tendas. Celebram-se, ainda, outras reuniões, internas ou externas, inclusive as festivas.

Em nenhuma tenda é lícito realizar qualquer trabalho sem a autorização expressa do "Chefe", e nenhum presidente pode submeter ao seu julgamento pedido que não se inspire na defesa e no benefício do próximo.

Para o serviço de suas tendas, o Caboclo das Sete Encruzilhadas tem às suas ordens orixás e falanges de todas as linhas, incluída, na de Ogum, a falange marítima do Oriente.

E bastam essas anotações para que se compreenda o que é uma organização da Linha Branca de Umbanda e Demanda, concebida no espaço e executada na Terra.

1ª EDIÇÃO 3 HORAS — Reportagens — **Diário de Notícias** — Noticiario — 2ª SECÇÃO 6 PAGS.

Redacção e Officinas — Rua Buenos Aires, 184 — Rio de Janeiro — Quinta-feira, 8 de Dezembro de 1932

Com o inicio da greve geral em Sevilha, caracterizada por actos de extrema violencia, a situação em Madrid é de intranquillidade

O ESPIRITISMO,
A Magia e as Sete Linhas de Umbanda
XXV
A TENDA DE NOSSA SENHORA DA PIEDADE
LEAL DE SOUZA
(Especial para o DIARIO DE NOTICIAS)

A CONSTITUIÇÃO DO TEAM BRASILEIRO, PARA O JOGO CONTRA O PENAROL
MONTEVIDEO, 7 (U. P.)

VAE BAPTIZAR? 6$900

ULTIMA HORA SPORTIVA
A molestia de Carlos Leite

POLICIA DE COSTUMES

VICTIMA DE UM ACCIDENTE

DISCUTIRAM E ARMARAM VIOLENTA LUTA

O grave momento que a Hespanha atravessa
Foi apresentada no parlamento uma moção extremista sobre o caso da Companhia Telephonica — Iniciou-se a greve geral em Sevilha — As côrtes estiveram reunidas durante toda a noite

O antigo palacio real de Madrid, onde funcciona actualmente o governo da Hespanha

DENTADURAS

AGGRESSÃO A NAVALHA

EM NICTHEROY

Para clarear os dentes e desinfectar a bocca

Odol — Pasta **Odol**

Uma combinação cuja rama corre de bocca em bocca!

A sessão de hontem da A. Commercial
O que disse o presidente Serafim Vallandro sobre o horario para o funccionamento do commercio — De como foi augmentada, sentes dois annos, o imposto sobre a renda

Dr. Duarte Nunes

UM DESASTRE DE AUTOMOVEL, NA RUA BARÃO DE MESQUITA

Dr. Olivio Rebello

SUICIDOU-SE INGERINDO LYSOL

De Norte a Sul
BAHIA
S. PAULO
PIO G. DO SUL

— **XXV** —
A Tenda de Nossa Senhora da Piedade

Rio de Janeiro, quinta-feira, 8 de dezembro de 1932

Sob a presidência do sr. Zélio de Moraes, médium do Caboclo das Sete Encruzilhadas, erigida em sítio tranquilo, entre árvores, a Tenda Nossa Senhora da Piedade é a casa humilde dos milagres...

Atacada de moléstia fatal, a filha de um comerciante de Niterói agonizava sofrendo, e, como a ciência humana se declarasse impotente para socorrê-la, seu pai, em desespero delirante, em uma tentativa extrema, suplicou auxílio à modesta Tenda de Neves. Responderam-lhe que só à noite, na sessão, o guia poderia tomar conhecimento do caso. Regressando ao lar, o desconsolado pai encontrou a filha morta e, depois de fazer constatar o óbito pelo médico, mandou tratar do enterro.

No entanto, à noite, na Tenda de Nossa Senhora da Piedade, aberta a sessão, o Caboclo das Sete Encruzilhadas, manifestando-se, disse aos seus auxiliares da Terra, ainda desconhecedores do desenlace da doença, que se concentrassem, sem quebra da corrente, e o esperassem, pois ia para o espaço, com suas falanges, socorrer a enferma que lhes pedira socorro.

Duas horas depois voltou, achando aqueles companheiros exaustos do longo esforço mental. Explicou-lhes, então, na pureza de sua realidade, a situação e mandou-os que fossem, em nome de Jesus, retirar a morta da mesa mortuária e comunicar-lhe que a misericórdia de Deus, para atestar os benefícios do Espiritismo, lhe permitia viver, enquanto não negasse o favor de sua ressurreição.

Confiantes em seu chefe, os humildes trabalhadores da Tenda da Piedade cumpriram as ordens recebidas, e a moça não só ficou viva, como curada. O médico, que lhe tratou da moléstia e que lhe constatou o óbito, observou-a por algum tempo, até desistir de penetrar o mistério de seu caso, classificando-o na ordem sobrenatural dos milagres.

Meses depois, à mesa do almoço, conversando, a ressurreta contestou com firmeza, negando-a, a ação espiritual que a restituiu à vida material, porém, nessa ocasião, adoeceu de uma indigestão, falecendo em menos de 24 horas.

Uma associação de grande autoridade no Espiritismo, ao ter conhecimento desses fatos, resolveu apurá-los com severidade, para desmenti-los ou confirmá-los sem sombra de dúvida, e, em um inquérito rigoroso, com auxílio das autoridades do estado do Rio de Janeiro, estabeleceu a plena veracidade deles, publicando no órgão de Federação Espírita a sua documentação.

A média mensal das curas de obsedados que iriam para os hospícios como loucos é de 25 doentes, na Tenda da Piedade. Os espíritos que baixam nesse recinto não procuram deslumbrar os seus consulentes com o assombro de manifestações portentosas, mas as produzem muitas vezes, quando as exigem as circunstâncias.

Os auxiliares humanos do Caboclo das Sete Encruzilhadas, na tenda que é, por excelência, a sua tenda, mesmo os que têm posição de relevo na sociedade, não se enorgulhecem dos favores que lhes são conferidos e procuram, com doçura e humildade, merecer a graça de contribuir, como intermediários materiais, para a execução na Terra dos desígnios do espaço.

MADRID 8-(A. B.) A Assembléa dos ferroviarios de Madrid resolveu estabelecer a greve geral se, no prazo de 20 dias, não concordar o governo com a proposta de augmento de salarios, feita em 1930

O ESPIRITISMO,

A Magia e as Sete Linhas de Umbanda

A TENDA DE N. S. DA CONCEIÇÃO

XXVI.

LEAL DE SOUZA

Especial para o DIARIO DE NOTICIAS

Reportaram os presidente de Tenda de Nossa Senhora da Conceição?

— Acredita em N. S. da Conceição?

Para responder, elle interrogou:

— O amigo acredita na Virgem Maria, Mãe de Jesus?

— Acredito, affirmei o reporter.

— Pois N. S. da Conceição é a Virgem mãe de Jesus.

A União dos Empregados do Commercio extinguiu sua representação na Associação Commercial

COLHIDO PELAS RODAS DO "ELECTRICO" SOFFREU ESMAGAMENTO DE UM PÉ

UM CASO MYSTERIOSO

RESISTIU A' PRISÃO E AGGREDIU O POLICIAL

QUEBRARAM-LHE A CABEÇA A PÁO

VICTIMA DE ATROPELAMENTO POR AUTO-OMNIBUS

Os brasileiros novamente victoriosos em campos uruguayos

DESTA VEZ, REPRESENTANDO O FOOTBALL CARIOCA, O SCRATCH PATRICIO QUE SE ENCONTRA EM MONTEVIDEO OBTEVE RETUMBANTE TRIUMPHO SOBRE O QUADRO REPRESENTATIVO DO PENAROL

O score de 1 x 0 se decidiu nos ultimos minutos, graças a um shoot de Jarbas

MONTEVIDEO, 8 — (Especial para o "Diario de Noticias") —

DOMINGOS

ITALIA

JARBAS

O estatuto do funcionalismo municipal

O concurso de sub-inspectores sanitarios maritimes

MAIS UM "BICHEIRO" SURPREHENDIDO PELA POLICIA

Loteria da Bahia

A educação dos brasileiros

Capitão Dulcidio Cardoso

— XXVI —

A Tenda de Nossa Senhora da Conceição

Rio de Janeiro, sexta-feira, 9 de dezembro de 1932

Perguntaram ao presidente da Tenda de Nossa Senhora da Conceição:

— Acreditas em Nossa Senhora da Conceição?

Para responder, ele interrogou:

— O amigo acredita na Virgem Maria, Mãe de Jesus?

— Acredito — afirmou o ironista.

— Pois Nossa Senhora da Conceição é a Virgem, Mãe de Jesus.

Se a Tenda corresponde à sua finalidade, que importa o seu nome? Virgem Maria, ou Nossa Senhora da Conceição...

As prevenções contra a Igreja determinam investidas bravias contra o passado e a mutilação de grandes nomes históricos, reduzindo teólogos da estatura de Santo Agostinho e mártires do porte de São Sebastião à vulgaridade anônima de Agostinho e Sebastião.

Ofuscam-se, desse modo, na evocação dessas gloriosas figuras, os seus máximos predicados, os predicados que o Catolicismo exalçou e os centros espíritas reconhecem, transformando esses iluminados em seus padroeiros e dirigentes espirituais.

A essa ríspida intolerância, prefiro o sábio exemplo de Allan Kardec chamando São Luiz ao espírito que mais o auxiliou na codificação do Espiritismo.

Se os magnos luzeiros do Espiritismo científico e os kardecistas podem invocar Jesus como o Redentor, o médium de Deus, o Salvador, e Nosso Senhor Jesus Cristo, por que não poderemos nós, os humildes, invocar a Virgem Maria como Rainha do Céu, ou Nossa Senhora da Conceição?

Quer a chamemos, como o Caboclo das Sete Encruzilhadas, Mãe das Mães; ou, como na Federação Espírita, Nossa Mãe Amantíssima, Virgem sem Pecado, Maria Puríssima; ou, como os católicos, Nossa Senhora; ou, como os filhos de Umbanda, Mãe Oxum e Iemanjá — Maria Imaculada é sempre a imácula Maria, e pela diversidade dessas invocações não deixa de ouvir o clamor e a prece dos crentes.

Nossa Senhora da Conceição é uma variante invocativa do nome de Maria, mas, na Linha Branca de Umbanda, conserva o sentido místico, ligando a Terra ao espaço.

Acredito, ainda, que Nossa Senhora da Conceição tenha representação visível no espaço, pois nos afirmam espíritos que conosco trabalham que, se qualquer entidade, mesmo para espalhar o mal, pode se revestir do aspecto que lhe convenha, é claro que Maria poderá assumir a aparência que deseje ou produzir formações fluídicas necessárias ao consolo e à fé daqueles que a procuram no espaço, como o esplendor da maternidade realçada pela pulcritude virginal.

As falanges de Nossa Senhora da Conceição, nos ensinam os espíritos, são as mais numerosas da Linha Branca de Umbanda e Demanda, pois sob essa invocação, que o resume na linha, o culto de Maria possui o maior número de adeptos, e para atendê-los, em suas súplicas, qualquer que seja o seu credo, essas legiões incontáveis descem e sobem, incessantemente, do espaço à Terra e da Terra ao espaço.

Compreendem essas falanges as entidades que viveram, na última encarnação, nas matas cortadas pelos arroios ou rios, pelos espíritos das regiões litorâneas, pelo povo do mar, pelos que foram, no mundo material, devotados à Virgem Mãe e pelos que a esses se agregaram por afinidades.

A exigência da atenção devida aos invocadores de Maria é tão premente, e constante, que raras vezes os elementos de suas falanges podem passar pela tenda humílima de seu nome.

O chefe do terreiro dessa tenda — presidente espiritual — é o Caboclo Corta-Vento, da linha de Oxalá. Seu substituto imediato é o Caboclo Acaíba, da linha de Oxóssi, e eventuais, Iara, da linha de Ogum; Timbiri, da falange do Oriente; e o Caboclo da Lua, da linha de Xangô.

Pelo dever de assumir a responsabilidade social de minha investidura, acrescento que sou o presidente da Tenda de Nossa Senhora da Conceição ou, mais modernamente, o delegado humano incumbido, pelo Caboclo das Sete Encruzilhadas, de coordenar a ordem material necessária à execução dos trabalhos espirituais.

O sr. Georg Strasser, braço direito do sr. Hitler, ao que se diz em Berlim, teria entrado em divergencias com o chefe do Partido Nacional Socialista

O novo Hospital Allemão

A sra. Erb, da commissão executiva das obras de construcção, faz interessantes declarações ao DIARIO DE NOTICIAS

O novo hospital, segundo o projecto approvado

(texto das colunas sobre o Hospital Allemão)

O PRINCIPIO SCIENTIFICO

CURANDO UM TRABALHO DE ANNOS

O HOSPITAL ACOLHERÁ TODOS

HAVERÁ CRISE NO SEIO DO PARTIDO NACIONAL SOCIALISTA?

BERLIM, 5 (A. B.) — *(texto do artigo)*

O ESPIRITISMO

A Magia e as Sete Linhas de Umbanda

XXVII

A TENDA DE NOSSA SENHORA DA GUIA

LEAL DE SOUSA

(Especial para o DIARIO DE NOTICIAS)

A Tenda de Nossa Senhora attendes cuja media media de Guia, presidida pelo sr. Durval Vaz, *(texto do artigo)*

Amanhã: — *Festa de Leão Bento.*

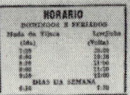
BRIGA DE MULHERES

(texto)

PERDEU O EQUILIBRIO E CAIU AO MAR

(texto)

AS DIFFICULDADES DA VIDA, LEVARAM-NO AO SUICIDIO

(texto)

CAIU DO ALTO DE UMA MANGUEIRA

DESAPPARECEU DE CASA E NÃO HA QUEM A ENCONTRE

O TEMPO

Boletim diario da Directoria de Meteorologia

(texto)

UM CASO MYSTERIOSO

— XXVII —

A Tenda de Nossa Senhora da Guia

Rio de Janeiro, sábado, 10 de dezembro de 1932

A Tenda de Nossa Senhora da Guia, presidida pelo sr. Dorval Vaz, e esplendidamente instalada nesta capital, é uma instituição primorosa, preenchendo, de modo completo, os fins que, pelo prisma humano, inspiraram a sua fundação.

Possui, já desenvolvidos, revezando-se na intensidade brilhante de seus trabalhos, sessenta médiuns de todas as linhas e prepara, nas experiências de desenvolvimento, sob a direção de guias vigilantes, mais 230, oficialmente matriculados nos seus programas.

Com esses elementos, a Tenda da Estrela do Oriente pode atender, como realmente atende, distribuindo socorros de todas as naturezas, aos necessitados de várias espécies, que solicitam amparo e auxílio aos centros espíritas de caridade.

Só à sua sessão pública das terças-feiras concorrem consulentes cuja média oscila entre 300 e 350. Reduzindo-os ao mínimo de 300 e fazendo cálculo por meses de quatro semanas, ou terças-feiras, conclui-se que a Tenda de Nossa Senhora da Guia socorre, mensalmente, 1.200 necessitados, ou 14.400 por ano.

Além da sessão pública, realiza, também semanalmente, as duas sessões de experiências, para a escolha e desenvolvimento de médiuns, e outros estudos, bem como as extraordinárias, ou especiais, impostas pelas circunstâncias, quando se tornam precisas, e as de descarga, em defesa de seus componentes.

Trabalham em seu terreiro, como chefe-presidente espiritual, o Caboclo Jaguaribe; como seu imediato, o Caboclo Acaíba, e como substitutos eventuais, pela ordem de antiguidade na tenda, Garnazan, o Caboclo Sete Cores, e mais, Gira-Mato e Bagi, todos pertencentes às grandes falanges da linha de Oxóssi. Possuem esses trabalhadores, ainda, tantos auxiliares quantos são os médiuns desenvolvidos.

O labor, nessa tenda, é dos mais profícuos, e o número crescente das pessoas que procuram, cheias de confiança, o seu terreiro atesta, de modo eloquente, a eficiência espiritual de seus protetores e o generoso caráter dos seus dirigentes humanos.

Essa é a mais nova das tendas do Caboclo das Sete Encruzilhadas, a sua última criação, e o seu advento ainda se liga ao nome do dr. José Meirelles, já desencarnado, que foi, na Terra, o obreiro infatigável ao serviço daquele grande missionário.

Reprodução. *Diário de Notícias*, edição nº 900.

O caso da Tenda de
Nossa Senhora da Conceição
Como o jornalista Leal de Souza elucida o caso

Rio de Janeiro, terça-feira, 13 de dezembro de 1932

Um vespertino noticiou ontem que a polícia varejara um centro espírita do segundo andar da Rua da Quitanda número 201, constatando que, em vez de centro espírita, o que ali existia era a prática da "macumba", tão disseminada pelos morros da cidade. Divulgou, ainda, o mesmo vespertino, que os frequentadores do centro obedeciam, no ritual, à exigência de plena nudez.

Alargou-se ainda mais, em minúcias de cunho evidentemente escandalizante.

Como se trata de uma casa que tem o título de Tenda de Nossa Senhora da Conceição e de que é chefe o nosso confrade e colaborador Leal de Souza, fomos ouvi-lo sobre o que se teria passado, obtendo dele a seguinte elucidação, em forma de entrevista:

Fala-nos Leal de Souza

— Antes de tudo, quero reconhecer e agradecer a nobreza de atitude do *Diário de Notícias*, facultando, em suas colunas, o meio de explicação ou defesa a um jornalista atualmente sem jornal e contra quem se investe com a certeza de atacar a um combatente desarmado.

A polícia na tenda

— Realmente, a polícia esteve na Tenda de Nossa Senhora da Conceição, de que sou presidente. Em virtude de uma denúncia malévola, a autoridade foi à nossa tenda e ali chegando, depois de realizada a sessão, prendeu e conduziu à delegacia do segundo distrito policial as treze pessoas que lá encontrou. Pela madrugada, às três horas, verificado que não havia motivo para agir contra a Tenda e seus componentes, foram todos postos em liberdade, e o comissário Fernandes, que efetuou a diligência, voltou pessoalmente à sede da Tenda para restituí-la a seus dirigentes e à regularidade legal de seu funcionamento.

Cortesia dos soldados

— Devo salientar a cortesia dos soldados da Polícia Militar, que acompanhavam o comissário Fernandes, e o cavalheirismo do escrivão e de outros funcionários, que reconheceram instantaneamente o equívoco de que fomos vítimas, tanto que o delegado distrital, tendo conhecimento do caso, mandou soltar-nos e restituir-nos a Tenda, cujo funcionamento legal foi atestado pela autoridade respectiva.

Mostrando aos espíritos que não tinham responsabilidade no acontecido

— Se alguma das pessoas que, nessa noite, agiram contra nós sofrer algo, não será por vontade nossa, nem por ação dos nossos guias. Os meus companheiros mantiveram, nesse transe, uma conduta retilínea, lembrando-se de que, antes de nós, muitos sofreram, e mais cruelmente, pela nossa doutrina. Os nossos confrades da Polícia Civil e da Militar, isto é, os nossos irmãos dessas corporações, é que ficaram aflitos com o que nos acontecia e desejaram mostrar aos espíritos que não tinham responsabilidade no acontecido. Talvez algum deles se excedesse.

Um ponto na rua com o nome do comissário e uma prece de defesa

— Um desses irmãos, que mostrou conhecer certas linhas, alta madrugada, traçou na rua um ponto com o nome do comissário, e, quando disso tive conhecimento, fiz com os meus companheiros uma prece de defesa, pois os nossos guias não nos permitem atitudes de vingança. Defendemos, pois, o comissário que nos prendeu.

O guarda-roupa da Tenda

— Não conhecemos leis que proíbam o uso de roupas brancas. Nós as usamos, nas nossas sessões, pelos motivos de ordem científica, expostos em meus artigos publicados no *Diário de Notícias* e por um motivo de ordem social.

"Frequentam a Tenda, como médiuns e auxiliares, ricos e pobres — mas, muitas vezes, vestidos com grande elegância, e outros, não raro, vestidos com extrema modéstia. Mas, no recinto da Tenda, vestindo a mesma roupa modesta e simples, ficam todos, ao menos pelo vestuário, na mesma condição de igualdade social, e a menina paupérrima não se sente constrangida ao lado da dama riquíssima."

Punhais, fumo, parati, cerveja ou vinho

— Na Tenda, segundo se noticiou, foram apreendidos alguns punhais, fumo, parati, cerveja ou vinho. Os punhais e outras coisas foram deixados por pessoas que nos solicitaram trabalhos proibidos por nossos guias e que não podemos fazer, conforme já expliquei em artigo do *Diário de Notícias*. Essas pessoas lá os deixaram, prometendo ir buscá-los. Tínhamos de guardá-los, mas não os usávamos, como é fácil provar com o testemunho das autoridades policiais que, a nosso pedido, até a última quinta-feira, assistiam às nossas sessões. Quanto ao fumo, nós o fumávamos. O parati, usávamo-lo, depois da sessão, para lavagem das mãos, pela razão inserta no *Diário de Notícias*. Vinho e cerveja é natural que existissem, pois a apreensão foi no dia 10 e no dia 8 tinha havido uma festa na Tenda, servindo-se, à tarde, um jantar a um grupo de pobres. Representavam, essa cerveja e esse vinho, os sobejos desse festim de caridade.

As imagens

— Assim como temos em nossa casa um retrato que nos traz à mente a lembrança de nossa mãe, podemos ter, em nossas tendas, imagens que nos trazem à mente a lembrança de Jesus, de Maria, de São Jorge ou de São Sebastião. E só o materialismo mais grosseiro será capaz de fotografá-las como coisas de feitiçaria, sem respeito à crença alheia. Assim como a Igreja usa imagens, o vinho e o turíbulo, isto é, o incenso, nós podemos usar, garantidos pelas mesmas leis, as imagens, o parati e o defumador.

Leal de Souza e Irineu Marinho

— Os vossos confrades de *O Globo*, noticiando amplamente o incidente, sem nenhuma consideração às senhoras cujos nomes publicaram, ontem, escandalosamente, disseram que as autoridades encontraram, na Tenda de Nossa Senhora da Conceição, gente em trajes paradisíacos ou estado de nudez. É mentira, e já está apurado que essa informação e outras não foram prestadas por nenhuma autoridade policial, mas o diretor de *O Globo* terá a oportunidade de comprovar em juízo a sua acusação.

"Lamento, não por mim, mas pelo coração que ela desnuda, essa atitude de *O Globo*. Eu fui encaminhado para o Espiritismo por seu fundador, sr. Irineu Marinho, então diretor de *A Noite*. No dia em que lhe apresentei as minhas conclusões favoráveis ao Espiritismo, o sr. Irineu Marinho ficou tão satisfeito que mandou reservá-las para um livro, em cujo êxito confiava, concedendo-me, ainda, uma gratificação de três contos de réis. Depois, quando ordenou a edição do livro *No mundo dos espíritos*, mandou, no seu desejo de estimular-me, que me adiantassem dois contos de réis."

Dentro de 99 dias, o castigo de Deus

— Amo a Deus sobre todas as coisas. Conheço o infinito de Sua misericórdia e a infalibilidade de Sua justiça. Para essa justiça apelo. Hoje, sou apenas um colaborador do *Diário de Notícias*, e o sr. Roberto Marinho é o orgulhoso diretor de *O Globo*. Que Deus nos julgue nestas circunstâncias e que o povo possa conhecer esse julgamento pela minha situação e pela do meu acusador, 99 dias depois de publicada a agressão contra as filhas da Tenda de Nossa Senhora da Conceição.

1ª EDIÇÃO 4 HORAS — Reportagens — **Diario de Noticias** — Noticiario — 2ª SECÇÃO 6 PAGS.

Redacção e Officinas — Rua Buenos Aires, 174 — Rio de Janeiro — Quarta-feira, 14 de Dezembro de 1932

Lisboa, 13 (A. B.) — Segundo o decreto complementar de amnistia que será publicado dentro em pouco, os militares que abandonaram seus postos, por motivos politicos, serão considerados como se tendo demittido

A questão das dividas de guerra interessa ao proprio Vaticano

Annuncia-se que os Estados Unidos acceitarão a proposta da Grã-Bretanha — Os debitos da França com a Inglaterra

DIVIDAS DE GUERRA

O gabinete francez não sobreviverá a um voto de confiança

ULTIMA HORA

AMNISTIA AMPLA PARA OS POLITICOS PORTUGUEZES

As guarnições das Provincias solidarias com as de Lisboa

A commissão dos 19 trabalha

Alastra-se a revolução em Honduras

Demitiu-se o gabinete belga

Pondo em execução o projecto de amnistia, em Portugal

A visita do ministro da Guerra á Fundação Gaffrée-Guinle

O CASO DA TENDA DE N. S. DA CONCEIÇÃO

Reconhecida a sua legalidade, continúa o seu funccionamento

O reatamento das relações entre a Russia e a China

Uma associação portugueza que se interessa pela sorte dos seus compatriotas, no Brasil

A politica russa no Extremo Oriente

S. João d'El-Rey Capital do Brasil

Assim o deseja a União dos Empregados no Commercio daquella cidade

Grande assembléa da mocidade brasileira

Conferencias de tactica naval

Para clarear os dentes e desinfectar á bocca

Odol

Uma combinação cuja fama corre de bocca em bocca!

LIVROS PERNICIOSOS

Com vistas ás autoridades competentes

A lenda do coronel Fawcett

O famoso explorador britannico foi encontrado na confluencia dos rios Manso e Arapuca, desfrutando de grande prestigio entre os selvagens

Coronel Fawcett

BATIDA NUMA CASA DE TAVOLAGEM

O ministro da Guerra solicitou do governo de Minas a apresentação de sargentos que se acham

QUANDO SALTAVA DO BONDE, FOI ATROPELADO POR UM CAMINHÃO

INGERIU CREOSOTO

AGGREDIDO A FACA

EM NICTHEROY

Actos do interventor fluminense

COM UMA FACADA NAS COSTAS

EMPENHARAM-SE EM LUTA CORPORAL

O CADAVER DE UM RECEM-NASCIDO ATIRADO A LATA DE LIXO

A policia procura o autor desse crime revoltante

O caso da Tenda de Nossa Senhora da Conceição

Reconhecida a sua legalidade, continua o seu funcionamento

Rio de Janeiro, quarta-feira, 14 de dezembro de 1932

O caso da Tenda de Nossa Senhora da Conceição, que se reduziu, afinal, a um lamentável equívoco, reparado pelo delegado distrital na própria noite em que a precipitação do comissário Fernandes realizou a sua infeliz diligência, está encerrado de modo definitivo. A segunda delegacia auxiliar, a requerimento do presidente da Tenda, declarou que a sua situação é legítima e legal.

Como nos declarou, na entrevista que publicamos, seu presidente e nosso colaborador, sr. Leal de Souza, a sede da Tenda lhe foi entregue na mesma noite da diligência.

Completou-se essa reparação com a restituição àquele nosso confrade de tudo o que havia sido retirado pela polícia da sede da Tenda, sem exceção de coisa alguma, desde as imagens até os pregos das estantes ou cantoneiras que as suportavam nas estantes.

É de desejar que não se repitam esses equívocos, que não deixam de representar restrições à liberdade de cultos, podem dar uma impressão errônea do critério da autoridade e expõem à irreverência os sentimentos mais puros da fé.

143

XXVIII

AS FESTAS DA LINHA BRANCA

Para mostrar, na esphera da realidade terrena, uma organização da Linha Branca de Umbanda e Demanda, citei a que melhor conheço, porém essa citação de modo algum representa primazia, quer sob o aspecto de prioridade, quer sob o de superioridade.

Outras, sem duvida, existem em nosso meio, fundadas e dirigidas pelos grandes missionarios do espaço, e entre os numerosos centros que funccionam isoladamente, muitos são optimos, prehenchendo, de modo completo, as finalidades da Linha.

O proprio Caboclo das Sete Encruzilhadas, assiste, fóra de sua organisação, outras Tendas, e costuma auxiliar, com suas phalanges, os trabalhadores de bôa vontade que o invocam e chamam em suas reuniões, e creio que os demais protectores não deixam de attender aos appellos de corações honestamente devotados ao serviço do proximo, em nome de Deus.

Numa instituição da disciplina peculiar á Linha Branca de Umbanda e Demanda, é natural que a transgressão consciente ás suas leis, não fique impune. Em geral, os culposos são abandonados pelos guias, e sem esse am-

— 93 —

— XXVIII —

As festas da Linha Branca[16]

Publicado apenas na primeira edição, em livro

Para mostrar, na esfera da realidade terrena, uma organização da Linha Branca de Umbanda e Demanda, citei a que melhor conheço, porém essa citação de modo algum representa a primazia, quer sob o aspecto de prioridade, quer sob o de superioridade.

Outras, sem dúvida, existem em nosso meio, fundadas e dirigidas pelos grandes missionários do espaço, e, dentre os numerosos centros que funcionam isoladamente, muitos são ótimos, preenchendo, de modo completo, as finalidades da linha.

O próprio Caboclo das Sete Encruzilhadas assiste, fora de sua organização, a outras tendas e costuma auxiliar com suas falanges os trabalhadores

---

16 No dia 3 de janeiro de 1933, Leal de Souza publicou a seguinte nota ao final do artigo *Como atuam os espíritos*: "'Uma leitora' queixa-se de não ter sido publicado o artigo sobre 'As festas da Linha Branca'. É engano. Saiu na segunda edição do *Diário de Notícias*, de 13 de dezembro, e não será possível remeter-lhe o jornal, porque esse número está esgotado. Eu próprio, para poder incluir aquele artigo no volume que será publicado em janeiro, tive de copiá-lo". Não encontramos o referido artigo e o reproduzimos a partir da edição em livro publicada no mesmo ano. [NE]

de boa vontade que o invocam e chamam em suas reuniões. Creio que os demais protetores não deixam de atender aos apelos de corações honestamente devotados ao serviço do próximo, em nome de Deus.

Em uma instituição da disciplina peculiar à Linha Branca de Umbanda e Demanda, é natural que a transgressão consciente às suas leis não fique impune. Em geral, os culposos são abandonados pelos guias e, sem esse amparo a que estavam habituados, tropeçam, a cada passo, em dificuldades e caem sob o domínio de entidades que os infelicitam. Para os casos especiais, em que os erros, pela função de quem os comete, causam danos a outros e prejudicam o conceito da tenda e da linha, há penalidades ásperas, de efeitos imediatos.

Na Linha Branca de Umbanda e Demanda também há alegrias, que se expressam em festividades. Seis dessas festas têm o caráter de obrigação ritualística — são as dos padroeiros e chefes das linhas, variando, porém, o modo de realizá-las. Algumas vezes, são simples sessões comemorativas, com alocuções e preces; outras, comportam a participação de espíritos que incorporam para produzir orações referentes ao dia ou para transmitir mensagens de estímulo de entidades superiores.

Frequentemente, a festa é realizada pelos espíritos incorporados e, neste caso, assume características especiais, segundo a linha que se festeja.

A essas festas comparecem, além dos médiuns, convidados e outras pessoas, e esse agrupamento de gente que nem sempre passou pela sessão de caridade ou pela de descarga obriga a medidas extraordinárias para conservar um ambiente harmônico. Assim, sem que o percebam os assistentes, enquanto a alegria religiosa os empolga, os seus guias e mais protetores estão efetuando trabalhos que revestem, não raro, de intensidade excepcional.

No dia de Cosme e Damião, baixam festivamente às tendas espíritos que desencarnaram em idade infantil e com os quais é necessária, além de carinho fraternal, certa vigilância, porque eles, apossando-se dos médiuns, procedem como crianças e, como estas, são indiscretos, comentando, sem respeito às conveniências sociais, qualquer pensamento menos nobre ou mais atrevido que surpreendam em algum cérebro.

No fim das grandes demandas, isto é, quando se remata vitoriosamente um esforço maior em benefício do próximo, também se realiza, sem caráter obrigatório, uma festa em que se confundem na mesma satisfação os espíritos e os homens.

No encerramento do retiro anual, a sua última cerimônia é festiva, mas é íntima, abrangendo apenas os que, pelos seus encargos, são seus participantes forçados. É rigorosamente ritualística, e de uma grande beleza.

1ª EDIÇÃO — 8 HORAS · Reportagens · **Diario de Noticias** · Noticiario — **2ª SECÇÃO** 8 PAG.

Redacção e Officinas — Rua Buenos Aires, 155 · Rio de Janeiro — Quinta-feira, 15 de Dezembro de 1932

Respondendo a interpellações feitas no Senado, o sr. Mussolini declarou que os factos recentemente verificados na Dalmacia constituiram symptomas bastante significativos de hostilidade yugoslava contra a Italia

O ESPIRITISMO,

A Magia e as Sete Linhas de Umbanda

OS QUE DESENCARNAM NA LINHA BRANCA DE UMBANDA

A philosophia do sr. Ignacio Bittencourt

ABEL DE SOUZA

(disposto para o DIARIO DE NOTICIAS)

Para a recepção aos footballers brasileiros

A reunião hontem levada a effeito na séde da A. M. E. A.

As pessoas presentes á reunião de hontem na séde da Amea

MORTO PELO TREM, QUANDO TENTAVA TOMAL-O

OS BRASILEIROS REJEITARAM O OFFERECIMENTO DO PENAROL PARA UMA PARTIDA DE "REVANCHE"

MONTEVIDEO, 14 (U. P.)

Todo o anno de 1933

para pagar o seu radio.

RCA Victor

R-4
7 valvulas
Superheirodino
1:750$

Paul J. Christoph Company.

150$000 POR MEZ

CLINICA **Dental**
Eucalol
A BASE DE EUCALYPTO

COSTUMES SOB MEDIDA — 125$000
Alfaiataria Barra do Rio
200 — RUA SETE DE SETEMBRO — 200

Para clarear os dentes e desinfectar a bocca

Odol
Pasta **Odol**

Uma combinação cuja fama corre de bocca em bocca!

APROPRIOU-SE INDEBITAMENTE DA IMPORTANCIA DE NOVE CONTOS PERTENCENTE Á AFILHADA

QUERIA SER PROTECTOR Á FORÇA

O Primeiro Congresso da Imprensa do Interior de Pernambuco

BRIGA DE SOLDADOS

INGERIU VENENO

ATROPELADO POR UMA BICYCLETA

O SR. MUSSOLINI RESPONDEU, NO SENADO, Á INTERPELLAÇÕES RELATIVAS AOS ACONTECIMENTOS VERIFICADOS NA DALMACIA

ROMA, 14 (U. P.)

— XXIX —

Os que desencarnam na Linha Branca de Umbanda

Rio de Janeiro, quinta-feira, 15 de dezembro de 1932

Quando desencarna uma pessoa filiada à Linha Branca de Umbanda, as atenções dispensadas ao seu organismo físico passam a ser consagradas ao seu espírito.

Logo que se verifica a fatalidade irremediável do próximo trespasse, os protetores, os companheiros de trabalho e as famílias, com habilidade, começam a preparar o enfermo para a mudança de plano, para que a morte de seu corpo ocorra sem abalo para o seu espírito.

Nas horas da agonia, os seus amigos da Terra, com a concentração e as preces, e os do espaço, por outros meios, procuram suavizar-lhe o sofrimento. Depois, quando o espírito se desprende, as entidades espirituais, que assistiam o doente, agem no sentido de que esse desprendimento seja completo, para que a alma liberta não se ressinta da decomposição da matéria em que viveu. Acolhem-no depois, carinhosamente, no espaço, empenhando-se para atenuar-lhe a perturbação e encaminhando-o aos destinos que lhe estavam traçados.

Certas pessoas cometeram faltas que os seus serviços ao próximo, por intermédio da Linha Branca de Umbanda, não compensaram suficientemente. Devem, por isso, sofrer no espaço. Nessa hipótese, os protetores da tenda a que eles pertenceram na Terra conseguem, para resgate dessas culpas, que tais espíritos, em vez de padecerem errando no plano espiritual mais próximo do da Terra, se purifiquem em missões ásperas, obscuramente, laborando sob as ordens de outros.

Casos há em que tais protetores trazem às sessões, para que esclareçam e orientem os seus herdeiros sobre os seus negócios ou legados, espíritos de pessoas que não os explicaram ou deixaram obscuros ou embrulhados quando desencarnaram.

Os grandes trabalhadores humanos da linha, quando desencarnam, ainda que tenham de afastar-se de nossa atmosfera, voltam, uma ou mais vezes, em manifestações carinhosas, às tendas de seus companheiros.

Exemplificando, citarei o caso do conhecido médium curador Bandeira. Oito dias depois de seu trespasse, por ordem do guia, celebraram-se sessões à sua memória, nas tendas do Caboclo das Sete Encruzilhadas. Na tenda em que estávamos, às oito e meia da noite, o chefe do terreiro anunciou:

— O nosso irmão Bandeira, conduzido pela falange de Nazaré, acaba de baixar na tenda matriz.

Às nove horas, assinalou a sua manifestação na Tenda de Nossa Senhora da Guia e, após, a sua vinda para a nossa.

Nesta, ele tomou um médium que nunca o vira, mas a sua incorporação foi tão completa que todos o reconhecemos imediatamente. Vencida a emoção do primeiro momento, depois de abraçar os dirigentes da sessão, Bandeira, pelo médium desconhecido, chamou todas as pessoas que frequentavam a tenda por sua indicação; em seguida, aquelas com as quais manteve relações; e, por fim, as restantes.

Disse, despedindo-se, que não poderia retardar-se, pois combinara com o presidente da Tenda da Guia voltar lá para uma reunião de caráter íntimo, onde deveria dar informações e instruções para assegurar a tranquilidade do conforto material à sua progenitora.

E era verdade.

A filosofia do sr. Ignacio Bittencourt

Por versar o assunto destes artigos, transcrevemos a seguinte carta, que dirigimos ao sr. Ignacio Bittencourt:

Senhor. Recebi, pelas costas, o vosso golpe, vindo pressurosamente declarar em público, para alcançar os louvores de um jornal, que na tenda de minha direção praticamos o baixo Espiritismo e a baixa magia, como se depreende, segundo dizeis, das imagens, símbolos e atributos que a nossa tolerância permite, pelos motivos expostos no *Diário de Notícias* de 29 de novembro do corrente ano.

Se a minha voz pudesse chegar às culminâncias onde vos entronais em um orgulho mental sem fundamento em nenhuma espécie de cultura, eu vos pediria que nos ensinásseis o que são alto e baixo Espiritismo; alta e baixa magia.

Os primeiros livros sobre magia que li, comprei-os em vossa casa, recebendo-os de vossas mãos. Eram as *Quatorze lições de filosofia oriental,*[17] que contêm, em essência, os seus princípios fundamentais, e o *Adepto,*[18] em que vi descritas coisas que achei absurdas e que anos depois constatei serem de possível realização.

Se condenais a magia, como, sem mentir ao vosso apostolado, vendíeis os livros que a propagam, e não preveníeis o leitor contra os seus malefícios?

Se eu me envergonhasse de pertencer à Linha Branca de Umbanda e Demanda, teria de queixar-me de vós, sr. Ignacio Bittencourt.

Como está publicado em livro, depois de o ter sido na imprensa, foi no Abrigo Thereza de Jesus, em uma sessão presidida por vós, que pela primeira vez ouvi falar nas tendas a que hoje pertenço. O sr. Brigagão contou, em uma conferência, o milagre daquela moça que, em Niterói, ressurgiu para comprovar a verdade divina do Espiritismo, e vós, depois de aplaudi-lo ininterruptamente com os gestos, fizestes, em uma

---

17 RAMACHARACA, Yogue. *Quatorze lições de filosofia Yogue e ocultismo oriental.*
    13. ed. Trad. Francisco Waldomiro Lorenz. São Paulo: Pensamento, 1999.
18 ARNOLD, Hans. *O adepto ou Ensinamentos de alta magia.* Rio de Janeiro: Pensamento, 1930.

oração ardente, o elogio dos humildes caboclos que conseguiram a miraculosa ressurreição.

Se, ao invés disso, tivésseis declarado que, pelas imagens e símbolos permitidos na Tenda de Nossa Senhora da Piedade, aquela ressurreição era baixo Espiritismo e baixa magia, talvez hoje não tivésseis de censurar-me.

Guiado pelas indicações que me destes, fui à Tenda de Nossa Senhora da Piedade; verifiquei a realidade do caso descrito pelo sr. Brigagão, constatei a justiça dos vossos louvores, testemunhei outras demonstrações da misericórdia divina. Fiquei entre os humildes daquela tenda e, nomeado presidente de sua primeira filial, trabalho como nela se trabalha, pelos processos que lhe permitiram levantar um morto da mesa do velório.

Ainda mais, sr. Ignacio Bittencourt. A convite vosso, duas vezes no vosso centro da Rua Voluntários da Pátria, e duas na União Espírita Suburbana, em sessões presididas por vós, contei e descrevi os resultados dos trabalhos daquelas tendas de caboclos, e, longe de condená-los como atos de baixo Espiritismo e de magia, vós os celebrastes com palavras entusiásticas.

E muito mais ainda, sr. Ignacio Bittencourt. Muitas vezes conversamos, em intimidade, sem testemunhas, sobre esses trabalhos, e vós não os condenastes.

É pena que os tivésseis elogiado tantas vezes, que tivésseis perdido tantas oportunidades de esclarecer-me e doutrinar-me, para agora surgirdes com as mãos cheias de pedras, aparceirado com os que me apedrejam.

Dentre todos os espíritas do Rio de Janeiro, fostes o único que invocastes o Evangelho para rasgá-lo, atirando-me a primeira pedra, com a altaneria de quem nunca pecou. E, todavia, quando eu não era espírita e fostes perseguido, eu vos prestei apoio, obtendo, pelo meu jornal de então, donativos para o resgate de multas que vos levariam à cadeia.

Muitas vezes conversamos sobre as injustas causas do ódio que me votam os que foram bater à vossa porta, e vós, sabendo que íeis servir o ódio contra o vosso irmão, destes as vossas armas para que me ferissem.

Sou forçado a assinalar, sr. Ignacio Bittencourt, que abastardais Allan Kardec, atribuindo a vossa duplicidade à sua filosofia.

Não admitis que eu tenha imagens na minha tenda, mas vós a possuis, em estampas na vossa, e tendes até a vossa própria imagem, em um belo retrato, na sala das sessões do Centro Cáritas.

Achais que o parati, usado como desinfetante nas nossas tendas, é condenável e baixo. Dizei-me, senhor, qual é a alta função espiritual do vinho que constantemente bebeis na presidência das sessões, sendo que, em certo centro, tendes um copo especial destinado, pela sua coloração, a fazer passar como água o álcool que absorveis.

E basta. Que Deus vos perdoe o mal que me fizestes, pela vaidade de ungir-vos em Papa do Espiritismo.

 1ª EDIÇÃO 4 HORAS — Reportagens — **Diario de Noticias** — Noticiario — 2ª SECÇÃO 4 PAGS.

Redacção e Officinas — Rua Buenos Aires, 110 — Rio de Janeiro — Sexta-feira, 16 de Dezembro de 1932

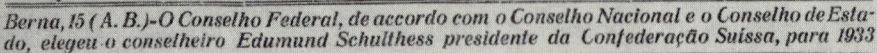

Berna, 15 (A. B.)—O Conselho Federal, de accôrdo com o Conselho Nacional e o Conselho de Estado, elegeu o conselheiro Edumund Schulthess presidente da Confederação Suissa, para 1933

O ESPIRITISMO,

A Magia e as Sete Linhas de Umbanda

A LINHA DE SANTO

LEAL DE SOUZA

(Escripto para o DIARIO DE NOTICIAS)

Para que os empregados do commercio gozem das vantagens do alistamento eleitoral "ex-officio"

Medidas imprescindiveis para essa providencia

Os candidatos a reservistas tambem querem exame por frequencia

Tentaram, infructiferamente, falar ao sr. Getulio Vargas e, por intermedio da imprensa, dirigem um appello ao chefe da Nação

Os soldados que entregam certa redacção

QUEIXAS E RECLAMAÇÕES

Com a Saude Publica, a Prefeitura e a Policia

De Norte a Sul

BAHIA

ASSOCIAÇÃO DOS EMPREGADOS NO COMMERCIO

CURIOSA ESTATISTICA

PARTIDO SOCIALISTA BRASILEIRO

Reassumiu o cargo prefeito de Nictheroy

O ALISTAMENTO ELEITORAL E O SERVIÇO MILITAR

PÃO é o alimento mais gostoso, nutritivo e conveniente

FALLECEU NO SEU POSTO, QUANDO O TREM DESENVOLVIA GRANDE VELOCIDADE

COMBATENDO O JOGO

PARA AS FESTAS DO NATAL

Legião Civica 5 de Julho

Officiaes de Força Militar do Estado do Rio licenciado

EM NICTHEROY

FURTARAM O TAPETE, MAS FORAM PRESOS

Fallencias e Concordatas

VICTIMA DE GRAVES QUEIMADURAS, FALLECEU NO H. P. S.

XXX

A Linha de Santo

Em artigos anteriores, mostramos que a Linha de Santo, também chamada Linha das Almas, a sétima das constitutivas da Linha Branca de Umbanda e Demanda, se insinua e dissemina pelas outras seis, sem quebrar a sua unidade. É formada, escrevemos, de "pais de mesa" e os seus componentes espirituais, caboclos ou negros, são egressos da Linha Negra e procuram alcançar amigavelmente de seus antigos companheiros a suspensão de hostilidades contra os filhos e protegidos da Linha Branca.

A missão da Linha de Santo, tão desprezada quanto ridicularizada até nos meios cultos do Espiritismo, é verdadeiramente apostolar. Os espíritos que a constituem, mantendo-se em contato com a banda negra, de onde provieram, não só resolvem pacificamente as demandas, como convertem, com hábil esforço, os trabalhadores trevosos.

Esse esforço se desenvolve com tenacidade em uma gradação ascendente.

Primeiro, os conversores lisonjeiam os espíritos adestrados nos malefícios, gabam-lhes as qualidades, exalçam-lhe a potência fluídica, louvam a mestria de seus trabalhos contra o próximo, e assim lhes conquistam a confiança e a estima. Na segunda fase do apostolado, começam a mostrar aos malfeitores o êxito que alcançariam na Linha Branca com a excelência de seus predicados.

Aproveitando para o bem um atributo nocivo, como a vaidade, os obreiros da Linha de Santo passam a pedir aos escolhidos para a conversão pequenos favores consistentes em atos de auxílio e benefício a esta ou àquela pessoa e, realizado esse obséquio, levam-nos a gozar, como uma emoção nova, a alegria serena e agradecida do beneficiado.

Convidam-nos, mais tarde, para assistir aos trabalhos da Linha Branca, mostrando-lhes o prazer com que o efetuam, em cordialidade harmoniosa, sem sobressaltos, os operários ou guerreiros do espaço, em comunhão com homens igualmente satisfeitos, laborando com a consciência em paz.

Fazem-nos depois participar desse labor, dando-lhes, na obra comum, uma tarefa à altura de suas possibilidades, para que se estimulem e entusiasmem com o seu resultado.

E quanto mais o espírito transviado intensifica o seu convívio com os da Linha de Santo, tanto mais se relaciona com os trabalhadores do amor e da paz, e, para não se colocar em esfera inferior àquela em que os vê, começa a imitar-lhes os exemplos, elevando-se, até abandonar de todo a atividade maléfica.

Depois que esse abandono se consumou, o converso não é incluído imediatamente na Linha, mas fica como seu auxiliar, uma espécie de adido, trabalhando sem classificação. Geralmente, nessa fase, exalta-o o desejo de incorporar-se efetivamente às falanges brancas, e a sua operosidade se reveste daquele ardor com que se manifestam, pela ação ou pelo verbo, os crentes novos.

Permitida, afinal, a sua inclusão na Linha de Santo ou em alguma das outras, o antigo serventuário do mal vai resgatar as suas faltas, corrigindo as alheias.

Os Estados Unidos receberam, ante-hontem, de varios paizes europeus 98.583.724 dollares, a titulo de prestações das dividas de guerra

O ESPIRITISMO,

A Magia e as Sete Linhas de Umbanda

XXXV

A INSTITUIÇÃO DE UMBANDA

LEAL DE SOUZA

(Especial para o DIARIO DE NOTICIAS)

DIREITO, JUSTIÇA E FORO

Fôro Civel e Commercial

FALLECIDOS

Fôro Criminal

ESCRIPTAS COMMERCIAES

Nomeação de autoridades para Parahyba do Sul

De Norte a Sul

AMAZONAS

PARÁ

2º Congresso Brasileiro de Theosophia

Um aspecto parcial da mesa e dos assistentes do Congresso

Fallencias e Concordatas

Na Faculdade de Medicina e Physiotherapia

Syndicato Profissional de Moças e Bordados

As modistas em organização syndical

O EXITO DOS FOOTBALLERS BRASILEIROS NO PRATA

BUENOS AIRES, 16 (A. B.)

As dividas de guerra

Os paizes que já pagaram as annuidades ante-hontem — A attitude da França pela palavra do sr. Laval — Os Estados Unidos continuam preoccupados com o recebimento

OS ESTADOS UNIDOS DRENANDO O OURO DOS DEMAIS PAIZES!

WASHINGTON, 16 (U. P.)

O AUTOMOVEL FOI COLLIDIR E MORTO BATER DE ENCONTRO AO POSTE PELO AUTO-AMBULANCIA

ATROPELOU UMA MENINA NA RUA 24 DE MAIO

EM NICTHEROY

OMBRAS DOS HOMENS

O GUARDA CIVIL FERIU-SE ACCIDENTALMENTE

VICTIMA DA PROPRIA IMPRUDENCIA

Porque lhe negou uma certidão para fins eleitoraes

A cirurgiã dentista denuncia o director da Faculdade de Medicina Fluminense

Promoções de sargentos mantidas pelo ministro da Guerra

— XXXI —

A instituição de Umbanda

Rio de Janeiro, sábado, 17 de dezembro de 1932

Nos artigos sobre a Linha Branca de Umbanda e Demanda, explicamos a sua organização no espaço, de acordo com as necessidades de determinadas zonas terráqueas, por largo ciclo de tempo com o concurso de elementos espirituais afins com os habitantes dessas regiões; elucidamos também o seu fundamento evangélico, inspirando-se no exemplo de Jesus ao expulsar os vendilhões do templo, e o seu objetivo — a prática da caridade, libertando de obsessões, curando as moléstias de origem ou ligação espiritual, anulando os trabalhos da magia negra e preparando um ambiente favorável à operosidade de seus adeptos.

Mostramos, em seguida, o rigor de sua hierarquia, as causas dos usos de seus atributos e as dos apetrechos semelhantes aos empregados pelas linhas adversas; a natureza, a necessidade e o efeito dos despachos; a sua constituição em sete linhas e a formação das falanges que as integram e tornam eficientes; a ação isolada de cada espírito, a ação da falange, a de cada linha e o esforço combinado de todas.

Estudamos os protetores de suas tendas ou centros; a razão pela qual tantas entidades superiores se apresentam como caboclos broncos ou negros ignorantes; a diversidade de origem deles, em referência às suas últimas encarnações na Terra; a sua bondade humilde e o seu alto saber disfarçado em mediocridade.

Constatamos, em cada linha, a inspeção constante de 21 orixás, espíritos dotados de faculdades e poderes extraordinários, e vimos a grandeza luminosa e seus guias supremos, tratando, com certa amplitude, desses iluminados com que temos estado em contato.

Observamos, ainda, uma instituição da Linha Branca de Umbanda e Demanda, com a sua organização terrena correspondendo à do espaço, com os seus serviços do plano material articulando-se no plano espiritual, regendo-se, em cima e em baixo, por um sistema que a coloca ao nível de qualquer região regular.

E dentro dessa harmonia, com as responsabilidades e as funções, sob inquebrável disciplina hierárquica, definidas, quer para os espíritos, quer para os homens, verificamos ações que se comparam aos velhos milagres consagrados pela auréola, no altar.

Não conhecemos, no Espiritismo, nada que se compare, como organização, às tendas de Maria, do Caboclo das Sete Encruzilhadas, e basta citá-las para mostrar que a Linha Branca de Umbanda e Demanda é uma grande e legítima instituição religiosa.

A Repartição internacional do Trabalho, com séde em Genebra, calcula em 30.000.000 o numero de desempregados em todo o mundo

O ESPIRITISMO,
A Magia e as Sete Li-nhas de Umbanda

XXXII

O AUXILIO DOS ESPIRITOS NA VIDA MATERIAL

O Kardecismo da Liga Espirita

LEAL de SOUZA

(Especial para o DIARIO DE NOTICIAS)

CALCULADO EM 30 MI-LHÕES O NUMERO DE PESSOAS QUE PRECI-SAM DE OCCUPAÇÃO EM TODO O MUNDO

GENEBRA, 19 (U. P.) —

COLHIDO POR AUTO

Diploma de guerra-livros

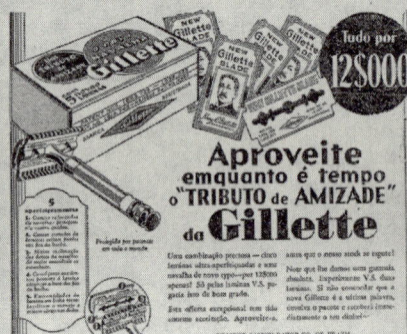
PORQUE A ESPÔSA RECUSOU A VOL-TAR PARA A SUA COMPANHIA, PROSTROU-A COM TRES FACADAS

ATEOU FOGO ÁS VESTES E FALLE-CEU AO SER MEDI-CADA

VICTIMA DE ATRO-PELAMENTO POR AUTO

Depois Das Brilhantes Conquistas Nas «Canchas» Uruguayas

INCALCULAVEL MULTIDÃO RENDEU, NA TARDE DE HONTEM, HOME-NAGENS AOS VALOROSOS PLAYERS CARIOCAS QUE REGRESSARAM

A edição brasileira, vencedora do campeão de enxota, "pousando" para o DIARIO DE NOTICIAS, a bordo do transatlantico francez "L'Atlantique". — O desembarque dos victoriosos trabalhadores cariocas quando deixaram o "L'Atlantique" por José Maria Castello Branco, da C. B. D.

— XXXII —

O auxílio dos espíritos na vida material

Rio de Janeiro, terça-feira, 20 de dezembro de 1932

É frequente, nos centros espíritas, o aparecimento de pessoas que vão solicitar o auxílio das entidades espirituais para vencer dificuldades ou alcançar vantagens de ordem material, conseguindo empregos ou realizando negócios.

Certos presidentes de sessões e muitos espíritos, com rigorismo impiedoso, respondem que o Espiritismo não tem por fim arranjar ou concertar a vida, e seguidamente, nos trabalhos, os guias assinalam, aborrecendo-se, que os pensamentos dos ambiciosos ou dos premidos por necessidades materiais perturbam e até viciam o ambiente. Mas, em geral, os guias, mesmo quando não o confessam, ajudam materialmente a quem lhes pede socorro dessa natureza em horas de amargura.

Eu, na minha insignificância, pessoalmente considero legítimos tais apelos. Somos criaturas materiais, devendo fazer a nossa evolução espiritual por meio de óbices materiais, em um mundo material, e os espíritos incumbidos de nossa proteção realmente pouco a exerceriam, se não nos ajudassem a remover e dominar esses empecilhos de ordem material.

Perguntou o sr. Allan Kardec ao seu guia se não o auxiliava na vida material. Contestou-lhe o iluminado que não ajudá-lo seria não amá-lo, acrescentando que o fazia sem que ele o percebesse, para não lhe tirar o merecimento da vitória na luta contra a adversidade.

Se assim era com o sr. Allan Kardec, assim deve ser com as outras criaturas, e, como estas não possuem, geralmente, o adiantamento do codificador do Espiritismo, são mais diretos e veementes os seus apelos e menos discretos os favores com que as auxiliam os espíritos.

O fato positivo é que os espíritos ajudam, quando podem, os homens a vencer as cruezas da vida e, quando estas representam a fatalidade inevitável de um destino, isto é, são uma prova, buscam suavizá-la carinhosamente, amparando, com o escudo da fé, a quem as sofre.

O Kardecismo da Liga Espírita do Brasil

Aos senhores membros do Conselho da Liga Espírita, que não sei se existem, nem como se chamam, dirijo a seguinte carta:

Senhores. Com estranheza, li na *Vanguarda*, de 17 do corrente, uma publicação do comandante João Torres declarando, em vosso nome, que a Tenda de Nossa Senhora da Conceição, de que sou presidente, não pertence ao vosso Espiritismo cristão kardecista, assim denominado, sem dúvida, para não ser confundido com o simples Espiritismo kardecista, que certamente não é cristão.

Não adivinho a necessidade, a causa, o alcance de semelhante publicação. Se eu tivesse escrito, dito, ou insinuado que a minha Tenda era filiada à Liga Espírita do Brasil, de que fui um dos fundadores, seria natural que me desmentísseis, mas não tendo eu, nem ninguém, feito tal insinuação, a atitude do comandante Torres, e a vossa, assume um aspecto de exibicionismo agressivo e provocador.

O comandante Torres, perdoai-me se vo-lo digo, não é um homem de boa-fé. Comunicou-me o sr. Zélio de Moraes, presidente da Tenda de Nossa Senhora da Piedade, que aquele comandante lhe pedira para alcançar, de mim e dos outros chefes de nossas tendas, procurações, dando-lhe representação junto à futura Assembleia Constituinte da República para defender a liberdade de consciência em nome dos centros espíritas. Não concordei, não acedi, e desde então a minha Tenda, que o sr. João Torres queria representar junto aos poderes públicos, decaiu no conceito do mesmo sr. João Torres.

Há muitos anos, os meus escritos e as minhas conferências demonstram que pertenço à Linha Branca de Umbanda, sem confundi-la com o partido de vossa propriedade. Há dois meses, diariamente afirmo e reafirmo isso nas colunas do *Diário de Notícias*. Nessas condições, a publicação do sr. João Torres, sem nenhuma alusão às minhas declarações, como se eu não as tivesse feito, foi um ato de requintada má-fé.

Não reconheço ao sr. João Torres nem a vós o direito de falar com arrogância em nome da Liga Espírita do Brasil, a mim ou à Linha Branca de Umbanda.

Quando se fundou essa instituição, eu já pertencia à Linha Branca de Umbanda e, como seu representante no Congresso ou Constituinte Espírita, fui eleito relator do parecer que, aprovado, criou essa liga. Ainda mais, fui designado, pelo mesmo congresso, para ser o diretor da *Revista Espírita do Brasil*, não o tendo sido porque o sr. João Torres houve por bem violar, em benefício da sua vaidade, o decreto da assembleia espírita.

Ora, se, para o congresso que criou a liga, um representante da Linha Branca de Umbanda tinha competência e autoridade para dirigir o órgão doutrinário dos centros unificados, era porque aquele ramo do Espiritismo não estava banido do programa da liga.

Os fins primordiais dos fundadores da Liga Espírita eram harmonizar, em uma associação, para dar uma aparência de unidade ao Espiritismo, os centros chamados kardecistas e os do Espiritismo de Linha; estabelecer, entre os diversos centros, relações de que resultasse, naturalmente, a influência dos mais adiantados sobre os mais atrasados; estudar cientificamente o Espiritismo; criar, com esses objetivos, uma liga que renovasse periodicamente a sua diretoria, para que não a desvirtuasse, em proveito próprio, mediante reeleições ou troca de lugares, em um grupo ou uma "panelinha".

Os líderes das diversas correntes, tendo em vista esse programa, combinaram eleger para a primeira diretoria os senhores desembargador Gustavo Farneze, presidente; Jarbas Ramos, vice-presidente; Nobrega da Cunha, secretário-geral. Um, pelo ardor de seu entusiasmo, pelos serviços prestados na organização do congresso e também pela sua posição social e política. O segundo, que é outra personalidade eminente, por possuir os conhecimentos indispensáveis para harmonizar os centros das várias modalidades espíritas. O último, como representante do Espiritismo de Linha.

E depois de todo esse cuidadoso esforço, havendo concedido em sua diretoria um dos cargos de mais relevo e eficiência ao representante do Espiritismo de Linha, a Liga Espírita do Brasil vem agredir, em público, um de seus fundadores por pertencer à Linha Branca!

Chegamos, agora, ao primeiro capítulo triste da Liga Espírita. Por ocasião da eleição de sua primeira diretoria, indivíduos que cobiçavam o posto indicado, pela justiça e pela necessidade, ao sr. Jarbas Ramos, saíram a cabalar pelos hotéis onde se hospedavam os representantes dos centros estaduais, aguardavam os outros nas proximidades do local onde se reunia o congresso, deslizavam pelos corredores, espalhando que o candidato à vice-presidência era um kardecista intolerante capaz de inutilizar a obra da constituinte, afastando da Liga os centros do Espiritismo de Linha. Sob esse pretexto, embora o sr. Jarbas, caso quisesse lutar, dispusesse da maioria absoluta dos votos, não só se substituiu, atropeladamente e à última hora, a sua pela candidatura do sr. João Torres, como até se evitou que a ilustre vítima dessa cavilação fizesse o elogio de Allan Kardec! Afastado o sr. Jarbas Ramos, erguido em seu lugar o sr. João Torres, a intolerância kardecista deixou de ser um perigo, e desapareceu a necessidade de manter, na liga, o Espiritismo de Linha.

O capítulo imediato não é triste, é hediondo, mas antes de continuar a conversa que provocastes, senhores membros do Conselho da Liga Espírita, acho conveniente provardes a vossa existência, pois não é justo que me desafieis, chamando-me à luta, e fiqueis mascarados no anonimato.

No desastre de trem, verificado no Ceará, entre as estações Capistrano de Abreu e Itaúna, morreram seis pessoas e ficaram feridas quarenta

O ESPIRITISMO,
A Magia e as Sete Linhas de Umbanda
O KARDECISMO E A LINHA BRANCA DE UMBANDA
LEAL DE SOUZA

(Especial para o DIARIO DE NOTICIAS)

Escola Moderna de Commercio
Festa do encerramento das aulas

A mesa que presidio a sessão solemne

Fundada uma nova instituição de caridade para soccorrer as creanças pobres da Gavea

Concurso na Secretaria da Viação

O Monopolio de Tabacos da Tchecoslovaquia quer comprar tres mil quintas de fume brasileiro

O MAIOR DESASTRE FERROVIARIO VERIFICADO NO CEARÁ

FORTALEZA, 20 (U. P.)

DIREITO, JUSTIÇA E FÔRO
Fôro Civel e Commercial

Fôro Criminal

Tribunal do Jury

UM AJUDANTE DE CHAUFFEUR FOI COLHIDO POR UM AUTO

BANHISTAS PRESOS NA PRAIA DO FLAMENGO

A. B. I. e o Natal dos presidiarios

ULTIMA HORA SPORTIVA

O Kardecismo e a Linha Branca de Umbanda

Rio de Janeiro, quarta-feira, 21 de dezembro de 1932

A Linha Branca de Umbanda e Demanda está perfeitamente enquadrada na doutrina de Allan Kardec, e, nos livros do grande codificador, nada se encontra suscetível de condená-la.

Cotejemos com os seus escritos os princípios da Linha Branca de Umbanda, por nós expostos no *Diário de Notícias*, edição de 27 de novembro do corrente ano.

A organização da linha no espaço corresponde a determinada zona da Terra, atendendo-se, ao constituí-la, às variações de cultura e moral intelectual, com aproveitamento das entidades espirituais mais afins com as populações dessas paragens.

Allan Kardec, à página 219 do *Livro dos espíritos*[20] escreve:

---

19 Esse artigo foi erroneamente numerado como XXXII, mesmo número do anterior. Optamos por corrigi-lo e, portanto, desse ponto em diante, a numeração não corresponderá à do *Diário de Notícias*. [NE]

20 Optamos por não referenciar essa obra de domínio público, pois existem inúmeras edições e, para nós, seria quase impossível identificar a edição utilizada como referência por Leal de Souza. [NE]

519. As aglomerações de indivíduos, como as sociedades, as cidades, as nações, têm Espíritos protetores especiais?

Têm, pela razão de que esses agregados são individualidades coletivas que, caminhando para um objetivo comum, precisam de uma direção superior.

520. Os espíritos protetores das coletividades são de natureza mais elevada do que os que se ligam aos indivíduos?

Tudo é relativo ao grau de adiantamento, quer se trate de coletividades, quer de indivíduos.

E quanto às afinidades, na mesma página:

> Os Espíritos preferem estar no meio dos que se lhes assemelham. Acham-se aí mais à vontade e mais certos de serem ouvidos. Por virtude de suas tendências, é que o homem atrai os espíritos, e isso quer esteja só, quer faça parte de um todo coletivo, como uma sociedade, uma cidade, ou um povo. Portanto, as sociedades, as cidades e os povos são, de acordo com as paixões e o caráter neles predominantes, assistidos por Espíritos mais ou menos elevados.

Os protetores da Linha Branca de Umbanda se apresentam com o nome de caboclos e pretos, porém, frequentemente, não foram nem caboclos nem pretos.

Allan Kardec, à página 215 do *Livro dos espíritos*, ensina: "Fazeis questão de nomes: eles (os protetores) tomam um, que vos inspire confiança". Mas como poderemos, sem o perigo de sermos mistificados, confiar em entidades que se apresentam com os nomes supostos? Allan Kardec, à página 449 do *Livro dos espíritos*, esclarece:

> Julgai, pois, dos Espíritos, pela natureza de seus ensinos. Não olvideis que entre eles há os que ainda não se despojaram das ideias que levaram da vida terrena. Sabei distingui-los pela linguagem de que usam. Julgai-os

> pelo conjunto do que vos dizem; vede se há encadeamento lógico em suas ideias; se nestas nada revela ignorância, orgulho ou malevolência; em suma, se suas palavras trazem todas o cunho de sabedoria que a verdadeira superioridade manifesta. Se o vosso mundo fosse inacessível ao erro, seria perfeito, e longe disso se acha ele.

Ora, esses espíritos de caboclos ou pretos, e os que como tais se apresentam, pelas tradições de nossa raça e pelas afinidades de nosso povo, são humildes, bons e pregam, invariavelmente, sem solução de continuidade, a doutrina resumida nos Dez Mandamentos e ampliada por Jesus.

Entre os protetores da Linha Branca, alguns não são espíritos superiores, e os há também atrasados, porém bons, quando o grau de cultura dos protegidos não exige a assistência de entidades de grande elevação, conforme o conceito de Allan Kardec, à página 216 do *Livro dos espíritos*: "Todo homem tem um Espírito que por ele vela, mas as missões são relativas ao fim que visam. Não deis a uma criança, que está aprendendo a ler, um professor de filosofia". E, em trecho já transcrito, explica "que tudo é relativo ao grau de adiantamento, quer se trate de coletividades, quer de indivíduos".

Esses trabalhadores, porém, na Linha Branca, estão sob a direção de guias da maior elevação, de acordo com o dizer de Allan Kardec, à página 318 do *Livro dos espíritos*, sobre os espíritos familiares, que "são bons porém muitas vezes pouco adiantados e até levianos. Ocupam-se de boa mente com as particularidades da vida íntima e só atuam com ordem ou permissão dos Espíritos Protetores".

O objetivo da Linha Branca é a prática da caridade, e Allan Kardec, no *Evangelho segundo o Espiritismo*,[21] proclama repetidamente que "fora da caridade não há salvação".

A Linha Branca, pela ação dos espíritos que a constituem, prepara um ambiente favorável à operosidade de seus adeptos. Será isso contrário aos preceitos de Allan Kardec? Não, pois vemos, nos períodos acima transcritos, que os espíritos familiares, com ordem ou permissão dos espíritos

---

21 Idem. [NE]

protetores, tratam até de particularidades da vida íntima. No mesmo livro, nas páginas 221 e 222, lê-se:

525. Exercem os Espíritos alguma influência nos acontecimentos da vida? Certamente, pois que te aconselham.

— Exercem essa influência por outra forma que não apenas pelos pensamentos que sugerem, isto é, têm ação direta sobre o cumprimento das coisas? Sim, mas nunca atuam fora das leis da natureza.

Na página 214 do *Livro dos espíritos*, consta: "A ação dos espíritos que vos querem bem é sempre regulada de maneira que não vos tolha o livre arbítrio". E, à página 222, o mestre elucida:

Imaginamos erradamente que aos Espíritos só caiba manifestar sua ação por fenômenos extraordinários. Quiséramos que nos viessem auxiliar por meio de milagres e os figuramos sempre armados de uma varinha mágica. Por não ser assim, é que oculta nos parece a intervenção que têm nas coisas deste mundo, e muito natural o que se executa com o concurso deles.

Assim é que, provocando, por exemplo, o encontro de duas pessoas que suporão encontrar-se por acaso; inspirando a alguém a ideia de passar por determinado lugar; chamando-lhe a atenção para certo ponto, se disso resultar o que tenham em vista, eles obram de tal maneira que o homem, crente de que obedece a um impulso próprio, conserva sempre o seu livre-arbítrio.

Assim, os caboclos e pretos da Linha Branca de Umbanda, quando intervêm nos atos da vida material em benefício desta ou daquela pessoa, agem conforme os princípios de Allan Kardec.

Na Linha Branca, o castigo dos médiuns e adeptos que erram conscientemente é o abandono em que os deixam os protetores, expondo-os ao domínio de espíritos maus.

À página 213 do *Livro dos espíritos*, Allan Kardec leciona:

496. O Espírito, que abandona o seu protegido, que deixa de lhe fazer bem, pode fazer-lhe mal?

Os bons espíritos nunca fazem mal. Deixam que o façam aqueles que lhe tomam o lugar. Costumais então lançar à conta da sorte as desgraças que vos acabrunham, quando só as sofreis por culpa vossa.

E adiante, na mesma página:

498. Será por não poder lutar contra espíritos malévolos que um Espírito protetor deixa que seu protegido se transvie na vida?

Não é porque não possa, mas porque não quer.

A divergência única entre Allan Kardec e a Linha Branca de Umbanda é mais aparente do que real. Allan Kardec não acreditava na magia, e a Linha Branca acredita que a desfaz. Mas a magia tem dois processos: um se baseia na ação fluídica dos espíritos — e esta não é contestada, mas até demonstrada por Allan Kardec; o outro se fundamenta na volatilização da propriedade de certos corpos, e o glorioso mestre, ao que parece, não teve oportunidade ou tempo de estudar esse assunto.

Nas páginas 356 e 357 de suas *Obras póstumas*, os que as coligiram observam, sob a assinatura de P.-G. Leymarie:

No Congresso espírita e espiritualista de 1890, declararam os delegados que, de 1869 para cá, estudos seguidos tinham revelado coisas novas, e que, segundo o ensino traçado por Allan Kardec, alguns dos princípios do Espiritismo, sobre os quais o mestre tinha baseado o seu ensino, deviam ser postos em relação com o progresso da ciência em geral realizados nos 20 anos.

Depois dessa observação, transcorreram 42 anos, e muitas das conclusões do mestre têm de ser retificadas, mas a sua insignificante discordância com a Linha Branca de Umbanda desaparece, apagada por estas palavras transcritas do *Livro dos espíritos*, nas páginas 449 e 450:

> Que importam algumas dissidências, divergências mais de forma do que de fundo? Notai que os princípios fundamentais são os mesmos por toda a parte e vos hão de unir num pensamento comum: o amor de Deus e a prática do bem.

E o amor de Deus e a prática do Bem são a divisa da Linha Branca de Umbanda.

1ª EDIÇÃO 3 HORAS — REPORTAGENS

Diario de Noticias

NOTICIARIO — **2ª SECÇÃO 4 PAGS**

Redacção e Officinas — Rua Buenos Aires, 154 — Rio de Janeiro — Quinta-feira, 22 de Dezembro de 1932

Os desoccupados inglezes tentaram invadir o Parlamento, levando uma representação assignada por um milhão de sem trabalho

O ESPIRITISMO,

A Magia e as Sete Linhas de Umbanda

XXXIII

A FEDERAÇÃO ESPIRITA BRASILEIRA E A LINHA BRANCA DE UMBANDA

LEAL DE SOUZA

(Especial para o DIARIO DE NOTICIAS)

ASPECTO ECONOMICO DE PERNAMBUCO

Conferencia de dr. Horacio Monteiro, professor da Escola Polytechnica de Pernambuco, na Sociedade Nacional de Agricultura

O incendio de hontem

NO PREDIO 113 DA RUA BUENOS AIRES

O trabalho dos bombeiros

AGITAM-SE OS DESEMPREGADOS INGLEZES

LONDRES, 21 (U. P.)

SEGUNDO CONGRESSO THEOSOPHICO BRASILEIRO

A terceira sessão plenaria realizada hontem

BRINDES AO "DIARIO DE NOTICIAS"

ELIXIR VITA SENIL

De Norte a Sul

MARANHÃO

BAHIA

MINAS

FICOU IMPRENSADO ENTRE O REBOQUE E UM AUTOMOVEL

O CRIME REVOLTANTE DE UM SOLDADO

a hora do Elixir de Inhame constitue sempre um prazer.

Adeantando a hora!

DEU HOSPEDAGEM E QUERIA IMPOR A DISCIPLINA

Fructal

Instituto dos Advogados

Escripturario Mercantil

EM NICTHEROY

— XXXIV —

A Federação Espírita Brasileira e a Linha Branca de Umbanda

Rio de Janeiro, quinta-feira, 22 de dezembro de 1932

A Federação Espírita Brasileira é a instituição mais importante e, sem dúvida, a de mais autoridade do Espiritismo no Brasil. Acusam-na, às vezes, de retardatária e intransigente, porém a lentidão de seu passo garante a segurança de sua marcha, e nunca a sua intransigência desceu da esfera ideal dos princípios para as diatribes contra os indivíduos ou os ataques a associações.

As atitudes da federação, onde fulgiram e ainda brilham tantas poderosas inteligências, são sempre discretamente ponderadas, ornando-se, não raro, de sedutora elegância moral, manifesta em atos de gentileza social. Tive ocasião de apreciá-las, conhecendo-lhes os fundamentos em circunstâncias diversas, de grande delicadeza.

Quando o médium Mozart, depois de uma excursão miraculosa pelos estados do Rio e Minas Gerais, começou a perder a simpatia das massas, veio para esta capital e anunciou que receberia e trataria enfermos na sede da federação. Esqueceu-se, porém, de consultar previamente os diretores dela, e a velha instituição, na consciência de sua responsabilidade, não correu à imprensa, com escândalo, a desmentir o médium esquecediço.

Ao contrário, ouvidos os seus guias, entrou em preparativos para receber o famoso intermediário e seus consulentes. Em meio a esse labor preparatório, aliás sem espalhafato, e apenas visível, conversando com um de seus dirigentes, o ilustre sr. M. Quintão, perguntei-lhe quando se iniciariam as consultas de Mozart.

— Ele não virá à federação — disse-me, mostrando-me, em reserva, a comunicação dos guias da casa.

O nosso irmão afamado por tantos fulgentes benefícios mediúnicos ao próximo, segundo o comunicado, não estava, no momento, em condições favoráveis à ação de seus protetores e não deveria, portanto, correr os riscos de um fracasso na mais importante casa espírita do país. Mas não seria necessário molestá-lo com uma recusa hostil, pois os guias, sem escandalizar a cidade, evitariam, de modo normal, a sua anunciada passagem pela federação.

— E para que esses preparativos? — perguntei.

— O comunicado dos guias é secreto, e os preparativos são indispensáveis, porque, se não os fizéssemos, pareceria que abandonávamos um médium que se aproxima da federação na hora em que está sendo atacado.

E assim foi. Mozart não compareceu à federação, nem ela o atirou às feras.

Outra ocasião, a polícia pediu o parecer da federação sobre alguns centros ditos espíritas, porém menos apreciáveis. A federação, longe de fulminá-los com uma bordoada, recusou o cetro papal que a autoridade lhe oferecia e respondeu que não os conhecia e, portanto, não podia julgá-los, nem se atribuía essa função.

Conversando sobre esse caso com o mesmo sr. M. Quintão diante do eminente sr. Guilhon Ribeiro, que o aplaudia, ouvi dele esta explicação:

— Esse julgamento é da alçada de Deus. A federação não julga, não denuncia, nem acusa.

Perguntei-lhes qual era o papel da federação:

— Evangelizar, doutrinar impessoalmente.

E acrescentou:

— Evitamos, porém, que as nossas palavras possam atingir alguém, ferindo-o em nome da federação, porque a federação não persegue nem derruba ninguém e, quando pode, estende a mão para que se levantem os que caíram.

Esse é, parece-me, o critério da federação, adversa ao escândalo, que Jesus condenou. Tanto quanto posso julgar por relações com as altas personalidades que têm orientado as diversas fases de sua administração, o venerável instituto observa com benevolência todos os centros cujos trabalhos frutificam em caridade e não contrapõe palavras a obras.

Em face da Linha Branca de Umbanda, com esse ponto de vista, a sua atitude é de neutralidade simpática, não a incluindo em seus quadros federativos pelo receio de que os seus processos possam gerar confusões difíceis de desfazer.

Em vez de anatematizar os caboclos com os exorcismos de fúrias escandalosas, os homens da federação preferiram estudar a sério essas manifestações e, segundo admirável estudo publicado no *Reformador*, concluíram que esses caboclos que baixam em nossas tendas são espíritos de europeus — alguns antigos conquistadores de nossas terras, outros seduzidos pela fama delas — que, atraídos para o nosso ciclo psíquico, reencarnaram nas nossas selvas.

Descobriu-se na Russia uma conspiração que visava derrubar Staline do cargo de Secretario do Partido Communista e collocar Rykoff em seu logar

O ESPIRITISMO,

A Magia e as Sete Linhas de Umbanda

XXXIV

A LINHA BRANCA, O CATHOLICISMO E AS OUTRAS RELIGIÕES

LEAL DE SOUZA

(Especial para o DIARIO DE NOTICIAS)

Collegio Renascença

A festa de encerramento das aulas no internato da rua do Bispo

Dois aspectos da festa escolar de hontem

O CASO DE LETICIA

Canhoeiro peruano que evita a "Florina"

O APPARECIMENTO DE UM CADAVER NA LAGÔA RODRIGO DE FREITAS

DIREITO, JUSTIÇA E FÔRO

Fôro Civel e Commercial

FALLECIMENTOS

Fôro Criminal

SUMMARIOS

De Norte a Sul

PARÁ

PIAUHY

RIO G. DO NORTE

O regresso do interventor do Paraná

Chamado ao Q. G. do 1º R. M.

Gonorrheno

ELEMENTOS OPPOSICIONISTAS PROCURAM DERRUBAR STALINE

LONDRES, 22 (A. B.)

NA DETENÇÃO, DOIS PRESIDIARIOS LUTARAM E FORAM AUTUADOS

UM MARINHEIRO AGGREDIDO A GARRAFA PELA SOGRA DE UM COLLEGA

TENTOU SUICIDAR-SE, INCENDIANDO AS VESTES

FALLECEU NO PRONTO SOCCORRO

A PUNHAL E CACETE

A peleja Academicos x Policia Especial registrou o empate de 1 x 1

Como transcorreu o "meeting" nocturno de hontem no estadio do Fluminense

A preliminar de athletismo e as homenagens tributadas á selecção da cidade vencedora em Montevidéo

ENTREGA DOS MEDALHAS

VENDEDORES DE COCAINA

AGGRESSÃO A MARTELLO

QUEIXAS E RECLAMAÇÕES

A Linha Branca, o Catolicismo
e as outras religiões

Ensina Allan Kardec, à página 434 do *Livro dos espíritos*, que a religião se funda na revelação e nos milagres, e acrescenta, na página 440 da mesma obra: "O Espiritismo é forte, porque assenta nas próprias bases da religião".

Sendo, assim, a religião de origem divina, não podemos esperar que a derrubem os nossos ataques, nem devemos considerá-la merecedora de nossas zombarias. Os filhos de Umbanda respeitam e veneram todas as religiões, sobretudo a Igreja Católica, pelas suas afinidades com o nosso povo e ainda pelas entidades que a amparam no espaço.

Obra terrestre originária do espaço, a Igreja Católica está cheia da sabedoria dos iluminados, e a Linha Branca de Umbanda pede, com frequência, à sua tradição e aos seus altares, elementos que lhe facilitem a missão de amar a Deus, servindo o próximo, e nisso não se afasta de Allan Kardec, pois à página 442 do *Livro dos espíritos* lê-se:

O Espiritismo não é obra de um homem. Ninguém pode inculcar-se como seu criador, pois tão antigo é ele quanto a criação. Encontramo-lo por toda a parte, e em todas as religiões, principalmente na religião católica, e aí com mais autoridade do que em todas as outras, porquanto nela se nos depara o princípio de tudo quanto há nele: os Espíritos em todos os graus de elevação, suas relações ocultas e ostensivas com os homens, os anjos guardiões, a reencarnação, a emancipação da alma durante a vida, a dupla vista, todos os gêneros de suas manifestações, as aparições, e até as aparições tangíveis. Quanto aos demônios, esses não serão os espíritos maus, salvo a crença de que eles foram destinados a passar perpetuamente no mal.

Estamos convencidos de que, se os espíritas estudassem com mais profundeza e com ânimo desprevenido a liturgia da Igreja, haveriam de perceber um sentido oculto, compreendendo que na majestade sonora das naves se conjugam todas as artes para favorecer o êxtase e desprender a alma, elevando-a a Deus.

Sou dos que acreditam que o Catolicismo, como todas as igrejas, vai entrar em um período luminoso de reflorescimento, revigorado e rejuvenescido por surpreendentes reformas, para as quais vão cooperar, com o antagonismo de suas diretrizes, as correntes materialistas de nosso tempo e a evidência multiplicada dos fenômenos espíritas.

Um espírita eminente, o dr. Canuto de Abreu, que é, além de médico e advogado, um verdadeiro teólogo, entende que o Espiritismo trouxe para a Igreja Católica um dogma novo — o da reencarnação — e, para todas as religiões necessárias à evolução humana, um princípio correspondente a esse.

Procurando penetrar o futuro, acreditamos que o Espiritismo triunfará na Igreja, sem destruí-la. Assim como invoca o consenso unânime dos povos para demonstrar a existência de Deus, a Igreja invocará a universalidade das manifestações espíritas para aceitar o Espiritismo, e talvez época surja em que os templos tenham escolas e corpos de médiuns. Longe de prejudicar o Espiritismo, isso lhe aumentará a força, o prestígio e a eficácia, colocando sob a orientação dos espíritos até as corporações sacerdotais.

Voltando, porém, ao presente, acrescentemos que a Linha Branca de Umbanda, que conta, entre os seus guias, com tantos antigos padres, não procura intervir na vida da Igreja para atacar o seu clero, limitando-se a observar que há clérigos ruins, como há péssimos presidentes de sessões espíritas, e que nem aqueles nem estes, em seus erros e falhas, atingem a Igreja e o Espiritismo.

Ante a Igreja, qualquer que ela seja — católica ou protestante —, como diante do sacerdote, quer pastor, quer padre, é de simpatia e respeito a atitude do filho de Umbanda, e o conselho que aqui poderíamos deixar aos crentes daqueles templos se resume em poucas palavras:

— Segue rigorosamente os preceitos de tua religião, e Deus estará contigo.

O Evangelho do Farol

Senhores diretores do *Farol*, de Niterói:

Agradeço aos vossos sentimentos fraternais a remessa do número do vosso jornal em que tivestes a bondade de censurar-me.

O vosso jornal tem quatro páginas, e dedica três a agressões a espíritos e a homens. Assim, caríssimos confrades, aconselhais aos outros o perdão aos seus inimigos, escachando os vossos irmãos da Terra e do espaço. Como ainda hoje reli sábios conceitos de Allan Kardec, ensinando a tolerância para com os que erram e sustentando que as divergências não quebram a unidade do Espiritismo, desde que os divergentes amem a Deus e pratiquem o bem, eu vos pediria a fineza de transcreverdes os trechos do mestre em que baseais as vossas agressões.

Apreciei, ainda, a pureza do vosso rigorismo coerente, quando elogiastes a festa de Nossa Senhora da Conceição, patrona (eu diria padroeira) do Centro Espírita João Baptista. Essa coerência acentua-se, com grande fulgor, no quadro em que anunciais as sessões de centros que trabalham com as entidades espirituais que condenais, reputando-as inferiores.

Que Deus vos esclareça, valorosos irmãos.

Reprodução. *Diário de Notícias*, edição nº 911.

— XXXVI —
Os batizados e casamentos espíritas

Rio de Janeiro, sábado, 24 de dezembro de 1932

A celebração de batizados e casamentos em centros espíritas tem suscitado vivas discussões entre os adeptos da doutrina e, apesar da condenação de muitos núcleos, os realizam instituições de grande responsabilidade, mesmo na Europa, como, por exemplo, a Federação Espírita Belga.

Os que os combatem alegam que o Espiritismo não deve ter ritual e assentam, assim, a sua oposição a tais atos, em uma confusão originária do conhecimento incompleto da liturgia.

A celebração de um batizado ou de um casamento, na Igreja, é feita mediante um ritual, porém o casamento e o batismo, parecem-me, não são rituais, mas sacramentos, podendo-se, pois, nas tendas espíritas, suprimir-se o que se considere ritualístico. Aliás, ao que suponho, o ritual é o meio, o modo ou a maneira uniforme de praticar certos atos, empregando-se tal designação quando esses atos, por sua natureza, são tidos como santos, sagrados ou referentes à Divindade.

O Espiritismo, na realização de suas sessões, obedecendo a praxes mais ou menos uniformes, obedece, por mais que se negue, a uma regra ou ritual.

Não haverá, talvez, grave engano em admitir que os inimigos do ritual o são apenas aparentes, pois só desejam, na realidade, simplificá-lo, tirando-lhe a imponência e a pompa.

Desde que adotamos um princípio, dando-lhe o caráter de um culto religioso, é natural que procuremos associá-lo aos atos principais de nossa existência, sobretudo quando a tradição herdada de nossos maiores os ligava à religião e ao templo. Compreendo, pois, a celebração desses cerimoniais nas tendas de Espiritismo.

Exigem os pais o batismo, pelas reminiscências católicas, pelo prestígio atávico das tradições, pela força irreprimível do hábito secular, tendo a impressão de que os filhos, enquanto não lhes derramam na cabeça a água lustral do batismo, estão fora do rebanho de Deus, e os presidentes de centros, para que os seus companheiros não recorram aos padres, acabam transigindo. Às vezes, porém, são esses presidentes, com frequência transformados em padres sem batina, que aconselham o batismo espírita, impondo-o, docemente, à tolerância dos confrades.

Os espíritos, não raro, pedem para celebrar o batismo das criancinhas e, na Linha Branca, não é difícil, mas até comum, ver o trabalhador do espaço descendo, pela primeira vez, para integrar-se em um núcleo terreno, dar o nome e pedir para ser batizado. Conheço casos de espíritos que há muitos anos trabalham em nossos centros fazerem-se batizar.

O batismo nas tendas é em geral feito por um espírito incorporado, que o celebra com singeleza e rapidez, mas já vi um presidente de tenda batizar um velho trabalhador do espaço a convite ou pedido deste.

Não vejo inconveniente em celebrar, em uma casa onde se invoca Jesus, um ato a que Jesus se submeteu. Acharia, porém, que à significação religiosa da cerimônia deveria emprestar-se um sentido humano, assumindo os padrinhos da criança, de modo formal, perante os guias, o compromisso de auxiliar o seu encaminhamento no mundo, substituindo, como pais adotivos, os pais que viessem a falecer, deixando o filho em condições desfavoráveis de fortuna e em menor idade.

Em relação ao casamento, como sou dos que entendem que o crente deve em todas as ocasiões solicitar as bênçãos e graças divinas, não censuro, antes aplaudo, os centros que o realizam.

A celebração nupcial consiste, geralmente, em uma súplica, feita pelo presidente do centro ou por um espírito incorporado, pedindo assistência misericordiosa de Deus para o novo casal.

Os próprios materialistas e o estado leigo reconhecem a necessidade de efetuar o casamento civil com um cerimonial tendente a impressionar fundo os nubentes, para que a recordação sempre nítida dessa solenidade, vibrando na alma de cada um dos cônjuges, avive, nas circunstâncias várias da vida, a consciência de suas mútuas responsabilidades e deveres para consigo e sua prole.

Não vejo, por isso, inconveniência alguma em celebrar os casamentos espíritas com certa majestade estética, segundo a cultura e os hábitos dos noivos e do meio em que se realizam.

 1ª EDIÇÃO AGORA

REPORTAGENS

Diario de Noticias

NOTICIARIO

 2ª SECÇÃO PAGS

Redacção e Officinas — Rua Buenos Aires, 158   Rio de Janeiro — Domingo, 25 de Dezembro de 1932

BERLIM, 24 (A. B.) — EM ALGUMAS LOCALIDADES DO RUHR E DA RHENANIA VERIFICARAM-SE AGITAÇÕES PROVOCADAS POR DIVERSOS AGENTES COMMUNISTAS COM O PROPOSITO DE PERTURBAREM OS FESTEJOS DO NATAL

O ESPIRITISMO,

A Magia e as Sete Linhas de Umbanda

XXXVI

O FUTURO DA LINHA BRANCA DE UMBANDA

(Especial para o DIARIO DE NOTICIAS)

LEAL DE SOUZA

ULTIMA HORA SPORTIVA

OS JOGADORES PAULISTAS PETRONILIO, VANI, RAMON E TOFIM JOGARÃO, COMO PROFISSIONAES, NA ARGENTINA

EM NICTHEROY

ATITUDE DA BANCA DE FÉ

QUEM DEU DE RENGALA NO GUARDA CIVIL?

CAIU DO TREM E FRACTUROU A BASE DO CRANEO

QUEIXAS E RECLAMAÇÕES

MAGNESIA S PELLEGRINO

O ASSASSINATO DE HONTEM NO ENCANTADO

Aggrediu a bala, e amigo o foi por este repellido, na mesma moeda, em virtude de que, vaiu a fallecer

OUTRAS VICTIMAS FERIDAS ACCIDENTALMENTE — FUGIU O MATADOR DO CRIME

A questão clerical, na Hespanha

MADRID, 24 (A. B.)

Teria sido violada a soberania austriaca?

VIENNA, 24 (A. B.)

O PROMOTOR BULHÕES CARVALHO

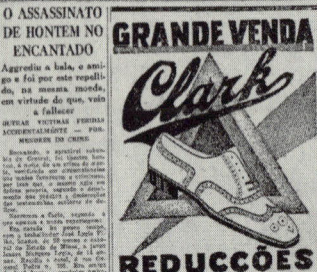

Edificio S. Francisco e a «Casa Garcia»

MOLDURA CONDIGNA PARA UM ESTABELECIMENTO QUE E' VIA TRADIÇÃO DA CIDADE NO RAMO DE SUA ESPECIALIDADE

ATROPELADO EM FRENTE A' SUA RESIDENCIA

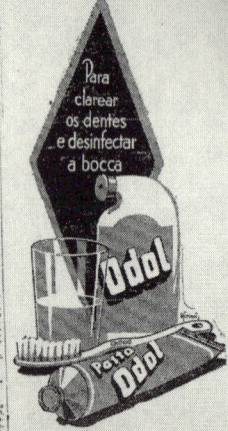

De Norte a Sul

PIAUHY

NÃO CHOVE NO INTERIOR DO ESTADO

THEREZINA, 24 (A. B.)

ESPIRITO SANTO

O ORÇAMENTO PARA 1933

VICTORIA, (R. Rome) 24 (A. B.)

BAHIA

CONSTRUCÇÃO DE UMA RODOVIA

BAHIA, 24 (A. B.)

MATTO GROSSO

O ALISTAMENTO ELEITORAL EM MATTO GROSSO

CUYABÁ, 24 (A. B.)

O futuro da Linha Branca de Umbanda

Rio de Janeiro, domingo, 25 de dezembro de 1932

A evolução da Linha Branca de Umbanda e Demanda depende e acompanhará a evolução das populações situadas na zona terráquea de sua ação e influência.

Tanto mais decline a magia em suas operações danosas à criatura humana, quanto mais se simplificarão os processos da Linha Branca, obrigada a exercê-los de conformidade com as circunstâncias decorrentes da atuação de forças espirituais e camadas fluídicas maleficamente empregadas.

Destinada também a quebrar o orgulho mental e mundanário de nosso tempo, à medida que o progresso moral dos homens se acentue, a Linha Branca, acompanhando-o, modificará o caráter ou a natureza de suas manifestações, adotando meios novos de servir a Deus, esclarecendo e amparando o próximo.

Dia virá, certamente ainda distante no tempo, em que não haverá necessidade de recorrer aos meios materiais para alcançar efeitos espirituais e em que o aparecimento de caboclos e pretos-velhos nos terreiros das tendas apenas ocorrerá esporadicamente, para não deixar perecer a lembrança dessas épocas de duro materialismo e pesado orgulho utilitarista, que tão árdua e penosa tornam a missão dos espíritos incumbidos da assistência aos homens, como trabalhadores da Linha Branca de Umbanda.

A linha, então, terá aprimorado a sua organização atual e, dentro dos quadros do Espiritismo, será uma instituição de grande fulgor, regrada pela sistematização severa que a de agora esboça, articulando, cada vez mais, o seu plano terreno no alto plano do espaço de que é reflexo. Nessa idade, os falquejadores do grande tronco, como os chama o Caboclo das Sete Encruzilhadas, os humildes presidentes e trabalhadores de tendas, hoje incompreendidos e injuriados, abençoarão, no espaço, libertos da matéria, os sofrimentos e as calúnias que afrontaram na Terra, no cumprimento de uma tarefa muitas vezes superior aos seus méritos e energia.

Quando, porém, raiará o esplendor dessa aurora? Esperemo-lo, confiantes. Por mais que tarde, há de vir, e para quem se coloca, na sua ação espiritual no mundo material, sob o ponto de vista espírita, a lentidão das coisas não gera o desânimo, porque o tempo não tem limite e o espírito é imperecível.

Presentemente, as forças maléficas que a Linha Branca tem de enfrentar, na defesa da humanidade, tomam um desenvolvimento assombroso, sob o impulso da exasperação dos piores sentimentos humanos, irritados até à revolta pelas amarguras econômicas oriundas dos erros e crimes do egoísmo de indivíduos e povos, acumulando-se ininterruptamente através de numerosas gerações.

Os institutos mais inferiores, por tanto tempo reprimidos por sentimentos assentes em preconceitos fundamentados em princípios religiosos, derribadas essas convenções pelos abalos sociais dos últimos decênios, irrompem com a fúria das torrentes represadas, ameaçando o mundo de uma subvenção moral completa.

A Linha Branca de Umbanda e Demanda é um dos elementos de reação e defesa com que o Espiritismo, ao lado das religiões espiritualistas, tem de dominar essa avalanche tumultuária e arrasadora, competindo-lhe, à

Linha Branca, na região terreal de sua influência, a parte mais penosa da Demanda, pois tem de agir com a flor, que embalsama, e com a espada, que afugenta, entre as hostilidades e as desconfianças de alguns de seus aliados no amor a Deus e na prática do Bem.

Esse terrível surto do mal tem de ser quebrantado, e a Linha Branca, que hoje se encapela em ondas espumarentas de oceano em tempestade, será, na bonança, o azúleo lago placidamente refletindo as luzes do céu.

E pois que estas linhas serão publicadas na manhã que nos recorda o sorriso de Jesus infante, na manjedoura de Belém, seja permitido ao humilde filho de Umbanda enviar saudações e votos de paz no seio de Cristo aos crentes e sacerdotes de todos os templos, com uma súplica fervorosa pelo bem-estar daqueles que se privam do conforto da fé e desconhecem Deus.

1ª EDIÇÃO 9 HORAS — REPORT. GERS — # Diario de Noticias # — N. T. CIA. Nº 10 — 2ª SECCÃO 4 PAGS

Redacção e Officinas — Rua Buenos Aires, 316 — Rio de Janeiro — Terça-feira, 27 de Dezembro de 1933

Chinchow, 26 (U. P.) - Noticias recebidas nesta capital dizem que os chinezes executaram quatro japonezes e dois guias que procuravam informações sobre a situação de Jehol

O ESPIRITISMO,
A Magia e as Sete Linhas de Umbanda
XXXVII
CABOCLOS E NEGROS
LEAL DE SOUZA

Especial para o DIARIO DE NOTICIAS

[corpo do artigo em colunas]

O CONFLICTO PERÚ-COLOMBIA
As tripulações dos navios colombianos "Mosquera" e "Cordoba", são francezas

NAS NEVES ETERNAS
EM RUMOS DESCONHECIDOS A CHRONICA DE AMUNDSEN. CORRE A DE NEVE, BEM COMO O DIARIO DE SEU COLLABORADOR KAGEM LONDRES, 26 (U. P.)

Dr. Duarte Nunes
VIAS URINARIAS

VICTIMA DE AUTO

NA GALERIA CRUZEIRO

VICTIMA DE AGGRESSÃO

Um levante de presidiarios
Os detentos da 3ª galeria da Casa de Detenção atacaram os guardas, tentando fugir — Como foi juguiado o movimento

Edificio da Casa de Detenção

Sr. Amerino Vilhén

NA GALERIA CRUZEIRO

COMO SE INICIOU O MOVIMENTO

AGGREDIRAM-SE MUTUAMENTE A FACA

UM MONSTRO!
Rapta as criancinhas e dellas faz um commercio hediondo

QUIZ AGGREDIR A ESPOSA A NAVALHA, MAS ESTA, REAGINDO, TOMOLHE A ARMA, APÓS ENCARNIÇADA LUTA

UMA FAMILIA DE SEIS PESSOAS VICTIMA DE INTOXICAÇÃO ALIMENTAR

DOLOROSO...
UMA CRIANÇA MORRE ATROPELADA, DENTRO DE UMA

DESASTRE NA CENTRAL DO BRASIL
TRES TRABALHADORES FERIDOS

DESCARRILAMENTO NA CENTRAL DO BRASIL

COLHIDO PELAS RODAS DA COMPOSIÇÃO, TEVE MORTE INSTANTANEA

ATROPELADO POR UMA BICYCLETA

ULTIMA HORA SPORTIVA
OS "FOOTBALLERS" URUGUAYOS VEM AO BRASIL
Um convite de S. Paulo Football Club

XXXVIII

Caboclos e negros

A Federação Espírita Brasileira — insuspeita, no caso, por ser kardecista — e as 65 sociedades espíritas federadas — todas, como kardecistas, igualmente insuspeitas —, no Conselho Federativo reunido nesta capital, em outubro de 1926, aprovaram e adotaram um parecer sobre as manifestações de espíritos de caboclos e negros que pôde servir de esclarecimento à conduta de quem não pertença à Linha Branca de Umbanda.

O parecer, que está inserto às páginas 205 e 206 da resenha dos trabalhos daquele Conselho, foi provocado por uma consulta da Tenda Espírita de Caridade, desta capital, e foi aceito, além desse centro, e mais a Federação, pelas seguintes instituições espíritas:

– **Alagoas:** Grupo Dr. Manoel Antônio da Cruz (Maceió); Centro Espírita Alagoano Mello Maia (Maceió).

– **Bahia:** União Espírita Baiana.

- **Ceará:** Centro Dr. Dias da Cruz (Iguatu).

- **Distrito Federal:** Trabalhadores de Última Hora; Cultivadores da Fé e da Verdade; Centro Espírita Beneficente Francisco de Assis; Centro Espírita União dos Filhos Pródigos; Centro Espírita Antônio de Pádua; Tenda Espírita de Caridade; União Espírita Rio-Pedrense (Oswaldo Cruz); Centro Espírita Vicente de Paulo; União Espírita Luz e Caridade (Quintino Bocaiúva); Centro Espírita de Jacarepaguá; Centro Espírita Francisco de Assis (Méier); Centro Espírita Discípulos de Jesus (Campo Grande); Cruzada Espírita Suburbana (Engenheiro Leal); Centro Espírita Maria Madalena (Ramos); Centro Espírita Maria Madalena (Praia Formosa); Centro Espírita Fraternidade (Marechal Hermes).

- **Espírito Santo:** Federação Espírita do Espírito Santo; Centro Espírita Henrique José de Mello (Vitória); Centro Espírita Maria Santíssima (Vitória); Grupo Espírita Amor e Caridade (Vitória); Grupo Espírita Paz, Luz e Humildade (Vitória); Centro Espírita João Casemiro dos Santos (Vitória); Centro Espírita Jesus, Espírito Santo e Caridade (Afonso Cláudio); Agremiação Espírita Bezerra de Menezes, Amor e Caridade (Afonso Cláudio).

- **Maranhão:** Centro Espírita Maranhense (São Luís); Centro Espírita Coroatense Antônio Vieira (Coroatá).

- **Mato Grosso:**[22] Grupo Espírita Vicente de Paulo (Ladário).

- **Minas Gerais:** Grupo Espírita Vinte e Cinco de Dezembro (Caxambu); Grupo Espírita Paz e Caridade (Montes Claros); Casa Espírita (Juiz de Fora); Centro Espírita Dias da Cruz (Juiz de Fora); Cen-

---

22 À época, Mato Grosso e Mato Grosso do Sul formavam um único estado. Seu desmembramento ocorreu no ano de 1977, mas o Mato Grosso do Sul foi elevado à categoria de estado apenas no ano de 1979. [NE]

tro Espírita Paz, Luz e Amor (Cataguases); Centro Espírita Cristão (Cambuquira).

– **Pará:** União Espírita Paraense.

– **Pernambuco:** Federação Espírita Pernambucana; Centro Espírita João Batista (Limoeiro).

– **Rio de Janeiro:** Centro Espírita de Valença (Valença); Federação Espírita do Estado do Rio de Janeiro; Centro Espírita Friburguense; Grêmio Espírita Bittencourt Sampaio (Petrópolis); Sociedade Espírita Humildade e Caridade (Andrade Araújo); Centro Espírita Fé, Esperança e Caridade (Nova Iguaçu); Centro Espírita Bittencourt Sampaio (Barra Mansa).

– **Rio Grande do Norte:** Federação Espírita Rio-grandense do Norte.

– **Rio Grande do Sul:** Federação Espírita do Estado do Rio Grande do Sul.

– **São Paulo:** Centro Amor e Luz (Guaratinguetá); Igreja Espírita de Piracicaba; Centro Caridade e Amor (Pindamonhangaba); Amor e Caridade (Bauru); Centro Espírita de São Paulo (capital); Sinceridade e Fé (Albuquerque Lins);[23] Luz, Caridade e Amor (Igarapava); Centro Celso Garcia (capital); Paula Ortiz (Jacareí); Paz Consoladora (Casa Branca); A Nova Luz (Campinas); Amor e Caridade (Itirapina); Maria Nazareth (capital); União Espírita de Dois Córregos.

– **Santa Catarina:** Centro Caridade de Jesus (São Francisco do Sul).

O parecer é, na íntegra, o seguinte:

23 Atualmente, esse município é chamado de Lins. [NE]

Os espíritos não têm entre si linguagem articulada, a linguagem deles é ideológica, por assim dizer, como projeção do pensamento. Mas, se admitimos, e isto é do caráter dos próprios ensinos doutrinários, que os espíritos se manifestam com as características de sua individualidade terrenal, frequentemente ou mais comumente a da última encarnação — não há estranhar que o façam no idioma que aqui falaram.

Espiritualmente falando, não deve haver uma linguagem de africano, ou de bugre, como não há espíritos pretos, nem caboclos, japoneses ou eslavos. O que há são espíritos que se manifestam desta ou daquela forma, nesta ou naquela linguagem, de acordo com as circunstâncias de tempo e meio, tendo em vista tais ou quais objetivos e, possivelmente, aproveitando afinidades mediúnicas.

O que é condenável não é a linguagem nem a credencial com que se apresentam espíritos quaisquer, e sim a improcedência ou banalidade — quando não nocividade — de tais ou quais manifestações. Sem ofensa aos princípios doutrinários, pode admitir-se que os espíritos adaptem as suas manifestações de modo a melhor impressionarem os seus interlocutores. Assim como um homem ilustrado, entre rústicos, tem de baixar o nível da sua expressão e mesmo das suas ideias, para melhor ser compreendido e atendido, assim pode e deve fazer um espírito, logicamente.

O essencial é que o faça visando fins elevados, porque, neste caso, há que tolerar os meios pelos fins.

Não devemos perder de vista que a tarefa dos desencarnados é complexa e adstrita a particularidades que nos escapam. Se tudo tem uma razão de ser, se nada pode furtar-se ao crivo da lei, não podemos, em tese e de modo absoluto, condenar coisa alguma.

Em regra, ao falar de manifestações tais, a primeira ideia que ocorre é a de fetiches e batuques. Ora, isso não entra no quadro doutrinário, porque é necromancia, superstição, bruxaria (em sentido genérico), baixo Espiritismo, porque feito com espíritos, mas não doutrina espírita. Porém, a verdade é que sabemos de grupos onde se manifestam pretos e caboclos que — sem embargo da forma pitoresca ou bizarra, suscitam a fé, produzem curas espirituais e físicas, concorrem, finalmente, para o levantamento do nível moral coletivo, que é o escopo primacial da doutrina. Assim, pois, se o critério evangélico é o seguro estalão pelo qual devemos guiar-nos, só é passível de suspeição árvore que não produz bons frutos, porque é pelo fruto que se conhece a árvore.

A federação, em tese, não infirma as manifestações de "caboclos" nem de "pretos", conquanto não as adote como norma mais eficiente de trabalho, achando que do mesmo modo devem proceder as sociedades adesas, uma vez que, como acima fica dito, tais práticas são, não há negar, Espiritismo, porém não são doutrina espírita. Acata, entretanto, todos os bons frutos, como tais reconhecidos.

Rio de Janeiro, 6 de outubro de 1926.

José Juvêncio do Sacramento
Codro Palissy
Pedro de Camargo
Epifânio Bezerra
Manoel Quintão

Humilde filho de Umbanda, aceito esse parecer, acrescentando-lhe, porém, esta elucidação: se a doutrina espírita admite, explica e legitima essas manifestações, é porque as enquadra em seus princípios, e, consequentemente, não se pode condená-las nem inquiná-las em seu nome.

Na Nicaragua partidarios de Sandino atacaram um comboio ferroviario, resultando vinte mortes

O ESPIRITISMO, A Magia e as Sete Linhas de Umbanda

XXXVIII

ACÇÃO DE UM ESPIRITO SOBRE UM SAPO

LEAL DE SOUZA

(Especial para o DIARIO DE NOTICIAS)

PAQUETA' E AS BARCAS DA CANTAREIRA

COGITA-SE DA INSTITUIÇÃO DE NOVO HORARIO, UMA VEZ QUE O ACTUAL NÃO CORRESPONDE ÁS NECESSIDADES GERAES

"A Escuna", a mais antiga das barcas da Cantareira

A SITUAÇÃO NA NICARAGUA

MANAGUA, 27 (U. P.) —

POR CAUSA DE UMA PANELLA DE MOCOTÓ

IAM MORRENDO ASYXIXIADAS DOS COM O ENCARREGADO DO GAS

UM GUARDA-CIVIL FERIDO A FACA

AGGREDIU O RAIO A FACA

FOI APANHADO PELO BONDE

FOI BALEADO NA ZONA DO MANGUE

ATEOU FOGO ÁS VESTES, MAS NÃO AS EMBEBEU EM ALCOOL

Humberto de Campos e as suas «Memorias»

Uma palestra com o chefe da "Editora Marisa" sobre o novo livro do consagrado escriptor patricio

O sr. Humberto de Campos

O sr. M. Sabraton, proprietario da "Editora Marisa"

De Norte a Sul

S. PAULO

FEDERAÇÃO PAULISTA DO VOLUNTARIO

MATTO GROSSO

Revista de São Paulo

QUEIXAS E RECLAMAÇÕES

DIREITO, JUSTIÇA E FÔRO

Fôro Civel e Commercial

Fôro Criminal

SABÃO, ESPINHAS, PANNO, RUGAS, QUEIMADURAS e brotoeja da epiderme desapparecem com
CREME do HAREM

NA RONDA DA MADRUGADA

ATROPELADO NA RUA DAS LARANJEIRAS

— XXXIX —
Ação de um espírito sobre um sapo

Rio de Janeiro, quarta-feira, 28 de dezembro de 1932

Tenda de Nossa Senhora da Piedade. Sala de oito metros de comprimento sobre três de largura. Os trabalhos, com a assistência de quinze pessoas, correm serenos com a regularidade harmoniosa de sempre, sob a direção espiritual do Orixá Malet, da falange de Ogum, incorporado em seu médium.

Um cavalheiro estabelecido em rua do centro, na capital federal, porém morador do subúrbio, em Engenho de Dentro, recorrera àquele espírito, queixando-se, ao mesmo tempo, de males do corpo e desorientação nos negócios e atribuindo a causas espirituais esses infortúnios. O trabalhador, isto é, o chefe superior das falanges de Demanda das Tendas de Maria, estabeleceu, com precisão rigorosa, as causas espirituais desses malefícios, confirmando as suspeitas da vítima deles: tratava-se de um caso de magia.

Continuando a investigar, determinou quem a encomendara, a razão desse recurso às forças ocultas, o preço ajustado e pago para desfechar o golpe, o indivíduo com que se fez o negócio macabro, as entidades do espaço que o realizaram, o local onde foi executado.

Era necessário neutralizá-lo, desfazendo-o, e esse trabalho não comportava demora ou atraso. E o orixá começou imediatamente a realizá-lo, sem ferir as atenções, pois todos os presentes estavam mais ou menos habituados a esse gênero defensivo de práticas de caridade.

A sessão durava uma hora. Súbito, o orixá declarou:

— É preciso um sapo.

Não era possível, àquela hora, naquela sala, arranjar um sapo. Visse se podia fazer o trabalho com outro meio, pediram as pessoas de responsabilidade na tenda.

— É indispensável um sapo! — repetiu o delegado de São Jorge.

Algo irritado, um dos auxiliares humanos exclamou:

— Mas, Orixá, onde é que vamos arranjar um sapo a esta hora?

Outro acrescentou:

— O Orixá devia ter pedido antes de começar o trabalho.

— Também, o sr. R... vem à última hora fazer a consulta e quer logo fazer o trabalho! — admoestou outro.

Severo, erguendo-se, o Orixá circungirou o olhar pelos circunstantes e, impondo-lhes silêncio, mandou-os que se alinhassem em duas filas da porta da rua à janela fechada do fundo. Pediu um copo de vidro, colocou-o no chão entre as duas fileiras, no extremo interior, e, sentando-se no soalho, solicitou e acendeu um charuto.

— Abram a porta. Escancarem-na — ordenou.

Aberta a porta, explicou:

— Vamos esperar o sapo. Ninguém sai do seu lugar, ninguém fala. Concentração.

— Concentrar no sapo, Orixá?

Em um gesto violento de negação contrariada, sacudiu a cabeça e, depois, alçando a mão, indicou o alto.

— Deus.

E completou:

— Eu chamo o sapo...

Quedaram-se todos em um silêncio cheio de vibrações mentais, alguns com olhos postos no chão, outros com as pálpebras cuidadas, muitos mirando, fora, as ramagens das árvores em oscilação sob o sussurro leve da brisa, enquanto o olhar no copo, o busto do médium apoiado nas mãos espalmadas no soalho, o charuto à boca, o Orixá baforava, envolvendo-se em fumaça.

Transcorreram dez, quinze, quase vinte minutos, e de dentro da noite, como se brotasse da terra, um sapo, aos saltos, chegou à porta. Transpondo-lhe a soleira, entrou na sala e, coaxando e pulando, passou entre as duas filas de pessoas até chegar ao extremo do aposento para, no salto final, meter-se no copo.

O Orixá, sem espanto, sem espalhafato, disse àquele em cuja defesa trabalhava:

— Pegue esse copo e, na primeira encruzilhada, devolva esse sapo a quem lhe mandou. E acabou-se o seu mal. Tudo vai melhorar, a saúde e os negócios.

E assim foi, de fato. Para o cavalheiro em questão, tudo melhorou: da saúde aos negócios.

 REPORTAGENS

Diario de Noticias

Redacção e Officinas — Rua Buenos Aires, 134

Rio de Janeiro — Quinta-feira, 29 de Dezembro de 1932

 NOTICIARIO

O leader indiano Mahatma Ghandi iniciará, a 1.º de Janeiro vindouro, novo protesto da fome

O ESPIRITISMO,
A Magia e as Sete Linhas de Umbanda
XXXII
DEFLAGRAÇÃO ESPONTANEA DE POLVORA
LEAL DE SOUZA

(Especial para o DIARIO DE NOTICIAS)

OS VENCIMENTOS DOS MEMBROS DO CONSELHO NACIONAL DO CAFÉ

GANDHI E O SEU MOVIMENTO NACIONALISTA
BOMBAIM, 28 (A. B.)

Complicado o concurso de officiaes da Secretaria da Viação

O despachante aduaneiro e o regulamento da profissão que exercem

DIREITO, JUSTIÇA E FORO
Foro Civil e Commercial

A revolta dos presos da Casa de Detenção

Fôro Criminal

A CASA SUCENA
acaba de receber grande e variado sortimento de artigos proprios para presentes.

Visite os seus armazens, e verifique os seus preços baratissimos.

AVENIDA RIO BRANCO, 70-80

Extravio de conhecimentos de carga na Bahia

Homenagem ao Interventor de Alagoas

Uma estrada de ferro electrica entre São Paulo e Minas Geraes

VICTIMA DE QUEDA, FALLECEU HONTEM Á NOITE, NO H. P. S.

VICTIMA DE AGGRESSÃO A' SABRE

VENDEU BEBIDA FÓRA DA HORA

ACCIDENTALMENTE FERIDO A BALA

FOI PRESO EM FLAGRANTE DE DESORDEIRO

EM NICTHEROY

FOI AGGREDIDO QUANDO ESPERAVA O ALMOÇO

ESFAQUEOU O COMPANHEIRO POR CAUSA DE UMA FITA METRICA

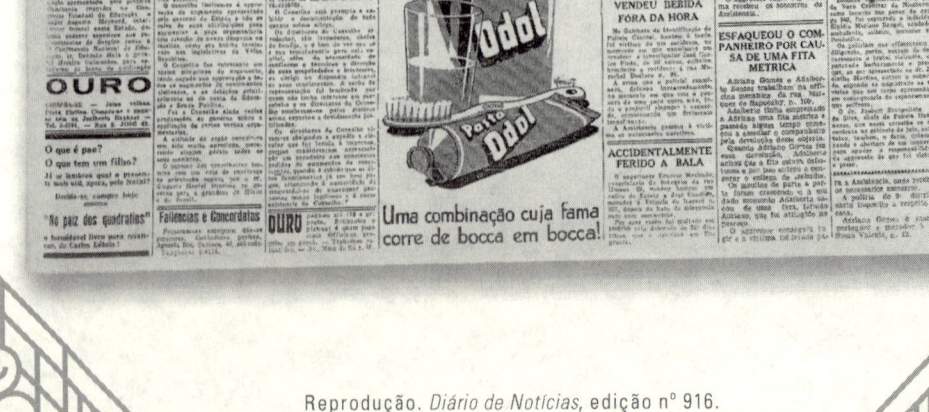

Deflagração espontânea de pólvora

No interior do estado do Rio de Janeiro, em sítio tranquilo e quase deserto, pois conta poucos habitantes, uma pequena seção de grandes tendas realizava trabalhos vulgares, de doutrinação de espíritos surpreendidos na prática do mal.

O chefe do terreiro, isto é, o guia espiritual, havia desincorporado, deixando a reunião, ao menos aparentemente, sob a direção e responsabilidade exclusivas do presidente humano, e tudo corria serenamente, sem incômodos, apesar de uma outra tentativa de reação dos rebeldes que estavam sendo doutrinados.

Em um repente, abalando, com a surpresa, o organismo de seu médium desprevenido, o guia incorporou, pedindo:

— Vamos levar esses infelizes para o espaço. Temos trabalho sério.

Uma a uma, a ligeiro toque na fronte dos respectivos médiuns, as entidades em erro deixaram os aparelhos, encaminhando-se, conduzidas pelos protetores, a centros especiais de regeneração no plano espiritual.

O guia preveniu:

— Estão queimando as nossas tendas.

E emendou:

— Ainda estão em preparativos. Mais cinco minutos e tocam fogo. Vamos defender-nos, já e já.

Para compreensão do público, é necessário dizer que as tendas da Linha Branca de Umbanda, na prática da caridade, são constantemente forçadas a desfazer trabalhos de magia negra e a quebrar arremetidas de entidades espirituais empenhadas em servir ódios e paixões terrenas.

Com isso, irritam esses espíritos e enchem de cólera as criaturas que com eles trabalham, pois não só lhe ferem o orgulho, sempre insolente nestes desventurados, como os prejudicam materialmente, visto como têm eles a infelicidade de mercadejar com a habilidade sinistra dos malfeitores do espaço.

Tais indivíduos, com o auxílio de tais espíritos, fazem trabalhos formidáveis com o intuito de fechar esta ou aquela tenda da Linha Branca que os prejudicou, e a tenda alvejada, logo prevenida pelos seus guias, reage com rapidez, à altura da agressão, elevando os recursos da defesa. Travam-se, desse modo, verdadeiras grandes batalhas.

Assim, os adversários da Linha Branca recorrem, com frequência, à pólvora, para perturbá-las, atingindo os médiuns com espessas camadas de fluidos rudes e bruscamente deslocadas, e produzindo outros efeitos.

O guia da pequena reunião ordenara, como vimos, a defesa imediata, e dizia:

— O nosso chefe é bom demais para este planeta. O Sete Encruzilhadas não quer que faça mal nem aos inimigos que nos perseguem. Temos, pois, de limitar-nos à defesa, deixando apenas que os perversos sejam atingidos pelo reflexo de sua maldade. E basta isso para castigá-los.

Mandou traçar, prolongando à soleira da porta, uma linha emblemática de pólvora.

— Concentração — pediu. — Coração limpo e pensamento firme em Deus, nosso Pai. O nosso fogo vai ser aceso, com o de lá.

Silenciosos, as frontes inclinadas, os assistentes tinham o aspecto grave de pessoas absorvidas por uma ideia, ou presas à engrenagem de um raciocínio, na solução de algum problema.

E na vibração desse silêncio, sem que se lhe chegasse lume, como se se incendesse espontaneamente, a linha emblemática de pólvora explodiu em um rápido clarão, enchendo a sala de fumaça.

— XLI —
Animais atuados

Rio de Janeiro, sexta-feira, 30 de dezembro de 1932

A enorme, a incontável legião de espíritos adestrados na prática do mal e capazes de fazer o bem por motivos de ordem subalterna, e realmente fazendo-o àqueles cujas paixões terrenas servem, são em geral denominados exus.[24] Formam essas entidades diversas categorias, subindo em uma escala torva dos que se revelam quase bestiais aos que se requintam com conhecimentos superiores desgraçadamente empregados para fins funestos.

Pintam-nos os videntes, cheios de pavor, e os outros espíritos, com infinita piedade, aos mais atrasados, aos colocados na base de sua escala como sendo horripilantes de aspecto, de instintos grosseiros, dando uma impressão áspera de materialidade. Tais espíritos atuam constantemente sobre certos animais, algumas vezes sem nenhum objetivo definido,

---

24 Hoje em dia, o termo "exu" é utilizado para denominar os guardiões de luz que atuam nas trevas contra o mal e os seres descritos por Leal de Souza. Atualmente, estes são chamados de eguns. [NE]

outras para transformá-los em instrumento contra as criaturas humanas. O animal de sua preferência para essas atuações parece ser o gato.

As pessoas que fazem "despachos" nas encruzilhadas para a multidão de espíritos que delas tira a sua designação coletiva sabem que, com frequência, nessas ocasiões, quando a concentração é eficiente, surge um gato em correria desesperada.

Conta-se, mesmo, o caso de um indivíduo que trabalhava com exu e foi ferido na face, a chibata, por um desafeiçoado e que, na presença de um jornalista, que divulgou a ocorrência, pediu vingança ao seu aliado, alcançando a promessa de que na tarde desse dia o agressor ficaria com a face assinalada por uma ferida igual ou pior do que a que fizera.

Com efeito, segundo o narrador, quando o homem da chibata, ao entardecer, voltou para o lar, a sua entrada em casa coincidiu com a loucura de um gato, que contra ele arremeteu furioso, fazendo-o, nos acidentes de uma luta imprevista, cair sobre uma folha de zinco, rasgando a face.

Os cães, quando atuados por algum exu, trotam sombrios pelas ruas, a cabeça caída, marchando mecanicamente, sem olhar para os lados, e à noite, não raro, ficam, em parte, fosforescentes e causam uma impressão terrífica. Se o propulsor estranho que se apossou deles os arroja contra alguém, são como máquinas que só quebrando se paralisam. Em certas circunstâncias, sob a atuação, acocoram-se diante de determinadas casas e uivam, provocando arrepios, e, se procuram escorraçá-los a pedras, defendem-se, atacando com furor.

Os jumentos também sofrem atuações. Uma ocasião, à tarde, um grupo de espíritas foi a uma praia de Niterói e, depois de banhar-se, entrou a entoar cânticos do Espiritismo de Linha. Nas cercanias pastavam quatro jumentos mansos. De pronto, ficaram alvoroçados, olhando, à distância, os cantores. Um destes, habituado às surpresas das entidades menos apreciáveis, observou:

— Estão atirando aqueles burros contra nós.

Os outros riram e, com espanto, viram os quatro asnos, as orelhas para trás, como ovelhas, lançarem-se na direção deles, à carreira, qual se fossem atacá-los à feição de feras.

Bradaram, aflitos, mas confiantes:

— Valha-nos o orixá!

Como se as detivesse uma barreira, as bestas esbarraram e giraram, por alguns minutos, em redemoinho. Depois, escoucearam-se umas às outras e fugiram, em corrida desabalada.

À noite, na sessão, antes que se lhes fizesse qualquer narrativa, os espíritos protetores aludiram ao caso, explicando-o.

O grupo que foi à praia saíra de um trabalho contrário a objetivos de exu e fora seguido dessas entidades, que realmente conseguiram lançar contra eles os jumentos. Os protetores, porém, estavam vigilantes.

O homem está constantemente cercado de perigos desconhecidos, e o melhor meio de evitá-los é não praticar o mal para não provocar a vingança superior à alçada da justiça, pois, se há quem perdoa e esquece, é grande o número de corações que retribuem o mal com o mal, e o bem com a indiferença.

E antes a indiferença do que o mal.

Moweaqua, Illinois, 30 (U. P.) - Os corpos dos mineiros que pereceram no desastre registrado em uma mina proxima a esta cidade estão sendo removidos. Até agora appareceram 54 cadaveres

O ESPIRITISMO,

A Magia e as Sete Linhas de Umbanda

DOUTRINAÇÃO AOS PRESIDENTES DE TENDAS

LEM. DE SOUZA

(Especial para o DIARIO DE NOTICIAS)

A União dos Viajantes Commerciaes do Brasil

Celebrou, com uma sessão solemne, o 5º anniversario de sua fundação

Grupo feito após a sessão dehontem, vendo-se, sentados, os membros da directoria.

De Norte a Sul

PARÁ'

MINAS

RIO G. DO SUL

DIREITO, JUSTIÇA E FÔRO
Fôro Civel e Commercial

EM NICTHEROY

CASA SILVA

PREFEITURA MUNICIPAL

Tribunal do Jury

SENHORA

VICTIMA DE ATROPELAMENTO POR AUTO

ESCRIPTAS COMMERCIAES

VICTIMA DA EXPLOSÃO DE UM FOGAREIRO A ALCOOL

Fallencias e Concordatas

TEM A MANIA DO SUICIDIO

UMA FIRMA DE FORTALEZA QUE VENDIA GENEROS DE PRIMEIRA NECESSIDADE POR PREÇOS SUPERIORES AOS DA TABELLA

Dr. Duarte Nunes

TENTOU SUICIDAR-SE

Fôro Criminal

O VIGIA AGGREDIU O OPERARIO

Tachygrapha e Portuguez

— **XLII** —
Doutrinação aos presidentes de tendas

Rio de Janeiro, sábado, 31 de dezembro de 1932

Em uma das tendas do Caboclo das Sete Encruzilhadas, confundem-
-se ou fundem-se com os seus presidentes os médiuns e auxiliares de
duas tendas, formando um só terreiro ou recinto de trabalhos. Representam esses elementos uma seleção à altura da sessão, que é de defesa
das duas casas e de seus filhos, para afastar daquelas e destes as cargas
fluídicas adversas.

Incorpora o Caboclo Vira-Pau. O médium é uma senhora pequeni-
na e magra, de compleição fragílima, porém o seu porte, empinando-se
com imponência, adquire majestade e, ereta a fronte, a sua fisionomia,
perdendo a natural meiguice delicada, assume catadura varonil e parece
resplandecer, na sua grave expressão de beleza máscula.

Não obstante a rusticidade selvática de seu nome, Vira-Pau, trabalhador famoso da falange de Oxóssi, torneia vigorosamente os períodos com
elegância e concisão. Discorreu, por alguns minutos, em termos impressionantes, sobre o dever de cada qual adaptar a sua conduta às prescrições da
doutrina evangelizada por Jesus e explicada ou elucidada pelos espíritos,

sendo cristão, isto é, agindo como espírita nas tendas e fora das tendas, com os espíritos e com os homens.

— Presidentes de tendas — disse —, entre os faltosos que enfrentais, no dever da defesa e pelas necessidades de repressão, há, não vos esqueçais, os que causam danos inconscientemente, não sabendo que este ou aquele de seus atos, solicitados ou não, vai atingir prejudicialmente a qualquer pessoa; há os que erroneamente consideram justos os malefícios que praticam e, por fim, os orgulhosos, culpados conscientes. Os faltosos das duas primeiras categorias — prosseguiu —, antes de qualquer ato de repressão hostil, devem ser esclarecidos, pois quase sempre basta esse esclarecimento para afastá-los do desvio, reconduzindo-os aos caminhos de Deus. Os criminosos conscientes devem ser dominados, e, se for possível submetê-los com doçura, sem recurso à energia, tanto melhor.

Calou-se. Percorreu a sala encarando, uma a uma, as pessoas que se defrontavam alinhadas em duas fileiras e, retornando à porta, parou entre os dois presidentes, colocados na extremidade de cada fila. Abarcou, em um olhar, a sala e os assistentes e pediu.

— Concentração!

O prestígio de Vira-Pau nas tendas é solido e antigo, e as suas atitudes infundem respeito.

No silêncio vibrante do ambiente, ergueu a mão, e, na fila da esquerda, um médium oscilou e, caindo ao solo, quedou-se imóvel.

— É um médium? — perguntou Vira-Pau.

— É um médium! — confirmou um dos presidentes.

— E quem o tombou? — inquiriu o protetor.

— Um caboclo da falange de Nazaré — responderam.

— Então o povo de Nazaré pode derrubar a qualquer médium? — insistiu aquele.

— Pode — responderam os chefes materiais de tendas.

Vira-Pau alçou a mão, que havia baixado, e, na fila da direita, um dos assistentes, mocetão moreno, de robustos músculos, levantou os braços, abaulou-se e caiu no soalho.

— É um médium? — interrogou o protetor.

— Não é um médium! — responderam os presidentes.

— E quem o derrubou?

— Um caboclo da falange de Nazaré.

— Então o povo de Nazaré pode derrubar a qualquer homem, mesmo que não seja médium?

— Pode! — afirmaram os interrogados.

Solene, Vira-Pau, pela terceira vez, elevou a mão, e os dois presidentes de tendas, arquejando sob a violência de cargas fluídicas inesperadas, dobraram-se até ficarem de joelhos.

— Quem vos faz vergar assim, presidentes de tendas?

E os dois, angustiados, falando ao mesmo tempo:

— Um caboclo da falange de Nazaré.

— Então o povo de Nazaré pode derrubar a qualquer homem, mesmo que seja um presidente de tenda?

— Pode.

Sereno, Vira-Pau, estendendo os braços, pôs as mãos sobre as cabeças dos presidentes, e cessaram as cargas, enquanto se levantavam os outros dois que haviam caído.

— Levantai-vos e ouvi-me.

Na vibração do ambiente, a sua voz soou clara, em tom vagaroso:

— No exercício de vossos encargos de presidentes de tendas, adquiris conhecimentos que são armas confiadas à vossa retidão para a defesa do próximo ou para promover a felicidade de vossos irmãos. Essas armas não podem ser usadas no serviço do ódio, nem as empregareis sob o impulso das paixões, sobretudo quando tiverdes a desventura de ser contaminados por essa insânia. Quem exercita o vosso sacerdócio precisa ter domínio sobre si.

E acrescentou:

— Vistes o povo de Nazaré. E como o de Nazaré são as outras falanges que, com elas, vos auxiliam. Cuidado, presidentes de tendas, com as coisas que lhes pedis, para que um dia não se tenha a amargura de empregá-las contra vós. Presidentes de tendas, pulso firme, porém coração limpo.

E continuou:

— Não cuidei da vossa defesa. Essa é a nós que compete, e aquele que injustamente vos ferir, como a vós, médiuns e auxiliares de tendas, à hora da justiça, não será justiçado com a vossa mão.

Diario de Noticias

Redacção e Officinas — Rua Buenos Ayres, 154 — Rio de Janeiro — Domingo, 1 de Janeiro de 1933

Assevera-se que Hoover vetará o projecto de lei que concede a independencia das Phillipinas, embora a tenha sido o mesmo approvado pelas duas casas do Congresso

O ESPIRITISMO,

A Magia e as Sete Linhas de Umbanda

XLII

A doutrinação do preto velho

LEAL DE SOUZA

(Especial para o DIARIO DE NOTICIAS)

As homenagens dos estudantes brasileiros a Raul Roulien

PREPARA-SE FESTIVA RECEPÇÃO AO VICTORIOSO ARTISTA PATRICIO

Commissão Central de Estudantes que, sob o patrocinio da Associação Universitaria organizará as homenagens que serão prestadas a Raul Roulien

A INDEPENDENCIA DAS PHILIPINAS

O presidente Hoover vetará o projecto de lei que a concede

WASHINGTON, 31 (A. B.) — Segundo se espera, o presidente Hoover deverá vetar o projecto de lei que concede a independencia das Phillipinas dentro de perio de dez annos e que foi approvado por ambas as casas do Congresso.

De Norte a Sul

ESPIRITO SANTO

S. PAULO

MINAS

INTOXICADA PELA COCAINA

AGGRESSÃO

ATROPELADA POR AUTO

MAIS UMA VICTIMA DOS AUTOS

TENTOU SUICIDAR-SE

ATROPELADOS POR AUTOS

AGGREDIDOS A FOICE

QUERIA MORRER

EM NICTHEROY

MÃE E FILHO ATIRADOS DO BONDE AO SOLO

AGGRESSÃO A TAMANCO

QUEIXAS E RECLAMAÇÕES

— XLIII —

A doutrinação do preto-velho

Rio de Janeiro, domingo, 1º de janeiro de 1933

Um cavalheiro de brilhante posição, trajando boas roupas e gostando orgulhosamente de estadear importância, surpreendido por uma ameaça de revés, na esperança de aparar o golpe iminente da desventura, foi a uma sociedade espírita solicitar apoio e socorro aos protetores espirituais.

Levaram-no a um médium em que se manifestava, dobrado ao peso centenário da idade, um preto de origem africana, ou que como tal se apresentava.

Ouviu-lhe o protetor a história e a exposição queixosa de seus receios e dúvidas e um remate ardente de súplica.

Estendeu-lhe o protetor a mão, pedindo:

— Beija a mão ao preto-velho.

E depois do ósculo:

— Senta-te aí, no chão, ao pé do preto-velho.

E vendo-o, com a sua elegância, sentado no soalho:

— Tu não tens vergonha de beijar a mão do preto-velho?

— Não.

O espírito incorporado pediu um cachimbo e, baforando uma fumaça, continuou:

— O filho não conhece um italiano que às vezes passa lá pelo teu escritório? Um já meio velho, a roupa muito usada, as botas sem salto. Parece que ele te conhece.

— Sim, sei quem é.

— Ele já teve dinheiro, não é?

— Sim, já teve posição. Foi um homem de fortuna.

— E teve negócios contigo, não?

— Tivemos negócios, altos negócios.

O protetor soprou uma fumaça:

— Esses dias ele falou contigo, parece que não gostaste.

— Não me lembro.

— Filho, tu não enganas o velho. Olha, depois, ele quis falar contigo, tu não paraste na rua.

— Pode ser...

— Velho compreende, meu filho. Na tua posição não fica bem, não é?

— Sim, não fica, meu pai.

— É verdade, filho. O que vale é o dinheiro. O italiano perdeu o dinheiro, não importa que seja um bom homem, que tivesse te ajudado, não vale mais nada.

Constrangia-se, mudo, o consulente, e o velho prosseguia:

— O teu negócio está ruim, filho. Nessa marcha, acabas como o italiano. Ah! filho, qualquer dia, ninguém para mais na rua para falar contigo.

— Ó meu pai, me ajude.

— Mas, filho, eu estou abaixo do italiano. Ele é branco, eu sou preto; ele ainda tem roupa de cidade; eu ando com roupa de negro cativo.

— O meu pai é um espírito.

— Ele também. A diferença é que ele tem um corpo, e eu não.

— Porém o senhor pode ajudar-me.

— E tu podes ajudá-lo, ao coitado do italiano. Pois tu queres que te ajudem e não queres ajudar os outros?

— Eu, podendo, ajudarei.

Escachimbando em sua meia-língua, o protetor continuava:

— Vamos ver, vamos ver.

E, com um sorriso:

— Olha lá, filho. Cuidado com os pretos. Preto-velho tem um irmão carnado, um preto-velho que anda aí pela cidade. É o seu retrato. É o preto-velho sem tirar nem pôr. Ele é médium e não sabe. Às vezes, eu tomo o corpo dele e ando aí pela cidade. Qualquer dia, passas por mim. Eu te chamo. Quero ver se beijas a mão do preto-velho no meio da rua.

Acanhado, mas resoluto, o elegante prometeu:

— Beijo, meu pai.

Rindo alto, o protetor considerou:

— A necessidade é negra. És capaz de beijar a mão de todos os pretos da cidade. Mas no meio da rua, filho. Não te escondas em algum corredor.

E diante do embaraço do orgulhoso:

— Não te amofines. O preto-velho não se encontrará contigo antes que se endireite o teu negócio. Depois, não faz mal que o encontres e não pares na rua. Não precisarás mais dele.

1ª EDIÇÃO 3 HORAS — REPORTAGENS — **Diário de Notícias** — NOTICIÁRIO — 2ª SECÇÃO 8 PAGS

Redacção e Officinas — Rua Buenos Aires, 106 — Rio de Janeiro — Terça-feira, 5 de Janeiro de 1932

MADRID, 2 (U. P.) — CONFIRMA-SE A NOTICIA DE QUE 29 DEPORTADOS SE EVADIRAM DE VILLA CISNEROS, SABBADO Á NOITE. A BORDO DE UM CARGUEIRO, COM DESTINO IGNORADO. AS AUTORIDADES PROVIDENCIARAM PARA RECAPTURAR OS FUGITIVOS. : : :

Foi eleita ante-hontem a nova directoria da U. T. L. J.

O SR. LUIZ DEL VALLE É O NOVO PRESIDENTE DESSE SYNDICATO DE TRABALHADORES DA IMPRENSA

Aspecto da assembléa realizada ante-hontem pela U. T. L. J., para eleição da nova directoria

O ESPIRITISMO

A Magia e as Sete Linhas de Umbanda

XLII

COMO ACTUAM OS ESPIRITOS

LEAL DE SOUZA

(Especial para o DIARIO DE NOTICIAS)

Foi unificado á Força Publica Fluminense o Corpo de Bombeiros de Nictheroy

OS TERMOS DO DECRETO ASSIGNADO PELO INTERVENTOR ARY PARREIRAS

Edifício do quartel do Corpo de Bombeiros, de Nictheroy

DE 50$000 PARA 500$000

DESCOBERTO O PASSADO QUE COMPLETA A QUADRILHA

TENTOU MATAR O BOTEQUINEIRO A TIRO

A QUESTÃO DO ESPÓLIO DE CHARLE JAMES DIMMOCK

Correspondencia trocada

DESRESPEITOU UMA MOÇA

TENTOU SUICIDAR-SE COM UM TIRO NO OUVIDO

UM CADAVER NO MAR

O OMNIBUS INCENDIOU-SE

De Norte a Sul

PARÁ

PIAUHY

CEARÁ

MARANHÃO

Reprodução. *Diário de Notícias*, edição nº 921.

—— **XLIV** ——

Como atuam os espíritos

Rio de Janeiro, terça-feira, 3 de janeiro de 1933

Entre as perguntas formuladas por leitores do *Diário de Notícias* a propósito de alguns destes artigos, devo responder às que se prendem a afirmações nossas reputadas excessivamente sintéticas.

Como um indivíduo que não é médium pode ficar sujeito à atuação de um ou mais espíritos?

Nem todo indivíduo é médium, porém não há quem não possua a faculdade telepática. O espírito, com a continuidade de sua atuação, ao princípio imperceptível, desenvolve-a a ponto de dominar completamente a mentalidade do paciente e, por intermédio dela, todo o seu organismo, fiscalizando e até dirigindo a sua atividade intelectual e mesmo influindo em suas funções fisiológicas. Desde que se inicia a atuação de um espírito menos desejável, a natureza de seus fluidos basta para gerar perturbações nervosas tanto mais acentuadas quanto mais sensível for o paciente.

Quando se empenha em perseguir um indivíduo carnado, um espírito recorre a inúmeros recursos. Para enfermá-lo, ataca-lhe, a golpes fluídicos, determinados órgãos. Considere-se que o corpo humano é um agregado fluídico suscetível de desagregação, como o demonstram experiências de efeitos físicos e de materialização, e ver-se-á que o espírito, se é capaz de produzir essas desagregações para aquelas experiências, também poderá operá-las para malefício. Mesmo que o paciente não seja médium de materialização ou de efeitos físicos, os golpes fluídicos que o atingem, e que são de uma matéria imponderável da sua mesma natureza orgânica, acabam causando-lhe dano.

Para facilitar a compreensão, comparemos a ação fluídica ao ar deslocado por ventilador a curta distância, chegando quase imperceptivelmente a uma pessoa e que, ao fim de meia hora, se torna incômodo, produz irritações e defluxos.

Há casos, e não os cito para não alongar este escrito, em que o espírito obsessor, dominando a sua vítima, a leva a cometer disparates perigosos, que comprometem, por vezes, a sua reputação, e frequentemente a sua vida.

Assim, em meio a uma conversa sobre negócios, inundam-lhe o cérebro de ideias absurdas, que sufocam e abafam os seus pensamentos amadurecidos, brotando-lhes dos lábios em uma torrente de dislates a surpreendê-lo mais tarde, depois de ter surpreendido irremediavelmente, na ocasião, o seu interlocutor.

À passagem de uma rua de intenso trânsito de veículos, impelem-no, com a força de pensamentos carregados de magnetismo, a fazer a travessia antes que se interrompa regulamentarmente a marcha das carruagens e, com essa imprudência, expõem-no a desastres que podem ser fatais.

Quando a intenção do espírito é apenas prejudicar materialmente a pessoa, criando-lhe embaraços de vida, irrita-a, tornando-a áspera e descortês, e, com frequência, atua sobre aqueles dos quais dependem a sua situação ou o seu negócio, ora afastando-os dos pontos marcados para encontros, ora causando-lhes uma sensação física de mal-estar que não lhe permite decidir a questão. Ou fá-lo sugerindo-lhe a desconfiança e, ainda, produzindo-lhe confusão mental pela continuidade violenta de sugestões contraditórias postas em conflito, em seu cérebro, com os seus pontos de vista.

A ação fluídica dos espíritos determina constantemente ilusões visuais, que na verdade não o são, porque a pessoa de fato viu o que depois acredita ter sido um engano, e com elas e outros meios consegue influir na ação dos homens.

Os que tiverem tempo e gosto para ler Allan Kardec poderão verificar a multiplicidade de meios de que dispõem os espíritos para a sua intervenção na vida material.

MEXICO 3 - (A. B.) - Foram presos alguns sacerdotes por terem dito missas sem a competente autorização legal, infringindo assim disposições de lei

O ESPIRITISMO,

A Magia e as Sete Linhas de Umbanda

XLIV

A REPRESSÃO POLICIAL

LEAL DE SOUZA

(Especial para o DIARIO DE NOTICIAS)

Augmentam os preços dos generos alimentícios em Nictheroy

E as feiras livres não valem ao povo nessa emergencia

A feira livre do largo do Mercão. O povo defende a sua bolsa, deixando de comparecer

EM NICTHEROY

COLHIDA POR UM NOVEL VEHICULO FOI PROMPTO SOCCORRO

"ERA LIVRE COMO O PENSAMENTO"

UM CASO DE BIGAMIA

FOI TOMAR BANHO DE MAR E MORREU AFOGADO

CAIU DO TREM

A QUESTÃO DO CHACO BOREAL

Travaram-se novos e sangrentos encontros entre as forças do Paraguay e da Bolivia

O GOVERNO BOLIVIANO APRESENTA DENUNCIA CONTRA OS PARAGUAYOS

BAIXAS NAS FILEIRAS BOLIVIANAS

O fracasso da Conferencia das Cinco Potencias

TENTOU SUICIDAR SE INCENDIANDO AS VESTES

AGREDIU A AMANTE NAVALHANDO-A

TENTOU ROUBAR MAS FOI PRESO

JOGANDO "FOOT-BALL" NO QUINTAL FRACTUROU A PERNA

Reuniu-se, hontem, a Commissão de Estudos Financeiros

O sr. Pereira Lima leu um trabalho sobre as dividas dos Estados — O secretario technico, em seu relatorio, elogia a imprensa

Pediu demissão o inspector geral de vehiculos

FOI PEGAR O REBOQUE EM MOVIMENTO E CAIU, FRACTURANDO O CRANEO

De Norte a Sul

CEARÁ

PARANÁ

UMA FESTA POLONEZA

R. G. DO SUL

PORTO ALEGRE

ALAGOAS

BAHIA

— XLV —

A repressão policial

Rio de Janeiro, quarta-feira, 4 de janeiro de 1933

Contestado pelo materialismo erudito, como interpretação errônea de faculdades físicas; guerreado parcialmente pelo clero, considerando demoníacas as manifestações das entidades espirituais; atacado pela medicina, julgando prejudicados pelo receituário mediúnico os privilégios e direitos dos doutores, o Espiritismo incide na desconfiança fiscalizadora das autoridades e está sujeito a uma verdadeira repressão, justificada pelas dissenções públicas de elementos espíritas, acusando-se de falsidade ou ignorância, se não de nocividade.

Se um grupo de padres afirmasse, mesmo sem designar os templos profanados, que em algumas igrejas as cerimônias do culto eram deturpadas para fazer mal a qualquer pessoa, o dever da autoridade responsável pela ordem e segurança sociais seria estabelecer em todas as paróquias uma rede vigilante de defesa, fiscalizando-as todas, por não saber em qual delas era cometido o malefício, mas certa de que em uma outra o praticavam.

E isso acontece com o Espiritismo. Se os próprios espíritas dizem que há, entre os núcleos espíritas, alguns que são nocivos, é natural que a autoridade vigie a todos, para entravar a atividade sinistra do mal.

O ponto de vista do Estado, que não tem religião e para o qual o indivíduo é o corpo, não pode ser o do espírita, que considera invulnerável o criminoso principal nesses delitos e que entende ser esse julgamento da alçada de Deus, pois abrange o visível e o invisível.

Forçada à fiscalização a autoridade, dentro do respeito à liberdade de consciência, não pode preferir entre as modalidades cristãs ou benéficas do Espiritismo as que mais quadrem ao seu gosto, nem deve proibir a determinados centros o uso de atributos que permite e até venera nas igrejas católicas. O poder público tem de restringir a sua intervenção no funcionamento dos centros espíritas à verificação de sua nocividade ou não, sem cogitar a de seus processos de trabalho, de suas cerimônias cultuais ou de seu rito, mas para essa verificação encontra dificuldades que arrastam ao abuso e ao arbítrio agentes precipitados ou levianos.

A polícia, parece-nos, para a fiscalização do Espiritismo visando à repressão dos indivíduos capazes do mal, deveria adotar um critério aceito geralmente pelos espíritas de todos os ramos, e esse só pode ser o da gratuidade dos socorros mediúnicos, mantida, embora, a proibição do receituário em nome dos privilégios doutorais.

Sugerimos, nestas linhas, à boa vontade das autoridades, princípios para regulamentar a necessária fiscalização de acordo com aquele critério.

Assim, os presidentes ou diretores de centros ou sessões espíritas seriam obrigados, sempre que as autoridades o exigissem, a provar os seus recursos e meios de vida. Igualmente seriam obrigados, nas mesmas condições, a demonstrar os recursos com que se mantêm os centros. Nenhum presidente de centro ou o próprio centro poderiam receber, como não recebem, dinheiro ou presentes de pessoas que recorressem à sua caridade espiritual, estendendo-se essa proibição aos médiuns e auxiliares de cada sociedade. A violação dessas regras obrigaria ao fechamento automático da associação, com o processo dos culpados no caso de exploração.

Facilitar-se-ia, desse modo, a ação fiscal da política. Após uma denúncia, verificada a legalidade da situação do centro, na hipótese afirmativa, a autoridade, conforme os elementos da denúncia, mandaria abrir inquérito ou arquivar a queixa, fechando a sociedade e processando os seus dirigentes, segundo o resultado de suas sindicâncias.

Acreditamos que, reprimindo a exploração, a polícia, em pouco tempo, reduzirá a um mínimo insignificante os malfeitores do Espiritismo, porque ninguém trabalha para o mal sem visar lucros materiais. Só o bem pode inspirar dedicação e sacrifícios à claridade da fé.

1ª EDIÇÃO — REPORTAGENS

Diário de Notícias

NOTICIARIO

2ª SECÇÃO 6 PAGS

Redacção e Officinas — Rua Buenos Aires, 154   Rio de Janeiro — Quinta-feira, 2 de Janeiro de 1932

PARIS, 4 (A. B.) — O grão-duque Cyrillo da Russia, pretendente ao throno russo, dirigiu uma mensagem pelo radio concitando todos os russos brancos e liberaes a concertarem esforços no sentido de libertar a patria do communismo

---

O ESPIRITISMO, A Magia e as Sete Linhas de Umbanda

ESPIRITOS PERTURBADORES EM ACÇÃO NO MEIO SOCIAL

LEAL DE SOUZA

Especial para o DIARIO DE NOTICIAS

EM NICTHEROY

COMBINARAM O SUICIDIO MAS RESOLVEM POETA DROGA

Mais uma casa de diversões que se inaugura em Petropolis

CANSADA DO DOMINIO BRITANNICO

Deoguea de Monteiro

EM NOVA YORK

TRES EXPLOSÕES DE UM CINEMA

O drama das seccas no Noráeste

Continúa o exodo das populações sertanejas — Augmenta o numero de infantes, impondo-se a remessa de novos recursos pelo governo federal

UMA ENTREVISTA IMPRESSIONANTE

ATROPELADO POR AUTO, TEVE A PERNA FRACTURADA

A ESTREA DOS "FOOTBALLERS" PAULISTAS EM BUENOS AIRES

A acquisição do River Plate Club é tida como valiosa

OS PRIMEIROS REPORTAGENS

AS DUAS IRMÃS DE LONDRES

A herança de Charles James Dimmock

Curiosa historia de herança deixada por um millionario morto na mais extrema pobreza

A casa onde morreu o millionario inimigo

QUEDA DESASTRADA

FERIDOS PELA EXPLOSÃO DE UMA "MINA"

MORRAM-LHE O CORPO A PAO

CUMPRIU-SE A SUA VONTADE

— XLVI —

Espíritos perturbadores em ação no meio social

Rio de Janeiro, quinta-feira, 5 de janeiro de 1933

Em todos os meios em que se observa a influência do Espiritismo, nota--se, quase generalizada, a tendência para atribuir à atuação de espíritos atrasados ou maus os erros, as faltas, os delitos praticados pelos homens, e muitos se desculpam com a ação imponderável dos elementos invisíveis para perseverar em atos dignos de repulsa.

Não se pode negar, e nós, nestes artigos, já largamente reconhecemos a constante intervenção dos espíritos nas ocorrências humanas, porém seria absurda injustiça lançar-lhes a responsabilidade de tudo quanto se faz na Terra.

Existem camadas em nosso planeta, muitíssimos milhares de espíritos que, no espaço, agiriam como obsessores e, no meio social, exercem a atividade nefasta de perturbadores, espalhando a dúvida, a desconfiança e a discórdia entre os indivíduos e as classes.

Andam irrequietos pelos escritórios entre os que trabalham, pelas fábricas, à saída ou à entrada dos operários, pelas ruas, detendo a quem passa, pelas redações, semeando o boato, pelas casas, segredando perfídias funestas à harmonia dos casais, uma dispersão contínua de energias, por meio de pequenas habilidades, para ferir, amesquinhar, prejudicar o próximo, enleando-o com intrigas mesquinhas.

Qualquer que seja a posição que ocupam, esses perturbadores estão sempre descontentes de si, atacando os inferiores, para que não subam, e os superiores, para que lhes cedam o lugar. Nessa agressiva nervosidade, adquirem o hábito da maledicência gratuita, o costume da desconfiança hostil em face de amigos e inimigos, requintam as manhas da hipocrisia, aprimoram os processos indiretos da delação.

O ódio que lhes inspira a personalidade alheia força-os a atitudes repelentes para combatê-la ou para atirar-lhe desaforos sem risco, mediante o telefonema com disfarce de voz ou a carta anônima com disfarce de letra.

Esse terrível inimigo de si e dos outros está por toda parte, produzindo atritos nos seios dos governos e criando crises nas empresas comerciais, bem como espalhando veneno nos lares.

Nos meios espíritas, não são raros esses semeadores de desavenças. São eles que, de pena em punho, nas colunas dos jornais, agredindo os seus confrades e irmãos dos vários ramos do Espiritismo, atraem sobre a doutrina a hostilidade dos que não a conhecem e a fiscalização policial coatora do culto.

Em nome de suas preferências pessoais, agridem os partidários de outros processos diversos dos deles e cavam entre os adeptos do mesmo corpo doutrinário separações tão profundas como se fossem crentes de religiões inimigas.

Querem impor o seu gosto e não se dão ao esforço de aperfeiçoá-lo, conhecendo o que atacam na Terra, a golpes arbitrários. À doutrinação, ao conselho, à palavra da amizade persuasiva, na doçura íntima das reuniões fraternas, preferem a arrogância do ver-postura em algaravia crespa, o escândalo do clamor público.

E é natural que assim procedam tais indivíduos, pois não se movem por amor a princípios, não se agitam para servir o Evangelho, não clamam para defender o Espiritismo, não se preocupam com a elevação moral dos espíritas e de seus centros, porém gritam porque gritam, porque desejam aparecer, porque sentem a necessidade de contrariar alguém, porque gozam com a perturbação do ambiente, porque vivem perturbados, porque são perturbadores.

Não é possível abandonar a sociedade ao desvario desses agitados. Cumpre esclarecê-los, mostrando-lhes os danos que causam, e, caso persistam em sua operosidade criminosa, é preciso tratá-los como a obsessores, recordando-lhes os seus erros e reprimindo-os com energia.

MADRID, 5 (Agencia Brasileira) - Noticias de Valencia e Lugo relatam que explodiram poderosas bombas, naquellas cidades, sem que tenha havido prejuizos pessoaes. Continuam, deste modo, os attentados terroristas em todo o paiz

O ESPIRITISMO,

A Magia e as Sete Linhas de Umbanda

XXVI

A PROPAGANDA DO ESPIRITISMO

LEAL DE SOUZA

(Especial para o DIARIO DE NOTICIAS)

O caso da travessa do Livramento

Ao contrario do que a principio se suppunha, não se trata de um crime

A pensão da travessa, de onde Guiomar se atirou á rua, ao lado tem-se a porta do quarto onde retalhou ella, e assente a de seu filho deste, Berto Cardoso

A herança de Charles James Dimmock

Curiosa historia de herança deixada por um milionario morto na mais extrema pobreza

Uma sentença do juiz Edgar Costa no processo de habilitação de herdeiro

De Norte a Sul

AMAZONAS	PIAUHY	ALAGÔAS	S. PAULO
O DESAPPARECIMENTO DE SEGURA			

PARANA

— XLVII —

A propaganda do Espiritismo

Rio de Janeiro, sexta-feira, 6 de janeiro de 1933

Para ser eficiente, a propaganda do Espiritismo deve explicá-lo com simplicidade persuasiva, esquivando-se a torneios agressivos. Sendo de paz e amor a pureza de sua essência, a doutrina radiosa dos espíritos se desmentiria a si própria se mandasse revolver a canhão, nos torvelins das batalhas, a terra em que se lançasse a sementeira de seus princípios. A agressão provoca e obriga a reação, e o combate, forçando a defesa, acaba, para um dos adversários, na irritação da derrota, sempre contrária, na esfera das ideias, à aceitação das teorias vitoriosas no debate, pelos sentimentos pessoais postos em jogo.

Constituindo-se em ameaça à existência dos cultos religiosos, o Espiritismo será por eles atacado de todas as formas e em todos os terrenos, com o violento vigor do instinto de conservação, e terá de sofrer, dos lares aos templos, a hostilidade incessante de verdadeiras massas humanas, pois os adeptos dos vários credos não poderão assistir indiferentemente à guerra movida à sua crença. Pessoas que, pelo estudo sereno ou pelo tranquilo observar dos fatos, chegariam suavemente à convicção das verdades espíritas seriam levianamente arrastadas a contestá-las sem exame, atingidas na sua fé, pela brutalidade dos assaltos aos dogmas de suas igrejas.

Longe de arremeter em fúria contra as velhas religiões permitidas por Deus, como necessárias à evolução das raças e povos em que se divide o nosso planeta, o Espiritismo deve mostrar amavelmente a cada uma dessas igrejas os princípios que lhes são comuns, a similitude de suas teorias, as semelhanças propícias aos esbatimentos das diferenças, estabelecendo pontes de simpatia para o contato e passagem daqueles crentes.

Aos negadores materialistas é necessário opor, com paciência e sem cólera, a veracidade dos fatos de seu agrado ou preferência, e com a análise de tais fatos, na vastidão do domínio experimental, é preciso levar a propaganda aos meios e núcleos científicos.

A tolerância da propaganda nos circuitos hostis ou indiferentes ao Espiritismo não deve contrastar com o furor nas lutas e desentendimentos entre os próprios espíritas. Como poderá merecer a atenção benévola dos que a desconhecem uma doutrina que, no seu período de propaganda, a si mesma se condena e anula, demonstrando, pelos conflitos de seus adeptos, não possuir um princípio capaz de harmonizá-los, por meio das modalidades de que se reveste no culto prático? Esse princípio decerto existe, e Santo Agostinho, n'*O livro dos espíritos*, ensinou-o a Allan Kardec, dizendo-lhe que as divergências dos espíritas não quebram a unidade do Espiritismo e não têm importância real, desde que os divergentes amem a Deus e pratiquem o Bem.

Se há centros ou agremiações espíritas cujos processos carecem de reformas tendentes à elevação de seu nível, não as conseguirão com o escândalo os corregedores esquecidos por Jesus. É necessário, supomos, para a realização de tais objetivos, um método fraterno capaz de arrastar insensivelmente, mas a passo lento, os retardatários ao progresso. Para isso, bastaria, talvez, o estreitamento de relações e convívio entre os diversos núcleos, para que uns aprendessem com os outros, pela simples observação, sem o perigo e as inconveniências das admoestações catedralescas.

A propaganda dos princípios espíritas é indispensável nos centros espíritas, entre os espíritas, para que todos compreendam que não basta frequentar sessões e trabalhar com espíritos desta ou daquela maneira para estar dentro da doutrina.

Esse ensinamento, baseando-se no grau de cultura dos diferentes núcleos, não poderá, para ser eficaz, revestir-se de cunho pessoal, visando a indivíduos determinados. E, se assumir aspecto agressivo, sem dúvida produzirá deploráveis efeitos em antagonismo com a elevação dos fins alvejados.

O Espiritismo, como no-lo pregam os espíritos, é a tolerância, é o amor, é o sentimento da fraternidade abrangendo a todas as criaturas. Mostremo-lo, pois, nos exemplos de nossa atividade, na ação de nossa propaganda, na harmonia do nosso convívio.

1ª EDIÇÃO 4HORAS — REPORTAGENS

Diario de Noticias

NOTICIARIO — **2ª SECÇÃO 6 PAGS**

Redacção e Officinas — Rua Buenos Ayres, 154 — Rio de Janeiro — Sabbado, 1 de Janeiro de 19...

BERGAMO, 6 - (A. B.) - Foi fuzilado por um pelotão especial de policia, em consequencia de uma sentença do tribunal desta cidade, Pietro Cavazzeni, autor de tres homicidios feitos em curto espaço de tempo para poder praticar um furto

Um Julgamento Sensacional

Os assassinos do deputado João Suassuna foram condemnados

Miguel Alves de Souza, a seis annos de prisão e Antonio Grangeiro, a 4 annos

Esposa e filho, de Antonio Grangeiro

Um aspecto das galerias, ha pouco, por occasião do julgamento

Os réus, e réus, altercando quando estava com a palavra um dos advogados de outro

Os debates correram acalorados, surgindo incidentes entre a accusação e a defesa

O ESPIRITISMO,

A Magia e as Sete Linhas de Umbanda

A MELHOR PROPAGANDA DO ESPIRITISMO

LEAL DE SOUZA

(Especial para o DIARIO DE NOTICIAS)

Commemorando o advento fascista

FORAM POSTAS EM LIBERDADE 22.171 PRESOS POLITICOS

ROMA, 17 (P.) — ...

Partiu para os E.E. U.U. a actriz Lilian Harvey

BERLIM, 6 (A. B.) — Partiu hoje ...

PUBLICAÇÕES

"NON-PON"

"A Mocidade"

A melhor propaganda do Espiritismo

Rio de Janeiro, sábado, 7 de janeiro de 1933

A melhor propaganda do Espiritismo, e com certeza a de mais eficientes resultados, é a decorrente da conduta de seus adeptos e da ação de seus guias. A sua primeira vantagem é justamente a de não usar os meios e os fins da propaganda. O propagandista, ainda o mais simpático, é sempre considerado mais ou menos suspeito, como se tivesse lucro direto na vitória de sua ideia, e na sua palavra em geral se admite que houve omissão de quanto a doutrina comportasse de inútil ou perigoso.

A conduta habitual do indivíduo, o seu modo de tratar com os superiores, a sua maneira de agir no desempenho dos deveres profissionais, a sua atitude na adversidade e o seu proceder social na fortuna e na ventura retratam o seu caráter como o refez a doutrina e são os atestados espontâneos da excelsitude de seus princípios.

O espírita, quando regula os seus atos pelas regras de sua doutrina, tendo desenvolvido ao extremo o sentimento fraterno, começa por impressionar pela dedicação caridosa ao próximo desventuroso e acaba impondo-se ao respeito alheio pela sua intransigência de sua retidão no plano social em que se opera a sua atividade.

Pela energia de seu caráter, como pela doçura de sua bondade, atrai necessariamente a atenção simpática de seu meio para uma doutrina que o coloca acima do egoísmo e superior às paixões, em uma idade em que os instintos se desenfrearam, exacerbados pelos confortos voluptuosos que a civilização ostenta à gula de todos os olhos e reserva ao regalo dos privilegiados.

A ação miraculosa dos guias, dos espíritos trabalhadores, daqueles abnegados servos espirituais de nossas necessidades, socorrendo-nos sem outro estímulo além da prática fraternal da caridade, é, na verdade, a força que expande e consolida o Espiritismo, gravando-o nos corações, tornando-o amado antes mesmo de ser compreendido.

O receituário, que a lei proíbe e condena em respeito aos privilégios doutorais, mas por que os agentes da lei pedem e até imploram, quando a ciência se retira, impotente, da cabeceira de seus enfermos, tem sido e há de ser a grande força propagadora do Espiritismo, enquanto o progresso da medicina não atingir, no ambiente imaterial, as causas espirituais de enfermidades que abatem e desequilibram o organismo, guardando o mistério de sua origem.

As experiências de efeitos físicos, os fenômenos de materialização, o domínio das entidades espirituais exercendo-se sobre as criaturas e os elementos da natureza, tudo o que assombra e deslumbra pela aparência de sobrenatural não vale, como propaganda, a gota de água fluídica ou a pastilha açucarada com que se levanta um doente do leito, porque empolga momentaneamente os sentidos, mas não move o coração.

É com o fulgor de sua caridade que o Espiritismo terá de abrir o caminho de sua vitória.

MOSCOU, 9 (U. P.) — Na cidade de Shakhti, o chefe da Cooperativa sr. Melnikoff e tres funccionarios foram condemnados a morte sob a accusação de roubarem generos de consumo e malversarem 60.000 rublos

O ESPIRITISMO,

A Magia e as Sete Linhas de Umbanda

XLVIII

CONVERSA A' MARGEM DESTES ESCRIPTOS

LEAL DE SOUZA

(Especial para o DIARIO DE NOTICIAS)

NO SYNDICATO DE PHARMACIAS E LABORATORIOS

Toma posse hoje a nova directoria desta instituição syndical

O sr. Cailloux, em um comicio occupou-se da situação mundial

PARIS, 8 (A. B.) — O sr. Joseph Cailloux, depoz de manifestar certas ideias em aberto, acabou entrando em cogitações...

A HERANÇA DE CHARLES JAMES DIMMOCK

O processo de habilitação de Eduardo Dimmock deverá ser julgado hoje

A QUESTÃO DO CHACO BOREAL

Os Estados Unidos não venderão armas aos belligerantes

WASHINGTON, 9 (U. P.) — O Sub-secretario de Estado...

PARTIDO TRABALHISTA DO BRASIL

Deliberações da Commissão Executiva Nacional

A campanha de melhoria da :: :: producção cafeeira :: ::

Vae ser inaugurado o Departamento Technico no Conselho Nacional do Café — Uma demonstração e imprensa

AGGREDIDA A NAVALHA

Victima de aggressão a navalha, na visinha Nictheroyb, teic seu creado, a chauffeur Jorge Guimarães...

EM NICTHEROY

FEMMES E OBSERTE

A QUINZENA CARIOCA

O exito que vae alcançando essa patriotica iniciativa

NO MEIO DA DISCUSSÃO, UMA NAVALHADA

Bello Fructo de ao acidento...

O FIM TRAGICO DE UM ESTUDANTE DE MEDICINA

ENCONTRADO O CORPO DO JOVEM ROBERTO RIBEIRO

CREDORES PERIGOSOS

A MORTE HORRIVEL DE UM ESTAFETA DO TELEGRAPHO NACIONAL

ATROPELAMENTO NA ESTRADA RIO PETROPOLIS

— XLIX —

Conversa à margem destes escritos

Rio de Janeiro, terça-feira, 10 de janeiro de 1933

Escrevo para dizer alguma coisa e não costumo desviar-me de meus objetivos para satisfazer a alheia virtuosidade, quando se empenha em luzir no embate inútil das contraditas sem finalidade. Harmoniza-se, porém, com a doutrina destes artigos esta conversa, à margem deles, com o ilustre sr. Jonathas Botelho, diretor d'*O Farol*, de Niterói.

Ouça-me, com generosidade paciente, ó meu nobre irmão:

As divergências públicas dos espíritas fazem mais mal ao Espiritismo do que as objurgatórias de todos os púlpitos secundadas pelo clamor de todos os materialistas. Agredindo-nos escandalosamente em face dos outros, negamos, na prática, os princípios de amor e perdão emanados de nossos guias. Divergindo com acrimônia pelas colunas dos jornais, autorizamos a suposição de ser inviável a nossa doutrina, pois, se não consegue definir-se para os seus próprios adeptos e os desune e envolve em conflitos, não logrará, decerto, conquistar e congraçar aqueles que ainda a desconhecem, e são a maioria da humanidade.

Violentando-me, caro senhor, entro neste debate menos por fidelidade ao direito egrégio de defesa do que pela consideração devida a um confrade que, talvez com sacrifício, mantém um órgão de propaganda e explanação de assuntos espíritas.

Existem, nas duas margens da Guanabara, algumas centenas de milhares de espíritas, e, desses, apenas três pessoas molharam as mãos em meu sangue, derramado por ódio pessoal, sob pretexto de Espiritismo, em artigos de jornal. Fostes um desses três atacantes e, em vosso primeiro escrito, cometestes equívocos decorrentes de uma leitura distraída de meus artigos, reincidindo lamentavelmente nesses enganos, pela mesma causa, na vossa réplica à minha resposta.

Outro, com o coração atingido por vossa pena, diria que usastes de má-fé, e apenas aludo a essa hipótese, rejeitando-a, para demonstrar a serenidade com que vos falo e o espírito de justiça com que me esqueço dos vossos golpes, para reconhecer a elevação de vossos intuitos.

Com efeito, caro confrade, dissestes, da primeira vez, que eu ameaçara as autoridades que invadiram a tenda de minha direção. Relede o que escrevi e vereis que não as ameacei, nem sequer as ataquei, mas que apelei para a Justiça de Deus em face de ofensas atiradas, por um jornal, a senhoras que se achavam naquela tenda.

Pedi à vossa gentileza que transcrevêsseis trechos de Allan Kardec autorizando agressões a quem, no Espiritismo, não opinasse como ele e, precipitadamente, por meio de seus guias, emite opiniões, porém nas quais não manda atacar aos que pensam de modo diferente. Enganastes-vos, caro confrade, por não haverdes lido com atenção as minhas crônicas, supondo que as contrariáveis com aquelas transcrições.

Eu nunca disse que disponho da vontade dos espíritos. Antes, tenho afirmado e reafirmado que obedeço humildemente aos guias com os quais trabalho, sendo, como presidente de tenda — escrevi —, o delegado humano incumbido de coordenar a ordem material necessária à realização dos trabalhos espirituais.

Também, caro confrade, não uso nem preconizo palavras sacramentais, sinais cabalísticos ou talismãs, mas acredito que os espíritos entendem e atendem à nossa linguagem, e foi certamente por pensar assim que Allan Kardec escreveu um livro de preces.

Esperais que eu fique, um dia, mais integrado na doutrina espírita. É esse o meu desejo e a minha esperança. Em nove anos, li doze vezes as obras de Allan Kardec e começo a relê-las pela décima terceira, considerando, a cada passo, que o Espiritismo, nesses 62 anos, progrediu a ponto de exigir a retificação de alguns dos ensinos do mestre. Há nove anos, consagro algumas horas de cada um dos meus dias ao estudo, ao trabalho e à meditação espíritas, e subordino aos preceitos dessa doutrina a minha conduta social.

Entre nós, caríssimo irmão, há, necessariamente, uma diferença de plano na marcha para Deus. Um se adiantou, o outro se atrasou.

Sou o atrasado. Trata-me, pois, com a bondade inerente ao vosso adiantamento e com a tolerância compatível com o meu atraso. Lembrai-vos, e lembrem-se os que apostolizam como vós de que há, como eu, milhares de atrasados de boa vontade e vede, em vossas meditações, no contato com os vossos guias, se não será melhor e mais útil para o Espiritismo conduzi-los ou esclarecê-los divulgando e explicando as excelsitudes da doutrina ao invés de censurar os erros dos indivíduos.

Longe de mim a intenção de magoar-vos. Desejaria, e ouso apelar para o testemunho de vossos guias, encontrar expressões que retratassem o meu pensamento sem contrariar-vos. Ou muito me iludo no conceito que me inspirais, ou este debate apenas é um pretexto para o início de relações de maior valia para a minha humildade.

Diário de Notícias

REPORTAGENS

NOTICIARIO

1ª EDIÇÃO — 5 HORAS

2ª SECÇÃO — 6 PAGS

Redacção e Officinas — Rua Buenos Aires, 184 — Rio de Janeiro — Quarta-feira, 11 de Janeiro de 1933

Um rebocador francez é alvejado a tiros em territorio allemão

Um grande incendio em Petropolis

DESTRUIDOS PELAS CHAMMAS OS PREDIOS DO INSTITUTO DE ASSISTENCIA Á INFANCIA E DA ALFAIATARIA SERRANA — AS CHAMMAS TIVERAM INICIO EM UMA OFFICINA DE ARTEFACTOS DE BORRACHA — OS TRABALHOS DE EXTINCÇÃO DO FOGO

O ESPIRITISMO,

A Magia e as Sete Linhas de Umbanda

BANDEIRA DE TOLERANCIA

VEM DE SOUZA

Os predios, obsidiados após a extincção do fogo

O edificio do Instituto de Assistencia á Infancia e a predio arruinado pelas chammas

UM ATTENTADO CONTRA O REBOCADOR "CONDOR", EM COBLENÇA

COBLENÇA, 10 (U. P.)

SUICIDOU-SE, INGERINDO 200 GRAMMAS DE LYSOL

DESGOSTOSO, POZ TERMO Á VIDA

COLHIDO PELA CARROÇA QUE ESTAVA GUIANDO

CAIU DA ARVORE E MACHUCOU-SE SERIAMENTE

CAIU DO TREM, NA LINHA AUXILIAR

COM UM FERIMENTO NA TRACHEA

CAIU DO BONDE QUANDO VIAJAVA COMO "PINGENTE"

CAÇANDO O "BICHO"

Para clarear os dentes e desinfectar a bocca

Odol

Uma combinação cuja fama corre de bocca em bocca!

Stores Francezes
A 1358

— L —

Bandeira de tolerância

Rio de Janeiro, quarta-feira, 11 de janeiro de 1933

A crônica de hoje, esta formosa crônica em lapidário estilo epistolar, encimada, embora, pela obscuridade de meu nome, não é minha, e transcrevo-a, *data venia*, para fazer fulgir aos olhos e brilhar às inteligências um punhado de ouro e muita claridade. Escreveu-a uma das figuras de relevo intelectual e prestígio moral no meio espírita, o ilustre dr. Canuto de Abreu, em resposta a uma consulta que lhe fiz sobre a publicação de seu parecer à Federação Espírita Brasileira, estudando o problema de ensino religioso nas escolas públicas. Excluídas as referências benévolas à minha pessoa, a carta, que transcrevo, encerra valiosos conceitos doutrinários. Ei-la:

Itaipava, 7 de janeiro de 1933.

Amigo e ilustre confrade Leal de Souza — Paz, saúde e alegria neste Ano Santo.

243

Quando o procurei para lhe agradecer minha inesperada promoção a "teólogo", discricionariamente concedida no seu artigo XXXIV, de 23 de dezembro último, o amigo me pediu licença para, em um futuro artigo sobre o ensino religioso nas escolas, fazer referência ainda ao parecer que, solicitado, forneci a esse propósito. Dei-lhe prontamente o meu consentimento e venho trazer-lhe por escrito o "*nihil obstat*",[25] pois não vi nem vejo inconveniente na divulgação de uma carta que visa ao bem geral. É certo que, escrito a pedido, o parecer fica pertencendo ao consulente desde a entrega. Mas não se tem levado a mal publicar o autor seus pareceres, e, no meu caso, havia a favor a circunstância de, ao fim da carta escrita ao sr. presidente da Federação Espírita Brasileira, em 19 de maio de 1931, cuja cópia lhe remeto, estar expressamente declarado: "Autorizo a publicação e reservo-me o mesmo direito".

O ilustrado presidente e eu, cada qual por seus motivos, achamos de bom aviso não dar, naquele tempo, a minha carta a lume. Ambos obedecemos aos desígnios da vontade do Onipotente, que tudo distribui no seu justo dia e hora. Talvez esteja reservado ao amigo a oportunidade da divulgação, que, longe de embaraçar, facilito por sentir que você está desempenhando uma missão de alcance no seio espírita brasileiro. Pena é que seja bem pouca coisa o que lhe posso dar. Mas estou certo de que não se esquecerá de que, apesar de promovido a teólogo, não chego a valer entre os confrades uma dracma. Assim dependerá exclusivamente do seu artigo ficar o meu pobre concurso valendo o "óbolo da viúva".

Seus artigos de ética me vão agradando. Você está defendendo o bem e o belo. Como é natural, muitos estarão descontentes de não ter o serviço de sua pena na seara deles. Mas você já compreendeu que a recompensa do bem e do belo não está no prazer da inteligência ou na alegria da carne, dentro das quais, para nossa justiça, só fica o ressaibo do tempo mutilado[26] nas conquistas passageiras, que não beneficiam à construção espiritual. O bem e o belo — ainda há dias me dizia um guia — "tiram suas alegrias e

---

25 Do latim, em tradução livre, significa "nada obsta" ou
"nenhuma objeção [à publicação]". [NE]
26 Em seu texto original, Leal de Souza utilizou o termo basco "mutilizado". [NE]

satisfações do imponderável, que não pode ser percebido pela natureza da carne; do contentamento secreto, que vibra na sensibilidade inteligente da consciência espiritual ao se ver recompensada por ter dado um passo à frente na construção da sua individualidade".

Que importa a rabia inteligente, ou não, dos que amam tudo destruir sem nada edificar, esquecidos de que melhor fora "conservar, melhorando"? Porventura o homem, enfurecido de seu valor zero, como homem, nos planos de Deus, poderá por seus atos, palavras ou pensamentos governar a vontade sábia e todo-poderosa que impera nos acontecimentos estranhos à vontade humana? O troar das invectivas só perturba a paz da consciência quando põe de manifesto erros morais. Há uns 25 anos atrás, quando entrei pela porta do Espiritismo a admitir o dogma de reencarnação, julguei estultamente que os dias das religiões, principalmente do Catolicismo, estavam contados. Cairiam todas a golpe de Espiritismo. Eu estava e andei muito tempo errado. Cegava-me o orgulho de saber o que ainda o fiel católico não sabe, embora o sinta pela fé. Mas, como fui sempre um investigador sem preconceito, que atacava em sinceridade dentro das regras cavalheirescas de reconhecimento de vitória ao adversário realmente triunfante, pude a pouco e pouco ir polindo as minhas objetivas. Hoje, com a prudência da idade, posso confessar a quantos me honram com a amizade que considero injusto e contraproducente o ataque a qualquer religião, e sobretudo à católica. A crítica negativa não destruirá jamais o dogma católico, antes lhe dará maior polimento e tempera. Debalde livros de prosa ou verso e discursos irreverentes tentaram e tentarão demolir o monumento. Só a verdade positiva, e não o sarcasmo ou a impiedade, conseguirá um dia rasgar o véu providencial que é hoje o dogma, para exibir a essência divina que ele cobre. Como outrora diante da verdade crucificada pela mentira o velário do templo judaico se rompeu de alto a baixo para mostrar o segredo de Israel, que era Jesus, dia virá em que de dentro do dogma sairá formoso e puro o segredo de Jesus, que é a verdade. Atacar o dogma é querer, como instrumento do mal, ferir de morte pelo aborto a verdade, que, no estado de ninfa, dorme dentro de seu casulo santo.

É, pois, justa a minha satisfação vendo o amigo erguer a bandeira da tolerância entre os espíritas. Talvez, na discussão de alguns fatos já tratados pela sua pena, meu ponto de vista seja um pouco diferente do seu. Isto é natural. Mas visamos ao mesmo bem, e isto é o essencial. Avante, pois, na defesa do bem e do belo. O seu guia vinha caminhando por uma estrada quando se lhe depararam sete outras estradas diante dele. Parou, hesitante. Por qual dos sete caminhos continuar a peregrinação? A voz que clama dentro do homem de boa vontade mostrou-lhe o rumo. Ele partiu. Também a você foi mostrado um rumo. Nele, como aconteceu ao Caboclo das Sete Encruzilhadas — a quem envio minha saudação cordial —, só lhe cabe prosseguir, reto e persistente, pois ele vai sair no reino de Deus.

Aceite o pensamento de minha fraternal amizade e use da carta, que lhe envio por cópia, como for inspirado.

Do amigo, obrigado,
Canuto.

Berlim 11 (A. B.)-Durante a segunda quinzena de Dezembro de 1932 o total dos desempregados existentes na Allemanha augmentou de 169.000 tendo attingido 5.770.000

O ESPIRITISMO,

A Magia e as Sete Linhas de Umbanda

UM PARECER SOBRE O ENSINO RELIGIOSO NAS ESCOLAS PUBLICAS

LEAL DE SOUZA

Especial para o DIARIO DE NOTICIAS

As grandes instituições cariocas

Os lactarios de Campo Grande e D. Clara prestam á infancia inestimavel assistencia

A commissão da Sociedade dos Amigos de Alberto Torres em visita ao lactario D. Clara

A HERANÇA DE CHARLES JAMES DIMMOCK

O depoimento do sr. Antonio Gonçalves da Silva, amigo intimo do millionario mendigo

Antonio Gonçalves

Dental Eucalol
Á BASE DE EUCALYPTO

FERIU GRAVEMENTE O COLLEGA DE PROFISSÃO

ATROPELADO POR AUTO

AGGREDIDO PELOS COMPANHEIROS DE CASA

POR QUESTÕES DE FAMILIA TENTOU SUICIDAR-SE

Os acontecimentos da Hespanha

O movimento está limitado a zonas isoladas das provincias de Valencia e Andaluzia

As cotações dos titulos mineiros em Nova York

NOVA YORK, 11 (A. B.)

De Norte a Sul

PARÁ	PERNAMBUCO	ALAGOAS

PIAUHY

BAHIA

SERGIPE

MINAS

RIO G. DO SUL

— LI —

Um parecer sobre o ensino religioso nas escolas públicas

Rio de Janeiro, quinta-feira, 12 de janeiro de 1933

O parecer à Federação Espírita Brasileira, pelo sr. Canuto Abreu, sobre o ensino religioso nas escolas públicas, é o seguinte:

Rio de Janeiro, 19 de maio de 1931.

Caro presidente dr. Guillon Ribeiro — Federação Espírita Brasileira — Paz, saúde e alegria. — "Ensino Religioso" — O ilustre confrade dr. Carlos Imbassahy veio há dias ao nosso escritório solicitar, em nome do caro presidente, minha apagada opinião sobre o recente decreto que faculta, nas escolas primárias, secundárias e normais, o ensino religioso e me disse que, para indicar à Federação a atitude a tomar, havia sido nomeada uma comissão de três sócios: ele, o Quintão e eu. Prometi meu concurso, mas desde logo pensei no atrevimento que seria minha opinião ao lado do parecer de tão ilustrados companheiros, e já me estava esquecendo do fato, quando o dr. Imbassahy voltou a indagar-me a respeito do caso. Não querendo decepcioná-lo quando, pela terceira vez, se avistar comigo, escrevo o meu modo de ver, estreito mas sincero.

A consulta transmitida pelo dr. Carlos Imbassahy é simples e concisa: "Qual a atitude que a Federação Espírita Brasileira deve tomar diante do decreto que faculta o ensino religioso nas escolas primárias, secundárias e normais?".

A resposta deve ser no mesmo tom de simplicidade e concisão: "A atitude que a FEB deve tomar diante do decreto que faculta o ensino religioso nas escolas primárias, secundárias e normais é a de absoluto silêncio e inteira impassibilidade".

A justificação desta resposta encontra-se nos princípios gerais adiante expostos, com que pretendo poupar ao sr. presidente o trabalho de redigir uma explicação àqueles que acaso divirjam de nosso modo de ver.

Justificação:

1. Diante da nacionalidade, a federação não representa um "credo religioso", ou melhor, um "credo especial" reconhecido, com fundador que o haja desligado de um credo antigo e com um corpo de doutrina autônoma e uniforme. A federação é, no campo moral e espiritual, a guarda avançada que anuncia e prepara o advento de uma "nova era", a qual será naturalmente inaugurada por um enviado ou por vários missionários encarnados. Ela ergue e sustenta nesse campo, onde se combate o materialismo, a sua conhecida bandeira com a divisa "Deus, Cristo e Caridade", reunindo em torno dela todos os que acreditam na evolução da alma pelas reencarnações, que Deus nos concede, e pela prática da caridade, como Jesus recomenda, independentemente do credo religioso em que a alma se encarna.

2. Sendo como é uma sociedade brasileira, destinada a orientar as almas que nascem no Brasil ou vêm de outras terras viver sob o nosso cruzeiro, a federação não pode deixar de ser cristã. Se fosse organizada em outro país, em que o credo dominante fosse o Islamismo, o Xintoísmo, o Budismo, naturalmente ela seria maometana, xintoísta ou budista, pois

o Espiritismo serve de fundamento a todas as religiões e é o elemento universal e basilar de todos os credos e filosofias espiritualistas.

3. Nestas condições de rigorosa verdade, o Espiritismo não pode protestar contra qualquer credo, pois se encontra em todos com as mesmas manifestações e os mesmos fenômenos.

4. Toda a finalidade do moderno Espiritismo é desenvolver, pela lógica e pelos fatos, no seio de todas as religiões, a teoria da evolução da alma pelas reencarnações. Essa é a sua única finalidade. Tudo mais são acessórios doutrinários extraídos de religiões, filosofias e credos antigos. O Espírito da Verdade, que inspirou o movimento espírita ao qual nos filiamos, não podia ensinar, como não ensinou jamais, a rejeição de qualquer credo, pois todos os credos conduzem igualmente ao progresso espiritual, que depende não de "conhecimentos", mas de "sentimentos".

5. Se a nacionalidade brasileira fosse protestante, como a inglesa ou a norte-americana, o papel da federação seria o de desenvolver, no seio do Protestantismo, não a negação da fé nacional, o que seria erro imperdoável, mas a crença na evolução da alma pelas reencarnações, a fim de todos os adeptos da Bíblia alcançarem o entendimento da verdade que o santo livro cultuado pelos protestantes encerra. Sendo, como é, católica a nossa nacionalidade, porque Deus, em Sua sabedoria, quis confiar o nosso país aos católicos, cumpre à federação o grandioso papel de esclarecê-los, não para lhes arrancar a fé, mas para os ajudar a transpor uma etapa e entrar no entendimento da reencarnação.

6. Em síntese: a missão social do Espiritismo no Brasil é introduzir no Catolicismo o dogma da reencarnação com o conjunto de doutrina que esse dogma possui e a federação ensina e propaga. Não lhe cumpre entrar em competições religiosas, pois religião não é.

7. Quem, entre os que procuramos a verdade, poderá ante a consciência e com isenção negar hajam sabido do Catolicismo o bem e a fraternidade relativos que se encontram por todos os povos cristãos e em particular no Brasil?

8. Se, para evoluir, a alma precisa renascer e se pode renascer neste ou naquele país ou naquela religião, segundo a vontade de Deus, para

que haveria o Espiritismo de tentar destruir qualquer credo quando melhor é imprimir a todos uma natural evolução? Progride o homem, progride a coletividade.

9. Perseguindo este ou aquele credo, tornamo-nos odiosos e atraímos as influências destruidoras em vez de coletivizarmos, para nossa fortaleza e defesa da verdade, as vibrações benéficas que só se agregam pela ação do bem. Combatendo, entramos na corrente escura que vem retardando a marcha da humanidade para a perfeição.

10. O decreto sobre a liberdade do ensino religioso nas escolas oficiais e equiparadas talvez seja uma faísca lançada pelas trevas para atear um incêndio a mais dentro da nacionalidade. Se assim for, os brasileiros que buscam defender a nacionalidade, não podendo nem devendo fazer nada contra o decreto pelas razões acima, temos que ficar mudos e surdos diante do clamor que o crepitar dessa centelha possa produzir temporariamente. Fiquemos em silêncio e meditação nesta hora grave posta por Deus no caminho de nossa evolução. A federação assim procedendo — e deveria sempre assim proceder quando a treva a provocasse — encontrar-se-ia sempre forte e cada vez mais capaz de cumprir a sua missão orientadora, como vanguardeira da nova era.

11. Andam menos acertados os centros espíritas quando, cada um com orientação própria e personalizada, combatem os credos que, se existem e servem a milhões de almas na Terra e no espaço, é porque foram instituídos por ordem de Deus, sem Cuja vontade nada poderia florescer. No entanto, a moral católica (para só falar do mais visado dos credos) se acha de tal modo entranhada nos usos e costumes brasileiros que alguns desses mesmos centros de combate dão como novidade espírita práticas e doutrinas do Catolicismo não raro em disfarce mais ou menos ridículo. Cumpre lembrar-lhes que a moral católica bem aplicada conduzirá à perfeição espiritual, mormente se a teoria espírita a orientar, tornando-a mais assimilável, mais atual e digna de integralmente aceita pela razão moderna.

12. O homem vai saindo a pouco e pouco do obscurantismo, esclarecendo-se cada vez mais pela ciência. Para que se não afaste da moral re-

ligiosa que serve de padrão ao meio em que progride, necessário é crer nela sabendo por que crê ou, por outras palavras, "crer cientificamente". Recorre então, como já fizemos nós, ao Espiritismo que completa todas as filosofias, projetando sobre a verdade velada que elas encerram o revérbero da demonstrarão experimental.

Concluiremos, no próximo escrito, a publicação da parte restante deste luminoso parecer, assinalando, com humilde satisfação, a concordância, com as nossas, das ideias hoje definidas pelo eminente dr. Canuto Abreu.

Redacção e Officinas — Rua Buenos Aires, 154 · Rio de Janeiro — Sexta-feira, 12 de Julho de 1931

Natal, 12 - Espera-se que amanhã alcance esta cidade o apparelho em que viaja o piloto Mermoz, que vem realizando o raid Marsetha-Buenos-Aires, com etapas em São Luiz, Natal e Rio

O ESPIRITISMO,

A Magia e as Sete Linhas de Umbanda

TOLERAR PARA VENCER

LEAL DE SOUZA

(Especial para o DIARIO DE NOTICIAS)

O "ARC-EN-CIEL" ATERRISSOU

PORT STENNEL, 12 (U. P.) — O apparelho de Mermoz aterrissou nos arredores desta cidade, ás 3 horas e 10 minutos da madrugada, hora local.

O NOVO HORARIO DE FUNCCIONAMENTO DAS PADARIAS EM NICTHEROY

Volta ao regimen do trabalho nocturno

O RAID MARSE-LHA-BUENOS AIRES

O apparelho decollou ás 10,05 de hontem

Foram ao Cattete apresentar uma reclamação

E entregaram ao chefe do governo, um longo memorial

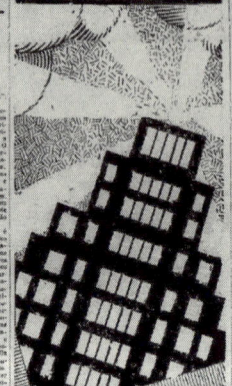

ANNUNCIAE EM A NAÇÃO

APPARECERÁ AMANHÃ

As tropas de assalto hitleristas estão descontentes

Na opinião de um jornalista inglez, as conferencias de desarmamento concorrem para alimentar a confiança entre as nações

Facilitando as certidões de valor locativo, em São Gonçalo

A lei de 8 horas será cumprida em São Gonçalo

Para clarear os dentes e desinfectar a bocca

Odol

Pasta Odol

Uma combinação cuja tama corre de bocca em bocca!

FERIDO A PUNHAL

UM PRINCIPIO DE INCENDIO EM TERRA NOVA

ATROPELADO POR AUTO

AGGREDIDO A PÁO

BRIGARAM E O SOLDADO O ANAVALHOU

CAIRAM DO TREM E TIVERAM O PÉ ESMAGADO

EM NICTHEROY

— LII —

Tolerar para vencer

Rio de Janeiro, sexta-feira, 13 de janeiro de 1933

O parecer sobre o ensino religioso nas escolas públicas apresentado à Federação Espírita Brasileira pelo dr. Canuto Abreu, e cuja primeira parte anteriormente publicamos, assim continua e conclui:

> 13. No dia em que o Espiritismo da Verdade penetrar todos os corações e todos os entendimentos, a caridade perfeita reinará na Terra e a Terra será, para os cristãos, o reino de Cristo, e este reino por ele estará ligado ao de seu Deus, que é o nosso Deus. O Espiritismo deve trilhar, portanto, uma estrada de tolerância, a mais absoluta e perfeita em relação a todos os credos, principalmente credos cristãos, pois que os deve a todos penetrar sem destruir para melhor lhes tirar da letra que adormece o espírito que desperta e progride.
>
> 14. Assim pensando e crendo, ao organizar a pedido os estatutos da Federação Espírita do Estado de São Paulo, propusemos e foi unanimemente aceita a divisa "Tolerar para vencer".

15. Corrente intermediária entre a Terra e o Céu, cumpre ao Espiritismo puro nada destruir, mas a tudo dar complemento, repetindo nos nossos tempos a missão doutrinária do Máximo Senhor, que não veio ao seu tempo destruir, mas completar o Judaísmo, fazendo-o evoluir para o Catolicismo puro.

16. Do espaço é que partem as correntes diretoras da humanidade. Achando-se no espaço os espíritos desencarnados de todos os credos da Terra (e só falamos dos da Terra), cada um pode e leva ao seu credo a explicação orientadora que Deus permita seja dada para os fins da evolução das religiões.

17. Mas no espaço há também desgraçados que vivem sem Deus, sem fé, sem esperança e, conseguintemente, sem caridade, o que vale dizer sem salvação. Tenhamos cuidado com os conselhos que nos sopram aos menos vigilantes! É deles sobretudo que vem o influxo para o combate aos credos religiosos que eles odeiam. São forças inferiores e sombrias do espaço que querem destruir as instituições seculares graças às quais as forças superiores e luminosas puderam manter neste mundo, por meio dos cataclismos sofridos, a fé na imortalidade da alma, na misericórdia de Deus e na esperança de nossa redenção. Os centros espíritas que agirem sob a insinuação daquelas forças estarão cavando a ruína moral e espiritual de seus adeptos, alistando-os nas hostes que combatem a verdade e se destinam ao choro e ranger de dentes.

18. São ainda essas forças negras que alimentam certos grupos espíritas, cuja atividade se tem limitado às competições doutrinárias, vendo em tudo e em todos os erros e só com eles a luz e a verdade. Cumpre à federação, instituto central e mais antigo, controlar a força hoje dispersiva desses grupos, tornando-a construtiva. Como? Não tendo nenhuma estreiteza de vista doutrinária, não protestando contra nenhuma crença ou opinião, amando a todos como múltiplas modalidades com que a verdade se apresente às múltiplas inteligências e dando pelo exemplo o ensino de que só a humildade, a caridade e a fé permitem ao homem progredir para Deus.

19. Alguns confrades poderão alegar, em defesa de sua combatividade e contra nossa impassividade, que, na opinião dos reverendos sacerdotes

católicos, "o Espiritismo é o conjunto de todas as superstições e astúcias da incredulidade moderna, que, negando a eternidade das penas do inferno, o sacerdócio católico e os direitos da Igreja Católica, destrói todo o Cristianismo" e que, por isso, "os espíritas devem ser tratados, tanto em foro externo como no interno, como verdadeiros 'hereges' e 'fautores' de 'heresias', e não podem ser admitidos a recepção dos sacramentos, sem que antes reparem os escândalos dados, abjurem o Espiritismo e façam a profissão de fé". (CPLA[27] n. 97, *in Pastoral coletiva*, 1915).

20. Que importa, responderei, que esse ou outros credos nos rejeitem por sermos espíritas, se conservamos na consciência, em espírito e verdade, a fé que deles é derivada? O que nos cumpre é não os perseguir a nenhum para, pela tolerância, os vencer a todos. Fomos católicos e não ficamos esclarecidos? Por que outros e todos não o ficarão a seu tempo? Será para o futuro, sim, mas nós não estamos ainda na nova era, cujo advento (vide alíneas 1 e 10) a federação anuncia.

21. A hora que passa é muito importante para todos nós, espíritas, e para a federação, notavelmente. Esta reúne em sociedade alguns milhares de adeptos que são originários do Catolicismo e que guardam, muitos deles, relações estreitas por trato direto ou laços colaterais com esse instituto religioso. É, pois, um núcleo de membros mais ou menos dispersos da Igreja Católica. Por isso mesmo, onde vai buscar a federação o fundamento religioso de sua crença e onde tem o código de sua moral? No Evangelho, que ela busca explicar à luz procedente do dogma da reencarnação. Como e por que, então, combater o credo católico por ele ensinar esse mesmo Evangelho por seu catecismo? Não fazemos, porventura, o mesmo, os espíritas? Não temos o nosso catecismo tirado também do Evangelho?

22. Combater com o Evangelho interpretado por nós o catecismo católico é esquecer que este promanou do Evangelho interpretado pelos que são os fundadores espirituais do Espiritismo.

23. Ninguém que tenha consciência do seu dever patriótico deve, nesta hora sem defesa que vivemos, levantar-se para com qualquer protesto aumentar o caos que presenciamos.

27 A sigla refere-se ao Concílio Plenário Latino-Americano. [NE]

24. Tudo vem, mas tudo passa. Sem defesa nesta hora, a nacionalidade terá sua defesa quando a hora passar. Cooperemos para a passagem rápida dessa hora obscura, não lhe demorando a marcha com protestos impensados. Que exulte este ou aquele credo agora. A nacionalidade não foi ouvida ainda, e, quando ela o for legalmente, então, a voz da federação se deverá fazer ouvir por meio daqueles que forem tolerantes.

25. O momento é de abstenção e preparação pelo silêncio. Sejamos expectantes da hora de nossa ação.

Está amplamente justificada a resposta que dou à consulta. Antes de terminar, permito-me ainda lembrar aos caros companheiros que nossa federação nunca poderá triunfar combatendo, pois encontraria competidores nas próprias sociedades congêneres. Para poder crescer e atingir o destino que lhe almejamos todos, não deverá impedir a ceifa em nenhum campo para em todos respigar. Sobretudo não deve pensar em fundar um credo, pois não tem autoridade para isso.

O decreto vai beneficiar o Catolicismo. Que importa! Esse credo secularmente estabelecido só desaparecerá pela evolução nos tempos marcados por Deus. Cuidemos antes de respeitar a todos os credos, sem ter nenhum. Parodiemos Jesus:

"As raposas têm as suas tocas, as aves do espaço têm seus ninhos, mas o 'Filho do Homem' não tem um lugar onde repousar a cabeça."

Paz, saúde e alegria,
Canuto Abreu (assistido pelos guias).

 REPORTAGENS

Diário de Notícias

 NOTICIARIO

Redacção e Officinas — Rua Buenos Aires, 134 — Rio de Janeiro — Sabbado, 14 de Janeiro de 1933

Devido á secca, a E. F. Central da Bahia está na imminencia de paralysar o trafego

EM NICTHEROY

REPREHENDIDA PELA FAMILIA, TENTOU SUICIDAR-SE

Uma denuncia de contrabando no "Siqueira Campos"
Foi desembarcada toda a tripulação

O "Siqueira Campos"

A SECCA NOS SERTÕES BAHIANOS

A falta d'agua ameaça paralysar o trafego da Estrada de Ferro Central da Bahia

O ESPIRITISMO,
A Magia e as Sete Linhas de Umbanda
UM DESPRIMOR
LEAL DE SOUZA

ATROPELADO POR AUTO

CAIU E FRACTUROU O BRAÇO

VICTIMA DE DESASTRADA QUEDA DE TREM

AGGREDIU A RIVAL, Á NAVALHA

VICTIMA DE QUEDA

ESTADOS UNIDOS

VICTIMA DA EXPLOSÃO DE UM APPARELHO DE PROTHESE DENTARIA

Instituto da Ordem dos Contadores

A Hespanha presa de graves agitações sociaes
Continúa grande a exaltação de animos — Numerosos disturbios provocados pelos grevistas — Desenvolve-se cautelosamente a propaganda extremista

O CASO DE LETICIA

FERIDA A FOICE

CAINDO, FRACTUROU O ANTE-BRAÇO

O RECURSO DE UMA JOVEM

DE NORTE A SUL

O INVESTIGADOR FOI FERIDO PELO LADRÃO

Policia Militar

PARANÁ

ESPIRITO SANTO

Demarches para a reorganização do gabinete do governo grego

— LIII —

Um desprimor

Rio de Janeiro, sábado, 14 de janeiro de 1933

Havia anunciado para hoje um artigo sobre o ensino religioso nas escolas públicas, mas sou forçado a adiá-lo para amanhã, a fim de evitar-lhe um rodapé referente a ridículas questiúnculas mesquinhamente pessoais.

Talvez por erros provenientes de meu contato, nos terreiros de Umbanda, com os espíritos humildes de pretos-velhos e caboclos, e por efeitos da educação dos companheiros com que tenho convivido nas várias camadas humanas do Espiritismo, eu estava convencido de que não havia nenhuma incompatibilidade entre essa doutrina e as regras da delicadeza, cortesia e lealdade reguladoras das relações sociais, nos meios mais favorecidos pela cultura moral. Vejo, agora, que algum espírita se julga até com direito de enganar os seus confrades, dando o caráter de um instrumento público ao que ele próprio reduzia a um instrumento particular.

Nos últimos dias de dezembro, recebi, com um cartão do conselho da Liga Espírita do Brasil, uma carta do comandante João Torres. O cartão, aludindo ligeiramente às referências por mim feitas, neste jornal, àquele conselho, enviava-me votos de paz e de boas-festas. A carta, de mistura com esses mesmos votos, continha uma alegação mais ou menos desaforada à minha resposta à insólita agressão de seu autor.

Não transcrevi, neste jornal, nem a carta nem o cartão, porque eram documentos particulares, privados, que eu não poderia usar sem o consentimento de seus autores e cujos autores não poderiam decentemente publicar sem a minha autorização.

Há três dias, publiquei, no *Diário de Notícias*, uma carta que me endereçou o dr. Canuto Abreu, porém só a estampei depois de autorizado pelo eminente escritor. Por sua vez, esse ilustre confrade, concedendo-me a licença, que também lhe solicitei, para divulgar a sua carta ao presidente da Federação Espírita Brasileira sobre o ensino religioso nas escolas públicas, explicou que podia condecer-ma porque, "ao fim da carta escrita ao presidente da Federação Espírita Brasileira, em 19 de maio de 1931, cuja cópia lhe remeto, estar expressamente declarado: 'Autorizo a publicação e reservo-me o mesmo direito'".

Sem que me autorizasse a publicá-la e sem que se reservasse esse direito, o sr. João Torres, sem o meu consentimento, publicou a carta particular que me dirigiu. E, pior do que isso, deu-lhe, na publicação, o título mentiroso de carta aberta. E, publicando-a, alterou-a, para alindá-la, na agressividade persistente.

A divulgação irregular dessa carta privada não teve, para mim, inconveniente de natureza nenhuma, tendo, porém, grande vantagem. E é por causa dessa vantagem grande que tão minuciosamente patenteio o desprimor do árdego missivista.

A impertinente indiscrição do incansável distribuidor de coroas de espinhos veio demonstrar que o homem com quem sou novamente chamado a contender, o sr. João Torres, é um cavalheiro sem cavalheirismo, isto é, um homem sem educação, forçando-me, com as suas atitudes, a escrever coisas que só a contragosto, violentando-nos, dizemos, nas nossas reuniões, aos obsessores.

Devo dizer que não respondi, enquanto a considerei documento particular, a carta do sr. João Torres, como não respondi ao cartão do conselho da Liga Espírita.

Não respondi em uma carta e de forma nenhuma ao sr. João Torres porque o meu temperamento não me permite misturar desaforo e votos de paz, e não agradeci ao conselho porque, tendo o seu cartão acompanhado a missiva do sr. Torres, se eu me dirigisse ao conselho sem fazê-lo ao sr. Torres, poderia parecer que afetava desdenhá-lo e mantive esse propósito.

Pretendia, deixando passar uns dias, para atenuar a lembrança de nossa divergência, visitar, conforme o convite do agressor, a Liga Espírita, esclarecendo, então, com serenidade e na intimidade, as nossas dúvidas e prevenções. Não o consentiu, porém, a impertinência do comandante Torres, emprazendo-se em divertir a plateia de incrédulos com o seu furor combativo.

1ª EDIÇÃO 4 HORAS · REPORTAGENS · **Diário de Noticias** · NOTICIARIO · 2ª SECÇÃO 8 PAGS.

Redacção e Officinas — Rua Buenos Aires, 104 — Rio de Janeiro — Domingo, 15 de Janeiro de 1933

VIENNA, 14 (Agencia Brasileira) - O tribunal penal de Szegdin condemnou á morte a mulher de nome Victoria Rieger, responsavel pelo assassinio feroz de oito homens

O ESPIRITISMO,

A Magia e as Sete Linhas de Umbanda

O ENSINO RELIGIOSO NAS ESCOLAS PUBLICAS

LEAL DE SOUZA
(Especial para o DIARIO DE NOTICIAS)

A questão do ensino religioso nas escolas publicas, facultativo, tem sido examinada, em geral, sob aspectos estreitamente sectarios...

O CASO DO "SIQUEIRA CAMPOS"

Não se confirmou a denuncia de contrabando

Sr. José Marinho de Lima, commissario do "Siqueira Campos"

Tragedia conjugal em Botafogo

Depois de violenta discussão, o marido assassina a esposa a punhaladas!

Abel Ferreira da Cruz

ULTIMA HORA SPORTIVA

Não se realizou a luta Ebert x Ruhmann

A proxima luta entre o campeão europeu Ars e o francez Kid Nitram

UMA BARBEARIA, UMA QUITANDA E UMA FABRICA DE ROLHAS DESTRUIDAS POR UM INCENDIO

NA TERÇA-FEIRA — O Espiritismo e a questão social.

GRANDE SUCCESSO DE LIVRARIA

A primeira edição do livro "Memorias" do sr. Humberto de Campos foi esgotada em menos de 15 dias

DO SEGUNDO ANDAR AO SOLO

RUHMANN FOI PARAR NA ASSISTENCIA ANTES DA LUTA

O CONFLICTO SINO-JAPONEZ

Os nippões começaram o ultimo exercito irregular chinez no oriente mandchú

'ATIROUSE AO MAR E FOI SALVA

PRINCIPIO DE INCENDIO

EM NICTHEROY

QUANDO EXAMINAVA A ARMA, FERIU-SE

DUAS CRIANÇAS VICTIMAS DA EXPLOSÃO DE UM FOGAREIRO

O mercado de café em Nova York

— LIV —

O ensino religioso nas escolas públicas

Rio de Janeiro, domingo, 15 de janeiro de 1933

A questão do ensino religioso nas escolas públicas, facultativo, tem sido examinada, em geral, sob aspectos estreitamente sectaristas. Defendem uns essa concessão governamental, considerando-a favorável à propaganda e expansão do Catolicismo, e combatem-na outros, os que não são católicos, pela mesma consideração partidária.

Penso que o problema deve ser encarado sob o critério pedagógico e do ponto de vista das conveniências nacionais. Não me parece que possa produzir frutos apreciáveis em estabelecimentos oficiais, sobretudo nas escolas primárias, onde se inicia a disciplina da inteligência, sob programas estudados tecnicamente, à luz da ciência, o ensino facultativo de matéria que escapa à fiscalização do Estado, situando-se fora do plano geral da instrução, e ministrada arbitrariamente por professores sem responsabilidades nem obrigações oficiais.

Constituem-se, assim, três exceções dentro do regulamento que deve ser rigorosamente mantido em cada escola: a do ensino facultativo, em que o governo não pode intervir, nem para graduá-lo, conforme a idade, a inteligência e a cultura das crianças, para não restringir a liberdade de consciência; a do professor facultativo, que, no tocante aos seus ensinamentos, fica acima do corpo professoral da escola; e a do aluno, que, em face desse professor e de seu ensino, fica com uma liberdade de conduta incompatível com o regime escolar.

Do ponto de vista das conveniências nacionais, o ensino facultativo talvez seja um erro de consequências tristes e funestas.

Na maioria das cidades litorâneas, e em grande número das do interior, ao lado do padre católico, aparecerão para ministrar o ensino de seus credos o pastor protestante e o professor espírita, e teremos a luta religiosa dentro das escolas, sob a proteção do Estado.

Quando, em sua cátedra, o pastor negar os dogmas da Igreja e o princípio da reencarnação, contestá-lo-ão, atacando-o em sua doutrina, o representante do Papa e o discípulo de Allan Kardec. As crianças, que até então certamente não haviam observado que eram de religiões diferentes, passam a acreditar que pertencem a cultos inimigos, e as escolas nacionais, que devem preparar cidadãos irmanados pelo amor e para o serviço da pátria, lançarão à atividade social bandos de adversários separados por antagonismos intransigentes.

Mas, dir-se-á, o ensino religioso é necessário, e foi reconhecendo essa necessidade que o Estado concedeu aos diversos credos a faculdade de ensiná-lo nas escolas públicas. Também eu, na minha insignificância, atribuo ao ensino religioso um papel que reputo indispensável à formação moral do cidadão brasileiro, mas não desejo que se converta a intenção de um benefício em uma desgraça positiva. Acho que o problema comporta outra solução.

Às religiões que lhe pedem essa faculdade perturbadora da harmonia do ensino oficial, imponha o Estado uma obrigação: cada igreja, templo, sociedade ou agremiação que, em nome da liberdade de consciência, exerça legalmente o direito de praticar atos de culto religioso, seja obrigado a manter, sob a fiscalização do Estado quanto ao funcionamento, uma escola para ministrar o ensino de sua doutrina aos filhos de seus adeptos.

Dir-se-á que o Estado não tem esse direito, mas, sem apelar para os poderes discricionários da ditadura, que são transitórios, ouso pensar que ao governo assiste o dever de aproveitar e coordenar, para o bem da pátria, todas as forças da nacionalidade, podendo impor às comunidades e seitas religiosas o que delas dependa para o benefício da coletividade, desde que não lhes restrinja a liberdade de cultos.

E nem as religiões, pelos seus representantes, poderiam protestar contra a obrigatoriedade de seu ensino, em escolas suas, por professores seus. O que espanta é que esse não seja o regime normal, por elas próprias estatuído.

 1ª EDIÇÃO 150 RS REPORTAGENS **Diario de Noticias** NOTICIARIO 2ª SECÇÃO 6 PAGS

Redacção e Officinas — Rua Gomes Aires, 124 — Rio de Janeiro — Terça-feira, 17 de Janeiro de 1931

VARSOVIA, 16 (U. P.)- Foram sentenciados hoje á morte em Gdnyia, e executados immediatamente, dois civis e um official de Marinha accusados de espionagem em favor da Allemanha

O ESPIRITISMO,
A Magia e as Sete Linhas de Umbanda

O ESPIRITISMO E A QUESTÃO SOCIAL
LEAL DE SOUZA

(Especial para o DIARIO DE NOTICIAS)

FALLECEU O GENERAL IVENS FERRAZ

LISBOA, 16 (U. P.) — Urgente — Acaba de fallecer o general Ivens Ferraz, antigo primeiro ministro e figura de grande destaque nos circulos politicos nacionaes.

A HERANÇA DE CHARLES JAMES DIMMOCK
O julgamento da habilitação de Eduardo Dimmock

DIREITO, JUSTIÇA E FÔRO
Fôro Civel e Commercial
FALLECIMENTOS

Fôro Criminal

Sub-Commissão de Reforma Constitucional
A questão de censura á imprensa — Declaração de direitos e deveres do cidadão brasileiro

A SITUAÇÃO POLITICA NA GRECIA
O sr. Venizelos organizou o Ministerio da União Nacional

Donativos á Santa Casa

Horrivelmente mutilado um ascensorista
NO PREDIO DO «O JORNAL»

José Chrispim de Souza, a victima

PARA NÃO ATROPELAR UM TRANSEUNTE, JOGOU O AUTOMOVEL SOBRE O PAREDÃO

A ETERNA IMPRUDENCIA

O imposto territorial e a nova divisão do Districto Federal
Taxação sobre o sólo livre de benfeitorias — Liberdade ao trabalho e ao capital — Incentivo ao progresso edilício

Sr. Aurelio Dias de Moraes

Cumpliu-se um desastre ferroviario, ha muito processo prescripto

A legalização dos centros espiritas de Nictheroy

— LV —

O Espiritismo e a questão social

Rio de Janeiro, terça-feira, 17 de janeiro de 1933

Os espíritas sabem que a chamada questão social, na angústia de sua crise da atualidade, só existe porque as nações, constituídas de indivíduos cristãos, não se governam pelos princípios do Cristianismo.

Os Estados sacrificam as leis eternas de Deus aos rigores de seu egoísmo; os indivíduos, agindo como coletividades, se habituaram a colocar o interesse e o orgulho de seus povos acima dos direitos dos demais países, e as próprias instituições religiosas restringem a universalidade de suas doutrinas em interpretações favoráveis à ambição de cada burgo.

Se, em 1914, os Estados católicos da Europa, quando os convocaram às armas, tivessem, com intransigência, invocado a lei de Deus e resistissem à sua violação, como os fundadores de sua Igreja resistiam à imposição dos césares romanos, certamente a guerra não se teria desencadeado. Instruídos, porém, no orgulho egoístico da nacionalidade e confundindo-o com o seu próprio interesse individual, os homens validos do mundo ocidental, atirando-se uns contra os outros, solicitavam, em súplicas ardentes, a benção de Deus para a subversão dos mandamentos divinos.

Para resolver pacificamente a questão social, o meio que se apresenta aos olhos de um espírita é a prática generalizada dos princípios cristãos, mas para isso seria necessário reeducar a humanidade, e esse esforço renovador exigiria alguns decênios para começar a produzir os primeiros frutos. Devemos, pois, como participantes do drama neste momento desenrolado na Terra, contribuir para atenuar a crueza dos males coletivos, procurando encaminhar as correntes mais consentâneas com os nossos princípios.

Em face das ideias em xeque, devemos fazer duas considerações basilares: toda criatura humana tem direito à subsistência e à felicidade; a evolução dos espíritos carnados[28] se processa por meio das diferenças de recursos materiais. É necessário, pois, assegurar a cada indivíduo a subsistência, dando-lhe os elementos para que o seu esforço conquiste, nas competições normais do merecimento, o posto e os proventos devidos às suas qualidades, sem que os menos dotados de inteligência e habilidade fiquem reduzidos a seus escravos ou arrastem uma triste existência de necessitados.

A função do Estado tem de ser, no seu objetivo, magnanimamente tutelar. Não lhe cabe criar diferenças de indivíduos e classes, cumprindo-lhe, porém, promover a aplicação da riqueza social em benefício geral da coletividade.

Estas palavras são apenas sugestões à meditação dos meus confrades, pedindo aos mais ardorosos que as meditem, antes de se imiscuírem no turbilhão da luta, onde as flâmulas ainda não mostram, no esplendor de suas cores, a pureza de nossa doutrina.

---

28 Na edição do *Diário de Notícias*, foi publicado o termo "cansados". [NE]

1ª EDIÇÃO

REPORTAGENS — Diario de Noticias — NOTICIARIO

2ª SECÇÃO — 6 PAGS

Redacção e Officinas — Rua Buenos Aires, 154 — Rio de Janeiro — Quinta-feira, 19 de Janeiro de 1933

NEM PÃO NEM TECTO

ENQUANTO O ASPHALTO DA CIDADE REFLECTE O VULTO ESGUIO DOS ARRANHA-CÉOS, NO VELHO PARDIEIRO DA PRAÇA DA HARMONIA CONFRATERNIZAM A MISERIA, AS DOENÇAS E A FOME

O ALBERGUE DA BOA VONTADE — UMA GRANDE INICIATIVA QUE FRACASSOU A DOIS PASSOS DO TRIUMPHO

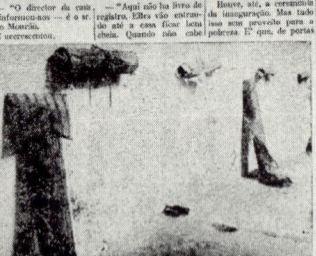

Falando ao encarregado

A HERANÇA DE CHARLES JAMES DIMMOCK

A habilitação de Eduardo Dimmock

TROTZKY DENUNCIA A' COMMISSÃO EXECUTIVA DO PARTIDO COMMUNISTA RUSSO AS PERSEGUIÇÕES QUE VEM SOFFRENDO

PRAGA, 18 (U. P.)

OS LADRÕES ENTRARAM NO ESTABELECIMENTO, APROVEITANDO A FALTA DO CADEADO

A MACHINA ESMAGOU O BRAÇO DO OPERARIO

OURO

MUSA SEIVA

Banco Franco de Musa SAODENTIUM que melhor resultado tem produzido nos bronchites, tosses, grippe e o começo de asma.

COLHIDO POR UM AUTO DO M. G.

ATROPELADO POR UM OMNIBUS

O ESPIRITISMO, A Magia e as Sete Linhas de Umbanda

POR

HARMONIA
LEAL DE SOUZA

(Especial para o DIARIO DE NOTICIAS)

EM NICTHEROY

DESABAMENTO NUMA CASA EM CONSTRUCÇÃO

CAIU E FRACTUROU O FEMUR

A CAÇA AO "BICHO"

LIVRARIA E PAPELARIA PASSOS

MONTEVIDE'O 18 (U. P.) - O jogo de football entre academicos brasileiros e uruguayos foi vencido, pelos ultimos, por 3 x 2

— LVI —

Harmonia

Rio de Janeiro, quinta-feira, 19 de janeiro de 1933

Às nossas tendas acorrem, com frequência, pessoas desejosas de provas, e muitas que, as tendo, não se contentam e exigem outras. Não nos irritemos com essa curiosidade insatisfeita, principalmente quando os deveres que a caridade nos impõe não nos deixam tempo para proporcionar a tais curiosos um divertimento que acaba sendo útil.

Há pessoas que resistem à evidência dos fatos mais concludentes e causam irritação com a teimosia de sua resistência. Evitemos essa irritação, lembrando-nos do tempo em que, não sendo espíritas, tínhamos piedade ou sentíamos desprezo pelos adeptos de nossos princípios e práticas de hoje.

Respeitemos a crença de quem a cultiva fora de nossa doutrina, pois Deus está conosco, porém não está só conosco, e onde brilha a fé a Sua misericórdia esplende em milagres.

E assim, falando à tolerância de meus irmãos do Espiritismo e solicitando a simpatia de quantos acreditam em Deus e procuram servi-Lo, considero encerrada a série destes artigos.

Os centros espíritas estão separados por pequenas divergências, realmente insignificantes, por serem todas atinentes a métodos práticos, sem lesão de princípios fundamentais, mantendo-se a unidade da doutrina assegurada, segundo o ensino de Santo Agostinho e Allan Kardec, pela máxima "amar a Deus e praticar o Bem".

Entre os que, invocando o nome de Allan Kardec e a doutrina dos espíritos, amam a Deus e praticam o Bem, é necessário restabelecer a harmonia, baseada na compreensão que os mais avançados tenham da marcha morosa dos que não podem acompanhá-los na celeridade de seus passos para a frente, na estrada clara do progresso.

Antes de espraiar-se em claridade fora dos centros de seus adeptos, a doutrina espírita deve beneficiar, com a sua tolerância, os seus partidários, esclarecendo erros sem degradar indivíduos. Para não melindrar pessoas, nem apontá-las aos outros como ignorantes ou obtusas, é preferível expor a majestade dos princípios a enumerar erros, mesmo porque muitas vezes nos iludimos e enganamos em nossos julgamentos e podemos incidir na falta de que acusamos o nosso irmão, classificando entre desacertos o que não o seja.

Só se pode atribuir à responsabilidade do Espiritismo, segundo Allan Kardec, opinião, conceito ou doutrina que tenha sido sustentado ou exposto por mais de um espírito, em mais de uma região, por médiuns diferentes, e que tenha, assim, pela universalidade uniforme das manifestações, o caráter de uma afirmação em que se reproduza o pensamento superior que nos governe.

Em face da atividade de todos os centros e sociedades espíritas, quaisquer que sejam os seus processos, não julguemos o labor de nossos confrades pelas nossas antipatias e preferências, mas, como no-lo manda o Evangelho, julguemos a árvore pelo fruto.

— Posfácio —

Diamantino Fernandes Trindade[29]

Ao encerrar a leitura desta maravilhosa obra, deparei-me com intensas e ricas lembranças de 1984, quando tive o primeiro contato com este texto pelas mãos de minha querida irmã, Mãe Zilméa de Moraes, na Cabana de Pai Antônio em Cachoeiras de Macacu, Rio de Janeiro.

Muitos anos depois, tendo acesso ao *Diário de Notícias*, percebi que um terço das reportagens não havia sido publicado na primeira edição do livro, em 1933. Fiquei muito feliz por este consistente e magnífico projeto da Editora Aruanda, fiel à história, que republica todas as reportagens nesta obra.

O Espiritismo, a magia e as Sete Linhas de Umbanda é um marco na história da literatura espiritualista brasileira, pois é o primeiro livro a tratar especificamente sobre a Umbanda. Devemos lembrar que quando Leal Souza conduziu este inquérito, em 1932, já conhecia sobejamente o Espiritismo e o, então denominado, Espiritismo de Umbanda. Mesmo assim, em momento algum, ele fez qualquer proselitismo da religião, demonstrando uma ética irrepreensível.

---

29   Sacerdote do Templo Cristão Umbanda do Brasil e Ministro religioso da Casa de Cultura Umbanda do Brasil e autor com diversos livros publicados. [NE]

Gaúcho, de Santana do Livramento, Leal de Souza conheceu a Tenda Espírita Nossa Senhora da Piedade, casa-mestra da Umbanda, em 1924, durante a série de reportagens *No mundo dos espíritos*, logo iniciando nesta casa a sua caminhada espiritual dentro da religião. Sempre fiel ao Astral, a Zélio de Moraes e ao Caboclo da Sete Encruzilhadas, aprendeu com rapidez e afinco as leis, os rituais e as práticas umbandistas. Estava bem familiarizado com a importante missão dessa portentosa entidade.

Em 1918, o Caboclo das Sete Encruzilhadas determinou a fundação de sete tendas-mestras que seriam responsáveis por expandir a Umbanda. A Tenda Espírita Nossa Senhora da Conceição foi a primeira dessas tendas, fundada em 16 de janeiro do mesmo ano, pela senhora Gabriela Dionysio Soares, que, alguns anos depois, precisou se afastar por motivos de saúde. A confiança depositada pelo Astral em Leal de Souza era tão grande que ele foi escolhido para substituí-la. Junto ao Caboclo Corta-Vento, dirigiu a Tenda Espírita Nossa Senhora da Conceição por muitos anos.

Leal de Souza foi brilhante como jornalista, redator, escritor e poeta, mas não menos brilhante como médium e dirigente umbandista. Sua perspicácia e conhecimento sobre a Umbanda mostram-se, por exemplo, na elaboração do conceito das Sete Linhas de Umbanda, que serviu de base para muitas outras classificações de autores posteriores.

Como disse W. W. da Matta e Silva, Leal de Souza foi o primeiro umbandista que enfrentou a crítica mordaz, ostensiva e pública em defesa da Umbanda. Em uma época na qual era quase que uma heresia falar sobre tal assunto, Leal de Souza nunca se curvou aos ataques ferozes da polícia, da imprensa ou da Igreja Católica.

Nesta obra, Leal de Souza desvenda os enigmas que incomodavam muitos umbandistas na época, principalmente os dirigentes das diversas tendas, mostrando, com maestria e clareza de ideias, os escaninhos desta Umbanda de todos nós, bem como do Espiritismo em geral.

Explica, de forma magnífica, os aspectos teóricos, os métodos e os rituais praticados nos terreiros, bem como a questão social que envolvia a religião umbandista. Também se torna claro que ele foi o primeiro historiador da Umbanda.

Amado ou odiado, jamais esquecido!

Parabenizamos os leitores e leitoras desta admirável obra, que, com certeza, nos propicia um novo olhar sobre a Umbanda emergente da década de 1930.

Desejamos que este livro tenha servido como um ponto de reflexão para os cérebros pensantes e os corações sensíveis que, certamente, fazem morada na corrente astral e humana da Umbanda e do Espiritismo.

Saravá, meu querido irmão, Leal de Souza! Seu trabalho continuará sempre vivo no coração de todos nós umbandistas.

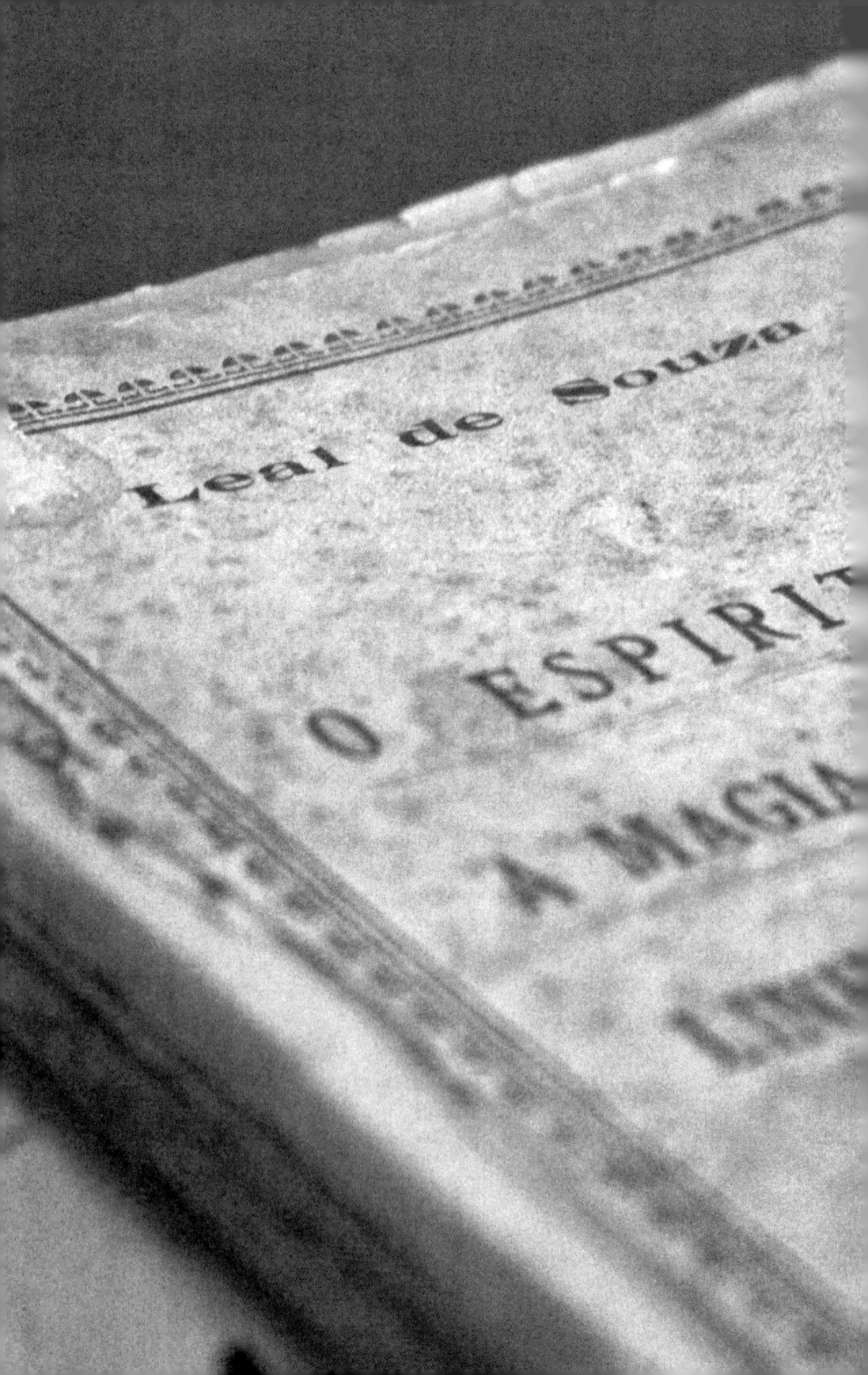

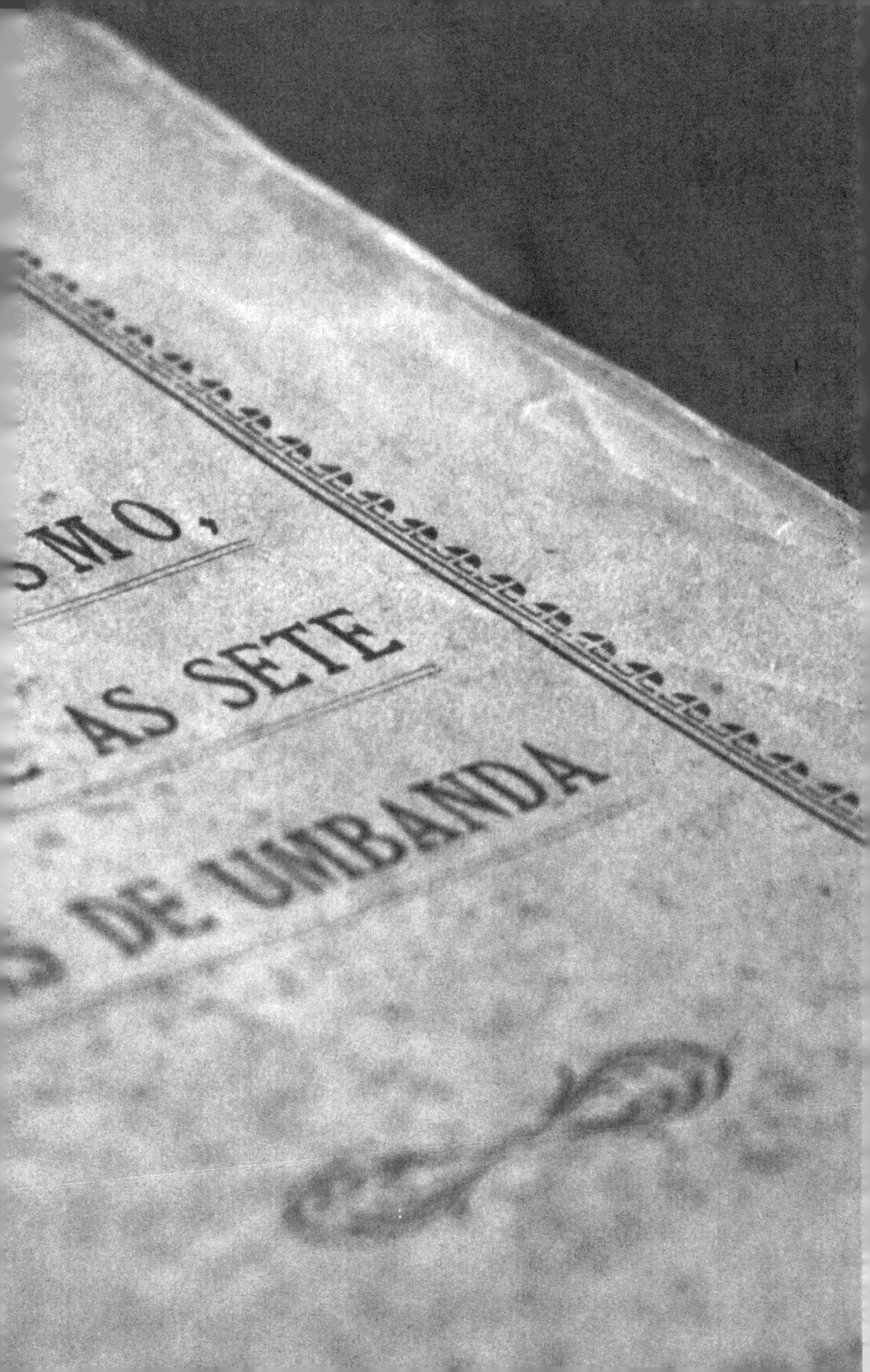

—— Legitimação e construção —— da identidade brasileira

uma perspectiva histórica da obra umbandista de Leal de Souza

Nathália Fernandes[30]

Os primeiros anos da década de 1930 marcaram o início de profundas transformações nos âmbitos social, político, e econômico brasileiro. No âmbito político, a Revolução de 1930 levou ao poder grupos que se posicionavam contra a hegemonia política da oligarquia cafeeira de São Paulo, tais como a juventude militar, conhecida como "tenentes", e as oligarquias rurais dissidentes, com destaque para a gaúcha, na qual destaca-se a figura de Getúlio Vargas. Na esfera econômica, as transformações tinham como objetivo tornar o Brasil uma nação avançada inserida, definitivamente, na lógica internacional capitalista. Para tanto, houve um maciço e consistente investimento no processo de industrialização

[30] Historiadora, professora e mestre em História Social pela UFF. Sua área de estudos é a "Repressão policial às religiões de matriz afro--brasileiras no período do Estado Novo (1937-1945)". [NE]

do país, notadamente nos estados do sudeste. Com isso, pretendia-se deixar a realidade rural, ou agrária, do país no passado. No âmbito social, em consequência do já citado processo de industrialização, houve uma consolidação da classe operária e uma consequente diversificação da sociedade brasileira. Também ocorreu o crescimento dos centros urbanos como consequência dos processos de urbanização e modernização implementados pelo Governo Provisório.[31]

Essas transformações também ecoaram no âmbito cultural, sobretudo no das "mentalidades". Ao longo de toda a década de 1930, alguns intelectuais buscavam compreender a essência do povo brasileiro. Para tanto, refletiam sobre as particularidades do país em relação a outras nações e às singularidades de nossa sociedade. Além disso, também estavam preocupados com a questão da identidade nacional. Um país tão diverso em sua composição social e territorial, marcado por profundos regionalismos, precisava de elementos que gerassem um consenso, um ponto em comum entre todos esses indivíduos para que suas diferenças não causassem tensões ou mesmo cisões. Assim, os intelectuais refletiam incansavelmente sobre quais seriam os símbolos e os elementos culturais capazes de construírem nos corações e nas mentes desses indivíduos um sentimento de unidade e pertencimento a uma mesma nação. Importante destacar que as reflexões desses intelectuais também giravam em torno da compreensão e da construção de discursos justificadores para o nosso "atraso" em relação às demais nações, principalmente as europeias.

Essas reflexões, e suas respectivas conclusões, logo tomaram corpo dentro do próprio Estado e se tornaram fundamentais para a política cultural do Governo Vargas. Dessa forma, ao longo de toda a década de 1930 — e parte da década de 1940 —, o Estado brasileiro se empenhou na ampla difusão da ideia de que a singularidade do povo brasileiro consistia em sua composição étnica diversa, ou seja, a presença histórica do branco, do negro e do índio em um mesmo corpo social. Dessa maneira, o processo de construção da identidade nacional brasileira, nesse período, é fundamentado

---

31   Como resultado da Revolução de 1930, instaurou-se no Brasil, entre os anos de 1930 e 1934, um Governo Provisório sob a liderança de Getúlio Vargas.

nos conceitos de mestiçagem e miscigenação. O encontro dessas três etnias teria como resultado o surgimento de uma rica diversidade de hábitos, costumes, crenças, religiosidades, festividades, entre outros elementos culturais, que formavam a nossa cultura nacional. Dessa forma, o futebol, o samba, o carnaval, a capoeira, o índio e o mestiço foram tomados como elementos fundantes de nossa identidade e de nossa cultura. No entanto, neste contexto, merece destaque o mestiço, que foi reconhecido como a expressão máxima da nossa "brasilidade".

Assim, a tônica das reflexões e dos trabalhos de uma série de intelectuais durante as décadas de 1930 e 1940 — tais como Gilberto Freyre, Nina Rodrigues, Roquette Pinto, Euclides da Cunha e Mário de Andrade — orbita em torno da investigação da contribuição cultural do branco, do negro e do índio na construção da sociedade e da cultura brasileiras. Esse discurso, baseado nas "três raças", torna-se tão forte e conciso que o Brasil vira objeto de estudo para intelectuais estrangeiros interessados em entender a dinâmica das relações étnico-raciais aqui estabelecidas e de nossa diversidade cultural, inclusive no que tange às festividades populares e suas religiosidades. No entanto, é importante ressaltar que mesmo refletindo e assumindo a existência de contribuições culturais significativas advindas do negro e do índio, os intelectuais acabavam hierarquizando-as e apresentando-as como secundárias em relação às contribuições dos brancos, ou seja, aquelas de origem europeia.

Se, por um lado, temos o esforço do Estado de, com os intelectuais, construir uma identidade nacional fundamentada na presença do branco, do negro e do índio, valorizando o mestiço, por outro, temos uma legislação que não se apresentava tão conciliatória ou integradora quanto o discurso estatal. Até 1942, o Código Penal vigente era datado de 1890, promulgado ainda no contexto da pós-abolição da escravatura e da proclamação da República. Sendo assim, pode-se analisar essa legislação enquanto fruto de seu tempo, ou seja, como um documento que expressa, de forma nítida, as preocupações estatais e jurídicas de um período de profundas transformações na sociedade brasileira.

Em seu Título III: "Dos crimes à tranquilidade pública", Capítulo III: "Dos crimes contra a saúde pública", encontramos os artigos 156, 157 e 158, que nos apresentam a essência do Estado brasileiro no período. O artigo 156 do Código estabelece a seguinte prática como crime:

> "exercer a medicina em qualquer dos ramos, a arte dentária ou a farmácia; praticar a homeopatia, a dosimetria, o hipnotismo ou magnetismo animal, sem estar habilitado segundo as leis e regulamentos".

Já no artigo 158, são crimes os atos de:

> "Ministrar, ou simplesmente prescrever, como meio curativo para uso interno ou externo, e sob qualquer forma preparada, substância de qualquer dos reinos da natureza, fazendo ou exercendo assim o ofício do denominado curandeiro".

Os artigos 156 e 158 encontram-se intimamente relacionados. Esses artigos criminalizavam qualquer indivíduo que se identificasse capaz de curar ou tratar doenças ou cuidar da saúde de outrem sem possuir diplomação para tal (o artigo 156 criminalizava as parteiras, por exemplo). Assim, configurava-se crime o ato de prescrever ou ministrar ervas, beberagens ou extratos para se tratar qualquer tipo de mal que acometesse o corpo, a mente ou o espírito. O Estado criminalizava, além da medicina ilegal, todos os praticantes da chamada "medicina popular". No entanto, é fundamental lembrar que, no início do século XX, o país não possuía uma malha bem distribuída e organizada de saúde pública e poucos eram os indivíduos que tinham uma renda que os permitia ter acesso a consultas médicas quando necessário. Sendo assim, a "medicina popular", em muitos momentos, era o único auxílio que as classes menos abastadas possuíam em situações de doenças — curáveis ou não.

É importante frisar, também, que as medidas acima citadas beneficiavam diretamente a classe médica, ainda em processo de institucionalização, regulamentação e fortalecimento no Brasil. Ela tornava-se o único caminho legal para o acesso aos cuidados dos males do corpo e de moléstias, passando, assim, a deter o monopólio da cura. Para o governo, os médicos diplomados não poderiam estar no mesmo patamar das pessoas do populacho, que não tinham qualquer estudo. Além disso, essa medida dialogava com o discurso civilizatório e higienista das elites no período pós-abolição, que tem como máxima expressão as reformas urbanas promovidas, no início do século xx, em alguns grandes centros urbanos do país, principalmente na cidade do Rio de Janeiro.

Já o artigo 157 estabelece como crime:

> "Praticar o Espiritismo, a magia e seus sortilégios, usar de talismãs e cartomancias para despertar sentimentos de ódio ou amor, inculcar cura de moléstias curáveis e incuráveis, enfim, para fascinar e subjugar a credulidade publica".

É com este artigo que se torna evidente a perseguição e a repressão do Estado brasileiro à prática de algumas religiões no território nacional até, pelo menos, a década de 1950. A Umbanda, o Candomblé, o Espiritismo de Allan Kardec e todas as outras práticas religiosas de matriz africana — como a quimbanda e as macumbas —, nesse período, eram chamadas de Espiritismo. Logo, esse artigo criminalizava todo o campo religioso espiritualista. As práticas destes cultos eram compreendidas pelo Estado e pelos profissionais da área do Direito como uma prática de magia maléfica e de feitiçaria, ou seja, seriam cultos ao mal. Essas religiões eram qualificadas, pelo Código Penal, como religiões de baixíssimo nível moral, extremamente nocivas ao convívio social. Além disso, também consideravam que elas eram fundamentadas na arte de ludibriar, fascinar e enganar as pessoas.

Vale destacar que, apesar de o artigo 157 deixar mais evidente a criminalização das práticas religiosas citadas, os artigos 156 e 158 também foram utilizados pelos agentes da Polícia Civil e pelos profissionais do Direito para persegui-las e repreendê-las violentamente. Parece um pouco desajustada a ideia de que o Governo Vargas — iniciado em 1930 —, por meio de um discurso de valorização de todas as práticas culturais nacionais e da miscigenação, pudesse ter uma conduta discriminatória, violenta e autoritária frente algumas religiosidades. No entanto, a manutenção desse Código Penal desde o ano de 1890 até 1942, e a comprovação documental de batidas policiais feitas em tendas espíritas, casas de culto e terreiros (dentre eles, a Tenda Espírita Nossa Senhora da Conceição, dirigida pelo autor desta obra), demonstram uma triste realidade enfrentada pelo povo de santo e pelos espíritas. Em meio à criminalização e à repressão da fé, temos inserida a obra de Antonio Eliezer Leal de Souza.

Leal de Souza, como assinava seus escritos, foi poeta parnasiano, jornalista e redator de periódicos, como o *Diário de Notícias* e *A Noite*, crítico literário, dramaturgo e tabelião. Além de importante intelectual das décadas de 1920 e 1930, Leal de Souza foi um dos primeiros dirigentes da Tenda Espírita Nossa Senhora da Conceição, uma das sete casas umbandistas criadas por Zélio Fernandino de Moraes por solicitação do Caboclo das Sete Encruzilhadas. Ele também publicou duas obras extremamente emblemáticas, principalmente, para o campo religioso da Umbanda: *No mundo dos espíritos*, de 1925, e *O Espiritismo, a magia e as Sete Linhas de Umbanda*, de 1933. Frutos de seu trabalho investigativo como jornalista, ambas consistiam em compilações de seus "inquéritos" publicados nos periódicos anteriormente citados.

A obra *No mundo dos espíritos* é uma série de artigos publicados no jornal *A Noite* que narram suas visitas a centros espíritas da cidade do Rio de Janeiro e de Niterói. O objetivo dessas visitas era registrar detalhes acerca dos trabalhos mediúnicos e dos estudos científicos praticados nesses espaços. Já *O Espiritismo, a magia e as Sete Linhas de Umbanda* — aqui republicado — registra os artigos escritos pelo jornalista veiculados no periódico *Diário de Notícias*. Com essa série, Leal de Souza tinha como objetivo conscientizar a população sobre a Umbanda, falando a respeito de seus principais dogmas e crenças. Esse pioneirismo de Leal de Souza fez com que ele fosse reconhecido — tanto por estudiosos da religião quanto por seus praticantes — como o primeiro autor umbandista.

É importante frisar que a produção de Leal de Souza sobre este assunto dialoga intimamente com o cenário religioso brasileiro, sobretudo carioca, das décadas de 1920 e 1930. Assim, sua obra, ao mesmo tempo que é fruto desse contexto, também nos possibilita vislumbrá-lo. Por intermédio da leitura de *O Espiritismo, a magia e as Sete Linhas de Umbanda*, conseguimos visualizar as disputas e os conflitos existentes dentro do campo das religiões chamadas, neste momento, de espíritas, bem como somos transportados para uma das etapas mais importantes da história da Umbanda: sua legitimação.

Em um contexto de violenta repressão e perseguição — amplamente noticiadas nos periódicos da época —, luta por liberdade de culto e expansão para outros estados brasileiros, os umbandistas buscavam a legitimação de sua religiosidade como estratégia de resistência e sobrevivência à tentativa de silenciamento que lhes era imposta. Assim, a década de 1930 é marcada pelo esforço dos umbandistas em construir discursos que respondessem às acusações feitas pelo Estado, por meio do Código Penal, assim como denunciar as batidas policiais às casas e aos terreiros.

Sendo assim, um dos principais esforços dos umbandistas, nesse momento, consistia em demonstrar e comprovar que a Umbanda não era uma seita, um culto ou uma prática isolada, mas sim uma religião. E, enquanto religião, deveria ser respeitada e reconhecida pelo Estado. Assim, deixaria de ser criminalizada por meio de discursos que a demonizavam — classificando-a como exercício do mal ou feitiçaria — ou contestavam a validade de seus ritos e práticas —, caracterizando-os como prática ilegal da medicina ou curandeirismo.

Ainda com o intuito de se autoafirmar como um conjunto conciso de rituais e dogmas, seus adeptos se esforçavam para demonstrar à sociedade que a Umbanda possuía especificidades importantes, uma vez que se tratava de uma religião originalmente brasileira. Ainda que tivesse recebido certa contribuição do Espiritismo (doutrina de origem europeia fundada por Allan Kardec), do Catolicismo (também europeia), dos cultos africanos e da ritualística indígena brasileira (a única nativa), a Umbanda nasceu a partir do olhar local a cada uma dessas religiosidades, misturando suas experiências de fé em nosso território.

A Umbanda seria, assim, a expressão máxima de nossa essência e de nossas origens, ou seja, fruto da dinâmica e da composição da própria sociedade brasileira. A Umbanda nascia sincrética, "misturada", pois nossa sociedade se delineava dessa forma e foi construída sobre esses pilares. Portanto, ela se apresenta como um elemento que compõe nossas raízes culturais e que, como tal, deve ser reconhecida e resguardada pelo Estado, não perseguida.

Ainda de acordo com a ideia de que a Umbanda seria a expressão de nossa "brasilidade", outro fator importante de seu discurso de legitimação é a ideia de acolhimento. Fundamentada na existência de espíritos e na possibilidade de nossa interação com os mesmos, a Umbanda aceita em seus trabalhos todos os espíritos, independentemente de suas origens territoriais ou sociais. Dessa forma, a Umbanda inclui em sua ritualística os espíritos de negros escravizados (pretos-velhos) e espíritos de indígenas (caboclos) — considerados como espíritos não evoluídos ou de baixa vibração por outras religiões. Contudo, esses espíritos possuem grande importância dentro do cotidiano das casas e são profundamente respeitados por sua sabedoria e poder magístico.

Outro elemento relacionado a esse acolhimento oferecido pela Umbanda é a ideia de caridade, que é um de seus pilares mais fortes. A única condição exigida por ela para que espíritos e encarnados participem de seus trabalhos é sua disposição para fazer o bem e praticar a caridade. Essa característica também aproximava a Umbanda das classes populares, que percebiam nessa nova religião uma possibilidade de assistência e amparo nas dificuldades. Por meio da caridade, a Umbanda também se defendia dos preconceitos sofridos e da criminalização de seus praticantes, pois se colocava enquanto prática voltada para o bem do próximo. Assim, ela se firmava como uma religião que aceitava a todos, sem distinção ou discriminação social, fundamentada no amor.

Diante desse contexto, não nos parece exagero destacar que os escritos de Leal de Souza possuem a tônica desse movimento de afirmação da Umbanda no campo religioso brasileiro, bem como sua defesa perante a sociedade. Seus artigos compõem uma grande resposta direcionada ao público sobre muitos dos preconceitos e ideias distorcidas, alimentados pelo próprio Estado, acerca da Umbanda e de suas práticas. Dessa forma, diversos elementos acima apresentados surgem como grandes motivadores e norteadores de sua pena, visitando-os e revisitando-os a todo instante. No artigo que inicia sua obra, por exemplo, são enumerados como objetivos: a conscientização das pessoas sobre o que é Umbanda; a elucidação de algumas de suas características; o estabelecimento de diferenciações e fronteiras com a magia negra e o baixo Espiritismo, bem como a demonstração dos diálogos mantidos com o Catolicismo e com o Espiritismo.

Ainda sobre a questão da legitimação, é importante destacar a estratégia utilizada pelo jornalista para que a luta pelo reconhecimento e pela consolidação da Umbanda tivessem visibilidade pública e fossem amplamente difundidas. Possivelmente, o jornalista, como poeta e intelectual, utilizou de sua influência social e política para ter um espaço para a publicação de seus escritos. Como esses artigos objetivavam conscientizar a população sobre a Umbanda e seu trabalho voltado para o bem, contrapunham-se diretamente às notícias veiculadas sobre batidas policias, prisões e apreensões nas casas espíritas. Como essas matérias costumavam apresentar um discurso pejorativo e reforçar, no imaginário coletivo, a associação da Umbanda à magia negra, à feitiçaria e ao demoníaco, gerando certo distanciamento e medo por parte da população, os artigos de Leal de Souza pretendiam desconstruir tais afirmações, apelando, muitas vezes, à racionalidade do leitor e às comprovações científicas.

Esses artigos também são de suma importância se pensarmos em outro fator simbólico para a Umbanda: sua pluralidade. Diferentemente do Catolicismo, por exemplo, a Umbanda não apresentou, ao longo de sua história, uma institucionalização ou uma centralização rígida no que tange à sua organização administrativa e dogmática. Assim, desde seu nascimento, duas de suas características mais marcantes são sua fluidez e sua diversidade, uma vez que os ritos, as práticas, os costumes e as tradições podem se alterar de terreiro para terreiro. Os textos de Leal de Souza nos auxiliam na percepção de que, dentro da Umbanda, essa diversidade de culto não a descaracteriza enquanto religião. Ao contrário, seus escritos ampliam nosso entendimento sobre esse conceito, pois definem que os pilares que sustentam a Umbanda são: a prática do bem, a magia benéfica, a caridade e a orientação advinda dos espíritos que chefiam cada uma das casas.

As orientações e as regras umbandistas não estão no âmbito terreno, mas sim no campo do sagrado, sendo estabelecidas pela espiritualidade que protege e rege cada uma das casas. A relação entre o cotidiano ritualístico de uma casa, seus guias espirituais e seus praticantes nos remete a outra importante questão: a oralidade. Essa característica é uma das pedras fundamentais da Umbanda e, por essa razão, torna-se tão difícil encontrarmos documentos que registrem a rica trajetória desta religião ou, ainda, livros que narrem ou estabeleçam os fundamentos dogmáticos de suas casas.

Portanto, a partir de toda essa complexidade, os artigos de Leal de Souza representam a primeira iniciativa para um registro histórico da Umbanda. Uma de suas grandes contribuições foi a de nos permitir documentar uma história que, por ser fundamentalmente oral, muitas vezes não é reconhecida ou respeitada em determinados espaços e que, igualmente, corre o risco de ser esquecida ou silenciada. Seus escritos nos permitem materializar essa história, erigindo uma memória do povo de santo e permitindo a construção de uma identidade umbandista. Além disso, a construção de uma memória da Umbanda também é de grande relevância para uma religião que tem como outro de seus elementos fundamentais a valorização da ancestralidade.

Esta obra também se apresenta como uma firme denúncia às batidas policiais promovidas pela Polícia Civil — fundamentadas nos artigos anteriormente citados — às casas de culto, terreiros e tendas espíritas. Dessa forma, ela também se apresenta como uma importante fonte de pesquisa ao documentar a repressão sofrida pela Umbanda e outras religiões de matriz africana no início da República e durante o Estado Novo. Como esse capítulo da história umbandista ainda é contestado e ocultado por alguns estratos sociais, e pelo próprio Estado, os artigos de Leal de Souza são capazes de comprovar essa ação autoritária, repressora e vergonhosa do Estado em relação à Umbanda e seus adeptos.

Por fim, o trabalho de Leal de Souza pode ser pensado como uma contraposição a toda a trajetória de preconceito, marginalização e violência sofridos pela Umbanda durante seus pouco mais de 100 anos de existência. Seus textos são fundamentais para uma possível escrita dessa história através do olhar daqueles que se esforçam em construir a Umbanda como uma prática diária de fé e caridade, e não por meio do olhar repressor do Estado.

Como bem coloca Leal de Souza na introdução de seu trabalho, toda religião apresenta uma concepção de mundo. Tendo isso em vista, pensar na importância da oralidade e da ancestralidade para a cultura popular como elementos que a compõem, nos permite repensar a ideia de povo brasileiro, desconstruindo a lógica e o discurso eurocentristas nos quais esses elementos são rejeitados ou menosprezados. Em um país onde, até os dias atuais, hábitos, corpos e mentalidades permanecem enraizados na colonização cartesiana e opressora europeia, reconhecer a Umbanda como uma religião brasileira é afirmar que nós, brasileiros, construímos a nossa própria concepção de mundo: uma concepção mais ampla, plural, fluída, fraterna, acolhedora, flexível, hábil, matriarcal e afetiva. Nesse aspecto, escrever a história da Umbanda é escrever a história do povo brasileiro a partir de seus próprios movimentos, conflitos, diálogos, dinâmicas, misturas, apropriações, leituras, releituras, lutas, resistências e conflitos.

—— O Espiritismo, a magia e —— as Sete Linhas de Umbanda

a religião e os "inquéritos" no jornalismo carioca da virada do século XX

Mauricio Ribeiro da Silva[1]

Antonio Eliezer Leal de Souza é hoje um autor razoavelmente conhecido dentre os adeptos da Umbanda em razão de sua obra publicada em 1933, *O Espiritismo, a magia e as Sete Linhas de Umbanda*.

Tido como o primeiro livro sobre Umbanda, o texto ficou esquecido durante um grande período, sendo, até onde sabemos, redescoberto recentemente a partir de cópias às quais tiveram acesso escritores como Diamantino Fernandes Trindade e Alexandre Cumino, que, na esteira de Ronaldo Linares, buscaram na Tenda Espírita Nossa Senhora da Piedade — fundada em 1908 por intermédio de Zélio Fernandino de Moraes — informações sobre a prática da Umbanda em seus primórdios.

[1] Doutor em Comunicação e Semiótica (PUC-SP), professor titular do Programa de Pós-Graduação em Comunicação da Universidade Paulista — UNIP e membro do Grupo de Pesquisa Mídia e Estudos do Imaginário.

Foi por designação do médium do Caboclo das Sete Encruzilhadas que a obra permaneceu viva dentre os membros da primeira casa de Umbanda, uma vez que foi ele quem inseriu o estudo do trabalho de Leal de Souza como obrigação fundamental para todos os trabalhadores da Tenda da Piedade, ao lado da codificação constituída sob a tutela de Allan Kardec.

Diferentemente do modo como é tida atualmente pela sociedade brasileira e por uma razoável parcela de umbandistas que a consideram pertinente ao espectro da religiosidade de matriz africana — uma derivação do Candomblé adaptada às condições urbanas próprias do início do século XX, como apontou o sociólogo Renato Ortiz[2] —, a Umbanda que Leal de Souza registra é essencialmente uma prática espírita, compreendida a partir dos fundamentos da doutrina, diferenciada na prática litúrgica, porque agrega o conhecimento de espíritos então compreendidos como atrasados por conta de sua condição social quando encarnados e, com eles, realizando rituais típicos de práticas indígenas e africanas (banhos, guias, defumações, dentre outras).

A despeito das questões relacionadas à Umbanda em termos de prática ou história, o trabalho de Leal de Souza constitui um marco de imenso valor doutrinário, histórico e sociológico que nos auxilia a compreender o modo como se deu a dinâmica da emergência da Umbanda em um período no qual o Catolicismo romano ainda figurava absolutamente hegemônico.

Como é sabido, a fé católica foi estabelecida, desde o período colonial, como um dos pilares do que posteriormente seria compreendido como nação brasileira, ocupando papel central na constituição da hegemonia cultural europeia em nossa sociedade. A partir dessa condição de poder, as religiosidades pagãs, próprias das diversas etnias indígenas e africanas, foram, desde os primeiros contatos, compreendidas como formas incivilizadas de credo, sendo, portanto, sujeitas à conversão, a qual, conforme apontaram Manuel da Nóbrega e o próprio José de Anchieta,[3] no mais das vezes era compreendida — assim como a escravidão — como

---

2   ORTIZ, Renato. *A morte branca do feiticeiro negro:* Umbanda, integração de uma religião numa sociedade de classes. Petrópolis: Vozes, 1978.
3   Cf. MONTEIRO, John Manuel. *Negros da Terra:* índios e bandeirantes nas origens de São Paulo. São Paulo: Companhia das Letras, 1994.

benéfica aos chamados *gentios*. O ponto de vista europeu, constituído a partir da ilusão de sua própria superioridade, indicava a necessidade de um aporte civilizatório já anunciado por Pero Magalhães Gandavo[4] no primeiro tratado escrito no início do século XVI sobre o Brasil, quando dizia que aqui faltavam as letras F, L, R, uma vez que se tratava de uma terra "sem Fé, sem Lei e sem Rei".

Sendo a conversão, portanto, parte integrante do projeto civilizatório, trazia em seu bojo a condenação de crenças e condutas consideradas estimuladas pelo demônio. Para tanto, com relação aos índios, instituiu-se de início uma estratégia que logrou sucesso em São Paulo de Piratininga, sendo depois adotada em diversos rincões do país, e que serviu de modelo para o trato com os escravos trazidos da África: o aldeamento e a fundação de colégios.

Assumindo condutas similares às dos índios, como a pregação noturna típica dos *caraíbas*, os padres conquistavam seguidores que passavam a habitar os aldeamentos (as origens de São Paulo e Niterói são exemplos desse tipo de ação), reunindo grupos étnicos diferentes e muitas vezes inimigos entre si.

Nessa nova condição, passam os padres a estruturar identidades entre santos e divindades em uma forma inicial de sincretismo que, se por um lado, buscava a conversão, por outro acabou por favorecer em certos aspectos a resistência dos valores simbólicos dos povos sujeitados às condições subalternas da sociedade colonial. Assim, em linhas gerais, aldeamentos e senzalas são fenômenos equivalentes, o que também é constatável na designação da condição do escravizado como negro, igualando os povos subjugados, os quais são designados genericamente a partir do lado atlântico em que foram capturados: *negros da terra* (indígenas) ou *negros da costa* (africanos).

Partindo, portanto, da proposição de Jacques Lambert[5] acerca da existência de *dois Brasis*, um católico e outro pagão, observamos que a religião

---

4 GANDAVO, Pero Magalhães. *Tratado da terra do Brasil:* história da Província Santa Cruz, a que vulgarmente chamamos Brasil. Brasília: Senado Federal/Conselho Editorial, 2008.

5 LAMBERT, Jacques. *Os dois Brasis*. São Paulo: Companhia Editora Nacional, 1978.

oficial do Estado, tanto no período colonial quanto no imperial, não via nas religiões dos chamados *gentios* práticas que viessem a ameaçar sua hegemonia. Ao contrário, a Igreja possuía na sociedade brasileira o capital simbólico e político necessário à imposição de seus valores e práticas, cabendo a outras religiosidades (como o judaísmo, por exemplo), no máximo, o culto em ambiente doméstico, sem a possibilidade de professar sua fé publicamente.

Essa condição, simbolicamente fundada com a tropa de Pedro Álvares Cabral realizando a primeira missa nos arredores de Porto Seguro em 1500, somente é colocada em xeque com a chegada e ascensão do Espiritismo em meados do século XIX. Se indígenas e africanos eram vistos como inferiores sob todos os aspectos (moral, intelectual, religioso etc.) e estavam sujeitos à hegemonia europeia que os tinha em condição subalterna, o Espiritismo, diferentemente, chega a solo brasileiro a partir do intenso intercâmbio cultural estabelecido entre a elite e a Europa, mais especificamente com a França, tida como modelo cultural, que influencia tanto os costumes da corte quanto a reurbanização de cidades como Rio de Janeiro e São Paulo no final do século XIX e início do XX.

Surge, portanto, uma nova condição de embate para o catolicismo: a perspectiva da inferioridade associada a índios e africanos e suas respectivas crenças não era aderente aos espíritas, uma vez que tais indivíduos compunham, em grande medida, a elite intelectual, social e política de origem europeia, sendo estes os primeiros leitores das obras de Kardec. A relevância social dessa elite é notória, uma vez que participava ativamente dos grupos que deram suporte a causas importantes daquele período, como os movimentos abolicionista e republicano.

Nesse contexto, em lugar da proposição de inferioridade, reforça-se o discurso antagônico pautado no imaginário católico calcado na demonização, figurando a prática espírita como ação inspirada pelo diabo, o qual, desde o final do século XII, com os procedimentos judiciários instituídos pelo papa João XXII,[6] é o único agente capaz de tomar o controle

---

6 Cf. BOUREAU, Alain. *Satã herético:* o nascimento da demonologia na Europa Medieval (1280-1330). Campinas: Editora da Unicamp, 2016.

do corpo alheio, buscando coibir um dos elementos centrais do espiritismo: a prática do mediunismo.

Para além dos púlpitos, os jornais — tidos como parte do processo de modernização pelo qual passava o país — passam a configurar um importante território para esse embate: se por um lado apresentam argumentos católicos, por outro retratam, como bem apontou Mary del Priore,[7] o interesse crescente da burguesia nos temas do Espiritismo, visto inicialmente com o olhar curioso e investigativo típico da atmosfera positivista da época.

Proliferam, assim, os chamados *inquéritos* ou *dossiês*, conjunto de matérias sequenciadas que objetivam lançar luz sobre os fenômenos instigantes do espírito investigados a partir da experiência vivenciada pelo repórter, que buscava não somente registrar os fatos observados como também os explicar à luz da moderna *razão científica*.

A dimensão do interesse é observável a partir de dois fatores. O primeiro deles é o posicionamento de manchetes e chamadas, quando não dos próprios inquéritos, nas primeiras páginas das edições dos mais importantes jornais cariocas da época, apontando a importância dada pelos editores ao tema; o segundo, indicando o interesse do público, é a posterior reunião dos artigos para a publicação em edições no formato de livro, possibilitando o acesso perene aos registros. Em conjunto, os dois fatores favorecem a compreensão da penetração e do papel desse tipo de esforço jornalístico na virada do século XIX para o XX, uma vez que esse é o mesmo *modus operandi* da publicação de produções de grandes mestres, como Machado de Assis e José de Alencar, que tinham obras como *Memórias póstumas de Brás Cubas* e *O guarani* publicadas semanalmente em folhetins para posteriormente serem reunidas na forma de livros, largamente consumidos pela sociedade da época, sendo até hoje referências na literatura.

O mais conhecido dos diversos inquéritos realizados entre o final do século XIX e o início do XX acerca dos fenômenos da religiosidade e do espiritismo foi escrito pelo jornalista, teatrólogo, cronista e tradutor, membro

---

7 PRIORE, Mary del. *Do outro lado:* a história do sobrenatural e do espiritismo. São Paulo: Planeta, 2014.

da Academia Brasileira de Letras, João Paulo Emílio Cristóvão dos Santos Coelho Barreto, conhecido pelo pseudônimo João do Rio. Sua obra, publicada originalmente na *Gazeta de Notícias*, chegou até nós reunida no livro editado originalmente em 1904, com o mesmo nome utilizado em sua coluna: *As Religiões no Rio*. Essa obra singular, considerada um excelente documento etnográfico do Rio de Janeiro na virada do século, acaba por varrer as diversas manifestações religiosas da então capital federal, registrando práticas cristãs como as da Igreja Positivista, os maronitas e o movimento evangélico, mas também o ocultismo dos fisiólatras, os feitiços, o satanismo e também o espiritismo e o judaísmo, demonstrando que naquele momento eram diversas as práticas, sendo muitas delas relativamente desconhecidas até hoje. A despeito de registrar práticas de origem africana, não menciona em nenhum momento a existência da Umbanda.

É a partir desse cenário que, em 1924, 20 anos após o trabalho realizado por João do Rio, o então sócio e diretor do jornal *A Noite*, o jornalista Irineu Marinho (que venderia sua parte no ano seguinte para fundar o jornal *O Globo*), abriu espaço para que Leal de Souza viesse a atualizar e expandir o registro das religiões existentes não só na capital federal, mas em toda a Guanabara, buscando práticas então realizadas em Niterói (capital do Estado do Rio de Janeiro) e adjacências.

A indicação de Souza não se deu por acaso. Tratava-se de um importante e ambicioso projeto que segue minuciosamente a prática já descrita anteriormente: exposição em primeira página, publicação posterior em livro e redação realizada por jornalista respeitado. Leal de Souza, como se sabe, era um reputado jornalista, poeta parnasiano frequentador da roda literária de Olavo Bilac e profundo conhecedor do espiritismo, o que se tratava de grande vantagem para a realização dos objetivos do inquérito denominado *No mundo dos espíritos*, por possibilitar ao repórter não somente o registro mediante a orientação de um amigo *expert* que lhe servia de guia pelos rituais, como era a praxe de seus contemporâneos, como o próprio João do Rio.

Seu conhecimento singular acerca do Espiritismo se torna um traço distintivo quando comparado aos registros de seus contemporâneos colegas jornalistas. Enquanto Souza primava por buscar descrever o que presenciava do modo mais objetivo possível e, a partir do cenário, elucidar aspectos associados à doutrina espírita, outros jornalistas, como Benjamin Costallat (que publicou no *Jornal do Brasil* inquérito no qual tratou de uma sessão umbandista em 1923), registravam as cenas iniciais da religião emergente, descrevendo-as a partir do imaginário católico, associando os movimentos corporais a atos *demoníacos* ou o ambiente tomado pela fumaça dos charutos a uma atmosfera *infernal*.

Esse embate narrativo, mais do que o registro da mera perspectiva individual dos jornalistas, resume o ambiente de conflito religioso no qual se inserem o Catolicismo e o Espiritismo, considerada neste último a Umbanda em seus primórdios. Resumidamente, é observável que enquanto católicos buscam, a partir de posições dogmáticas, associar fundamentos e práticas espíritas à inspiração diabólica, os seguidores da doutrina de Kardec refutam tal condição a partir do pensamento lógico-científico próprio da época, buscando, a partir da razão, associar a religião ao propósito do bem, inserindo-a no arco de religiões cristãs.

É nessa condição que Leal de Souza parte em direção a Niterói, publicando o resultado de sua visita à Federação Espírita do Estado do Rio de Janeiro no dia anterior ao do primeiro contato que estabelece com a Umbanda, praticada na casa de Zélio Fernandino de Moraes no distrito de Neves, município de São Gonçalo. A sequência das matérias publicadas no inquérito de 1924 constitui um indicativo da possibilidade de que o jornalista tenha conseguido saber como encontrar a Tenda Espírita Nossa Senhora da Piedade a partir de informações obtidas na Federação, o que denota que naquele momento não havia divisão entre espíritas e umbandistas, somente diferenças litúrgicas.

Mais do que ilação, a constatação de que Leal de Souza, após o contato com Zélio de Moraes, passa a frequentar a religião e chega a se tornar dirigente da Tenda Espírita Nossa Senhora da Conceição — a segunda casa fundada pelo Caboclo das Sete Encruzilhadas, em 1918 —, denota que em 1924 os próprios espíritas não viam na Umbanda (então denominada *Espiritismo de Umbanda*) prática diversa do Espiritismo.

Ao que tudo indica, o cenário muda drasticamente nos anos subsequentes. No teatro de acusações, com católicos imputando a pecha de desvio moral à prática espírita, a ascensão da Umbanda no cenário carioca parece causar certo incômodo, levando os seguidores mais fundamentalistas da doutrina de Kardec, imputando à prática umbandista a condição de *baixo Espiritismo*, associando-a a uma forma atenuada da macumba.

É nesse contexto que emerge a obra *O Espiritismo, a magia e as Sete Linhas de Umbanda*, uma tentativa de Leal de Souza e do jornal *Diário de Notícias* de levar ao público informações sobre a religião, que, àquela altura, era praticada havia pouco mais de vinte anos.

Seguindo o modelo estabelecido para inquéritos sobre a religiosidade presente no Rio de Janeiro, são tratados temas inerentes à prática umbandista conforme ocorria nas tendas fundadas pelo Caboclo das Sete Encruzilhadas, vistos à luz da doutrina espírita, motivo pelo qual acreditamos dever-se o atual interesse na busca do livro pelos umbandistas.

Não obstante, no que se refere a esse caráter doutrinário, Leal de Souza aborda embates importantes para o contexto de afirmação da religião, colocada forçosamente em posição contra o Espiritismo. Um ponto alto é a publicação da carta endereçada ao também espírita Ignácio Bittencourt, presidente do Abrigo Thereza de Jesus, pessoa que primeiro apontou a Souza a existência da casa liderada por Zélio de Moraes, mas que em 1932 foi o responsável por denúncia à polícia e pela consequente prisão de Leal de Souza, com o fechamento temporário da Tenda de Nossa Senhora da Conceição.

Com a perseguição policial, estruturada e sistematizada pela delegacia de costumes nos anos subsequentes, sobretudo no transcorrer da década de 1940, muitos terreiros de Umbanda, conforme aponta Lísias Negrão,[8] passaram a se apresentar como espíritas, escondendo os traços umbandistas. Pesquisas recentes, como a de Cristiana Tramonte,[9] também indicam que naquele período, pelo mesmo motivo, praticantes do Candomblé passaram a se denominar umbandistas, fugindo da perseguição mais severa

---

8   NEGRÃO, Lísias Nogueira. *Entre a cruz e a encruzilhada:* formação do campo umbandista em São Paulo. São Paulo: Edusp, 1996.

9   TRAMONTE, Cristiana. Bases históricas da consolidação das religiões afro-brasileiras: embates e estratégias do "povo de santo" em Santa Catarina. *Revista Brasileira de História das Religiões.* ANPUH, Ano V, n.14, 2012. Disponível em: <https://bit.ly/2JpTW39>. Acesso em: 15 jun.2018.

aos cultos africanos, incrementando grandemente o número de adeptos da Umbanda e transformando suas feições para a condição de religião afro--brasileira, tal qual é compreendida hoje. A cisão entre Espiritismo e Umbanda ocorre definitivamente em 1949, quando espíritas conseguem para si a prerrogativa da utilização do termo *Espiritismo* e realizam o chamado Pacto Áureo, subordinando as casas praticantes do Espiritismo à tutela doutrinária da Federação Espírita Brasileira.

Passados 110 anos desde a primeira manifestação do Caboclo das Sete Encruzilhadas, a Umbanda segue buscando seu espaço na sociedade brasileira. Tachados de macumbeiros ou feiticeiros, estigmatizados nos espaços de convívio social, vendo seus terreiros se tornando alvo de ações de intolerância, umbandistas seguem seu caminho. Nele, as contribuições de caráter doutrinário ou histórico de Leal de Souza, presentes nos textos do inquérito *O Espiritismo, a magia e as Sete Linhas de Umbanda*, se apresentam mais atuais do que nunca.

── O livro do ──
Leal de Souza

Leonardo Cunha[10]

Durante quase toda a minha infância e minha adolescência, ouvi falar do famoso — pelo menos em minha família — "livro do Leal de Souza". Essa era a forma como minha avó materna, Zilméa, meu bisavô, Zélio, e quase todos os meus parentes se referiam ao livro *O Espiritismo, a magia e as Sete Linhas de Umbanda*, escrito pelo jornalista Antonio Eliezer Leal de Souza.

Mas, além daquele nome até a adolescência, eu pouco mais sabia sobre aquele livro e sobre seu autor.

Do livro, sabia apenas que fora o primeiro a ser escrito sobre a Umbanda e que trazia informações básicas,[11] embora, por certo, importantes, a

---

[10] Graduado em Arquitetura e Urbanismo pela UFF, mestre em Ciência Ambiental pela USP e doutorando em Engenharia Civil pela COPPE-UFRJ, Leonardo Cunha é o atual dirigente da Tenda Espírita Nossa Senhora da Piedade e bisneto do fundador da Umbanda, Zélio Fernandino de Moraes. [NE]

[11] O livro era uma compilação de textos jornalísticos, voltados a um público leigo.

respeito da religião que eu, espontaneamente, começara a praticar ainda menino. Embora, naquela época, ainda não tivesse uma visão muito plena se ela era, ou não, aquilo que habitualmente chamamos de religião.

Eu a entendia, aliás — como a maior parte, senão, todos os membros de minha família — como uma forma, certamente bastante diferenciada, de Espiritismo: o *Espiritismo de Umbanda*.

Mas, independente do que fosse — um culto de base espírita ou uma religião —, isso era com o que menos me importava na época. O importante para mim, e disso eu tinha plena ciência, era que eu já a adorava. Também já tinha conhecimento de que meu bisavô e as entidades que por meio dele se manifestavam tiveram um papel fundamental em sua criação. E sabia que o "livro do Leal de Souza" era o mais fiel, ou seja, aquele que melhor retratava, na opinião de meus familiares, a Umbanda. Pelo menos aquela mais próxima do rito original, mantido até hoje na Piedade,[12] que nos foi trazido e ensinado pelo Caboclo das Sete Encruzilhadas.

Não tinha ideia de seu tamanho ou de seu conteúdo, somente que reunia a maior quantidade de informações sobre a Umbanda que aprendemos a praticar com o Chefe,[13] com Pai Antônio, com o Orixá Malet e, talvez, com as demais entidades que os assistiam, principalmente com aquelas que se manifestaram em nossa casa durante seus primeiros 25 anos de existência. Entidades que continuam a trabalhar sob o comando do Caboclo das Sete Encruzilhadas, na egrégora da Piedade, embora, em geral, não mais se manifestem, salvo em situações especiais, normalmente, sob sua ordem expressa.

Um livro tão importante para nós, membros da casa, que, mesmo enquanto esteve desaparecido, nunca deixou de constar como parte da bibliografia obrigatória para todos os membros de nosso corpo mediúnico, assim como também o era para os membros das outras oito casas, incluindo a Cabana de Pai Antônio, que surgiram a partir da Tenda Espírita Nossa Senhora da Piedade — a casa-mãe da Umbanda.

Um livro que, apesar de tão relevante, era tão raro que, até minha vida adulta, não me lembro de tê-lo visto, o que até pode ter ocorrido, mas,

---

12 Como usualmente chamamos a Tenda Espírita Nossa Senhora da Piedade (TENSP).
13 Como carinhosamente chamamos, na Piedade, o Caboclo das Sete Encruzilhadas.

decididamente, não tenho qualquer registro sobre tal fato em minha memória. Só o conhecia "de nome".

Lembro, sim, e até com bastante clareza, de ouvir, ainda criança, as reclamações de minha avó Zilméa sobre os exemplares e as cópias do livro que foram se "perdendo" ao longo do tempo. Normalmente, após serem emprestados para pessoas que procuravam a família, buscando conhecer mais sobre a Umbanda, ainda no tempo em que meu bisavô estava ativo, no comando da Piedade.

Assim, eu — como muitos outros membros da Piedade e da Cabana de Pai Antônio que se integraram ao corpo mediúnico da casa a partir dos anos 1970 — comecei meus estudos e minha formação na religião sem nunca ter passado meus olhos sobre ele. Do livro "obrigatório", eu, praticamente, só conhecia algumas histórias.

Somente mais próximo da idade adulta, com a curiosidade ampliada em relação à Umbanda, passei a saber mais sobre o conteúdo que ele trazia — graças, sobretudo, à memória prodigiosa de minha avó, por quem fui criado e com quem convivi, diariamente, até meus trinta anos, e que se iniciou na Umbanda, também criança, em 1922. Na verdade , ela convivera, praticamente desde o seu nascimento, em 1914, com os trabalhos que eram desenvolvidos junto à casa em que morava, em Neves, no município de São Gonçalo, ou junto a um pequeno sítio da família, num lugarejo da serra de Friburgo chamado Boca do Mato, pertencente ao município de Cachoeiras de Macacu. Foi por intermédio dela, uma testemunha dos fatos, que passei a conhecer muitas das histórias presentes no livro, mesmo sem ter, até então, folheado suas páginas.

O riquíssimo convívio com minha avó me permitiu conhecer também a história do jornalista e investigador que, atraído pela fama do centro, se tornou, após um primeiro contato a trabalho, não apenas um adepto, mas membro de seu corpo mediúnico, depois dirigente e o principal divulgador da Umbanda, da Tenda Espírita Nossa Senhora da Piedade e de suas primeiras afiliadas. Um homem que, por essa opção de vida, enfrentou tanto a desconfiança de seus pares quanto o preconceito, a intolerância e até mesmo a prisão. Que fez de sua coluna uma tribuna de defesa do então chamado Espiritismo de Umbanda contra toda a sorte de acusações.

Foi também por meio dela que pude reforçar meus conhecimentos sobre a enorme sabedoria e o domínio teológico e doutrinário do Caboclo das Sete Encruzilhadas; sobre a candura e o humor de Pai Antônio, associados a um impressionante domínio de medicina e a uma irrepreensível capacidade — quase miraculosa — de identificar, conhecer e tratar os males físicos e espirituais daqueles que o procuravam sem a utilização de qualquer meio usual de diagnóstico, prescindindo até da simples anamnese.

A partir desse convívio, também ouvi as incríveis histórias sobre a entidade que ficou conhecida como Orixá Malet — o Capitão de Demanda —, incluindo sua assustadora habilidade em manusear ponteiros, seu controle sobre as intempéries e os mais diversos animais e, principalmente, sobre o seu fantástico domínio magístico. Tudo isso associado a uma enorme dureza no trato interpessoal que, por vezes, beirava uma certa intransigência para com aqueles que se desviavam de suas obrigações materiais ou espirituais com a Umbanda ou com a casa a que fossem ligados.

Enfim, graças à minha avó, pude conhecer o que estava no "livro do Leal de Souza", ainda que nunca o tivesse tido em minhas mãos. E já havia desistido de algum dia vir a fazê-lo. Para mim, de certa forma, sua falta já havia se tornado, também, um motivo de lamento.

Isso viria a mudar em meados da década de 1980, quando recebi das mãos de meu pai, também um antigo membro da Piedade, um pacote de coisas ligadas à Tenda que tinham pertencido ao meu avô paterno, Aristóteles, um velho parceiro de meu bisavô e membro da Piedade desde os anos 1920. Ele próprio era uma incrível fonte de histórias daqueles primórdios da Umbanda, principalmente por ter sido cambono[14] de todas as entidades com as quais meu bisavô trabalhou, tendo permanecido na Tenda por quase cinquenta anos.

Recebi aquele pacote cheio de papéis amarelados, a maioria comida por traças, como um presente dele, mesmo sem saber do "tesouro" que ali se escondia...

---

14 Médium que assiste diretamente os guias e orixás. Bastante desenvolvido, é capaz de entender e auxiliar as entidades durante as sessões. [NE]

Em meio a papéis soltos e cadernos maltratados pelo tempo, havia um pequeno livro com uma sobrecapa de papel, entre o branco e o pardo, que escondia sua capa original. Ao manuseá-lo, dei-me conta de que se tratava de um exemplar — com folhas um tanto escurecidas e lombada reforçada por fitas adesivas amareladas, sem qualquer sinal de cola, mas ainda em bom estado — do livro *O Espiritismo, a magia e as Sete Linhas de Umbanda*, o famoso "livro do Leal de Souza".

Quase não acreditei no que tinha em mãos!

Agradeci a Deus, aos orixás, aos guias, a meu avô e a meu pai por aquele incrível presente. Acabei com as traças que insistiam em destruí-lo e cuidei como o objeto precioso que era. Mesmo assim, não me contive, devorei suas páginas como quem se delicia com um intrincado romance policial — de uma só tacada!

Enquanto lia, ia me lembrando das histórias ouvidas, desde a minha infância, contadas por meus avós, por meus tios, por meu pai e mesmo por meu bisavô, como a surpreendente história do homem que, descrente, ganhara uma pedrada na cabeça, descendo rio abaixo desacordado, carregado pelas águas sob o espanto dos presentes, para voltar, momentos depois, incorporado com um vigoroso guia de Ogum que o acompanharia por toda a sua vida. Era o médium que assumiria, tempos depois, a direção da Tenda Espírita de São Jorge. Além dessa, acabei encontrando muitas outras histórias incríveis e apaixonantes, as mesmas que eu me acostumara a ouvir desde minha infância.

Estava tudo lá, graças ao Leal. Enquanto lia o seu livro, fui assumindo uma intimidade com o autor, como a que fora vivida por meu bisavô e meus avós muitos anos antes. O senhor Antonio Eliezer Leal de Souza virara, simplesmente, "o Leal".

Lá também estavam outras tantas histórias vividas pelo próprio autor, mas que tinham escapado à memória de meus parentes. Trazia, ainda, conceitos doutrinários que nos foram legados pelo Chefe ou por seus emissários, já discutidos muitas vezes em família, mas dos quais, naquele momento, eu só tinha uma dimensão muito superficial.

Por meio daquele exemplar carcomido pelo tempo, tive a ciência de que o "livro do Leal de Souza" era, na verdade, uma edição encadernada de seus textos jornalísticos voltados para o público geral. Era uma forma de apresentar a Umbanda para a sociedade da época, extremamente preconceituosa em relação a tudo que fugia do que era pregado pela religião dominante no país. Preconceito que se inflava ainda mais quando envolvia práticas religiosas ou espíritos que eram relacionados aos povos de origem africana ou aos índios de nossa terra. Na época, a Umbanda era entendida por seus praticantes como uma variação do Espiritismo, sendo também conhecida como Espiritismo de Linha. Nessa expressão, a palavra "linha", bastante usada por Leal em seu livro, assume sua origem militar, significando algo próximo a "Espiritismo de combate".

Essa expressão, além de diferenciar o tipo de trabalho que se realizava nos centros de Umbanda daqueles que eram feitos em templos kardecistas, servia também para caracterizar o tipo de trabalho que era realizado. Um trabalho que, até hoje, assume o enfrentamento, não apenas doutrinário, mas também concreto, entre as entidades da luz e as das sombras, e que, para isso, lança mão de instrumentos magísticos extremamente poderosos como forma de combater o mal e os espíritos, inconscientes ou trevosos, a ele vinculados.

A leitura do livro só aumentou minha admiração e, porque não dizer, minha gratidão a esse jornalista que, tendo ocupado cargos de direção em alguns dos mais importantes periódicos de sua época, não teve medo de se expor, de defender e de tentar explicar a sua fé, em matérias e reportagens que, usualmente, eram apresentadas nas primeiras páginas dos jornais junto às principais manchetes do dia. Isso nos permite ter a dimensão do nível do embate religioso que se dava naquela época, quando muitos tentavam impor à Umbanda um lugar menor ante as outras religiões existentes. Leal, naqueles tempos, se assumiu como um verdadeiro arauto da Umbanda. Certamente, foi o primeiro deles e, até hoje, é um dos mais importantes.

Foi o jornalista que, investigando o Espiritismo, descobriu e divulgou o admirável trabalho que se realizava na Piedade, apresentando-a em sua obra anterior, o livro *No mundo dos espíritos*, fruto de outra investigação jornalística. Nele, Leal deu luz e publicidade ao mais fantástico dos casos envolvendo a mediunidade de meu bisavô: a história da mocinha dada como falecida e trazida de volta à vida durante seu velório, graças ao trabalho realizado na Piedade, sob o comando do Caboclo das Sete Encruzilhadas, para que ela fosse curada.

Enfim, ele foi o homem que apresentou para o mundo, ainda nos primeiros anos da década de 1920, uma Umbanda já estruturada e funcionando de forma organizada na casa em que, em 1908, se originou, realizando trabalhos e curas que desafiavam os saberes das ciências da época.

Com este livro, um trabalho desconhecido e raramente citado pelos pesquisadores acadêmicos que, a partir dos anos 1970, resolveram empreender pesquisas sobre a Umbanda, Leal de Souza abriu um campo de enormes possibilidades para o mundo das ciências sociais e seus pesquisadores. A maior parte deles, porém, talvez por desconhecimento deste livro e do conteúdo de suas páginas, acabou criando uma tese amplamente divulgada, e até hoje replicada nos meios científicos, que ganhou a pomposa alcunha de "mito de fundação da Umbanda", em que se apresenta a história de vida de meu bisavô e de minha família, como algo que fora objeto de uma criação idealizada por intelectuais umbandistas dos anos 1960, sem nenhuma base histórica para fazê-lo, desprezando documentos, matérias jornalísticas das décadas de 1920 e 1930 e, principalmente, este livro. Trata-se de uma fonte plena de informações sobre o tipo de trabalho que sempre se realizou na Piedade, que nunca foi kardecista, como também não o foram meu bisavô, seu pai, ou qualquer membro conhecido de sua família.

Essa tese, infelizmente, vem sendo usada e repetida *ad nauseum*[15] por inúmeros pesquisadores da academia que insistem em buscar uma única fonte para pautar seus trabalhos, sem nunca tentar conversar com as pessoas de nossa família, mesmo diante das inúmeras incongruências que tal tese apresenta. Talvez, por preferirem acreditar em uma autora estrangeira — que, até onde eu sei, nunca passou perto da Piedade ou de meu bisavô —, talvez pela esperança de transformar em verdade aquilo que a própria história, enquanto ciência, poderia facilmente contestar.

15 Em tradução livre do latim, significa "até à náusea". Refere-se à argumentação repetitiva e insistente que, metaforicamente, provoca náuseas. [NE]

Bastava, possivelmente, que algum deles, munido de boa vontade e verdadeiro espírito científico, tivesse acesso a um único exemplar do "livro do Leal de Souza", que, hoje, todos podem ter em mãos.

Este livro, certamente, serve ainda para aplacar a ideia, também amplamente divulgada no meio acadêmico, de que a Umbanda fundada por meio da mediunidade de meu bisavô nasceu com preconceitos para com as práticas religiosas oriundas dos pretos africanos e dos índios brasileiros, fundamentais na formação de nosso povo e de nossa identidade cultural. Ao contrário, ele mostra que a Umbanda nasceu para enfrentar e vencer os preconceitos, não apenas os associados a esses povos, mas também aquele do qual ela, até hoje, é objeto.

Isso é mostrado não só em algumas matérias presentes no livro original, mas também em outras que — sabe-se lá por qual motivo — não fizeram parte da edição de 1933. Uma vez publicadas no jornal *Diário de Notícias*, servem para mostrar que, de maneira diversa à visão acadêmica dominante, nem todo intelectual ligado à Umbanda, nos anos 1930, queria negar ou apagar a influência africana ou indígena de seu seio. Pelo menos não naquelas casas que foram criadas por ordem direta do Caboclo das Sete Encruzilhadas, nas quais, ao contrário, assumia-se a Umbanda como uma prática religiosa que absorvia, em toda a sua plenitude, a influência do índio, do preto, do branco e, também, dos povos orientais, sem qualquer matriz dominante. Talvez, assumindo-a como uma religião de "matriz mestiça", se é que podemos falar assim.

Hoje, a Umbanda pode ser vista e entendida como uma religião universalista, que recebeu influências diversas e que não tem a menor pretensão de ser melhor que qualquer outra. Outrossim, tendo sido uma das últimas a chegar, permite-se beber nas mesmas fontes de todas as outras que a antecederam, buscando extrair o melhor de cada uma delas. Respeitando a todas e a todos os seus praticantes; tendo sempre o Evangelho de Cristo como base, conforme as orientações do Caboclo das Sete Encruzilhadas em sua primeira manifestação pública; tendo a humildade, o amor e a caridade como sua bandeira e, ao mesmo tempo, como seus princípios norteadores, sem nunca deixar de ser "a manifestação do espírito para a caridade".

Hoje, agradeço a Deus, a Tupã, a Zambi ou a Alah — ou a Todos e a Um Só — a oportunidade, que me foi negada por anos, de ler este livro e de poder compartilhar com os leitores destas páginas as histórias e os ensinamentos do "Livro do Leal de Souza" sobre o Espiritismo, sobre a magia, sobre a Umbanda e sobre a fé, que se mantém até hoje e, portanto, há quase 90 anos, como um dos instrumentos básicos da formação e do ensino sobre nossa doutrina para todos os médiuns da Piedade.

Saravando a todos os nossos guias e saravando a Antonio Leal de Souza por permitir que estes preciosos ensinamentos chegassem até os nossos dias e até as nossas mãos.

Saravá, Leal! Saravá, Umbanda!

Leal de Souza

O ESPIRITISMO,

A MAGIA E AS SETE

LINHAS DE UMBANDA

RIO DE JANEIRO

1933

OFICINAS GRAFICAS DO

Liceu de Artes e Ofícios

AV. RIO BRANCO, 174 – RIO

Este livro foi composto com a tipografia
Le Monde Livre Std 10/15 pt e impresso
sobre papel pólen bold 70 g/m²

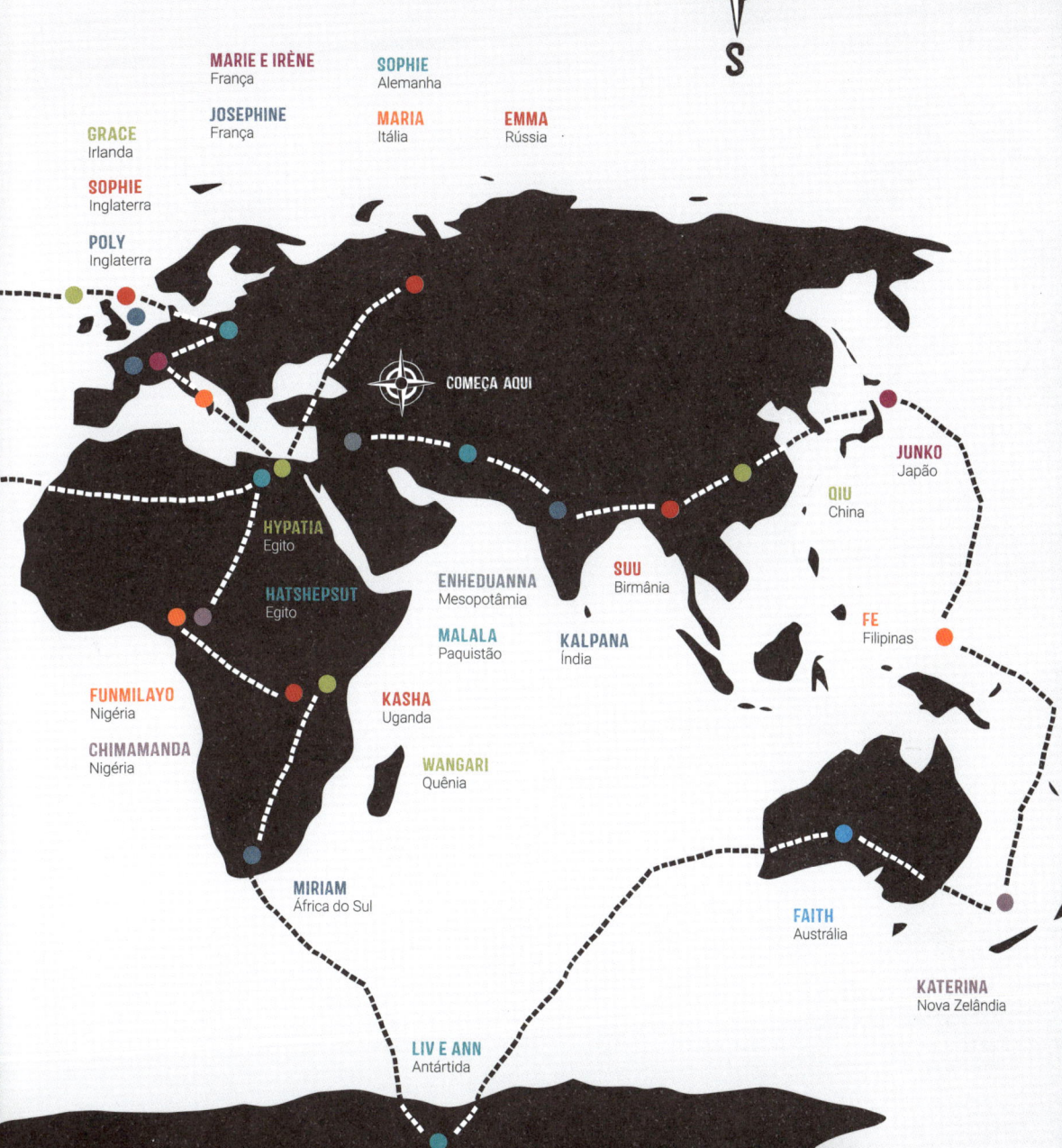

N
O L
S

MARIE E IRÈNE
França

SOPHIE
Alemanha

GRACE
Irlanda

JOSEPHINE
França

MARIA
Itália

EMMA
Rússia

SOPHIE
Inglaterra

POLY
Inglaterra

COMEÇA AQUI

JUNKO
Japão

QIU
China

HYPATIA
Egito

HATSHEPSUT
Egito

ENHEDUANNA
Mesopotâmia

SUU
Birmânia

FE
Filipinas

MALALA
Paquistão

KALPANA
Índia

FUNMILAYO
Nigéria

KASHA
Uganda

CHIMAMANDA
Nigéria

WANGARI
Quênia

FAITH
Austrália

MIRIAM
África do Sul

KATERINA
Nova Zelândia

LIV E ANN
Antártida